我国知识产权刑法保护的路径选择

李 旭◎著

湖南师范大学出版社
· 长沙 ·

图书在版编目（CIP）数据

我国知识产权刑法保护的路径选择 / 李旭著. —长沙：湖南师范大学出版社，2021.5

ISBN 978-7-5648-4150-8

Ⅰ.①我… Ⅱ.①李… Ⅲ.①知识产权保护—刑法—研究—中国 Ⅳ.①D924.04

中国版本图书馆 CIP 数据核字（2021）第 052637 号

我国知识产权刑法保护的路径选择

Woguo Zhishi Chanquan Xingfa Baohu de Lujing Xuanze

李 旭 著

◇责任编辑：江洪波 孙雪姣

◇责任校对：张晓芳

◇出版发行：湖南师范大学出版社

地址/长沙市岳麓区 邮编/410081

电话/0731-88873071 88873070 传真/0731-88872636

网址/https：//press.hunnu.edu.cn

◇经销：新华书店

◇印刷：长沙印通印刷有限公司

◇开本：710 mm × 1000 mm 1/16

◇印张：13.5

◇字数：222 千字

◇版次：2021 年 5 月第 1 版

◇印次：2022 年 7 月第 2 次印刷

◇书号：ISBN 978-7-5648-4150-8

◇定价：48.00 元

前 言

要研究知识产权刑法保护的路径选择问题，首先要回答一个看似常识性的问题，即刑法为什么要保护知识产权。分析这一问题，可以从以下几方面进行：第一，刑法保护知识产权的理论前提。第二，刑法保护知识产权的规范性。第三，刑法保护知识产权的实践支撑。第四，知识产权刑法保护的基本原则。对于我国知识产权刑法保护的路径选择，一直存在争议，主要表现为“强、弱”保护之争，其实这样的争论意义不大。原因在于，我们现在的知识产权刑法保护在基础理论研究、司法实践当中还存在很多尚未解决的问题。一味地去争论给予知识产权何种程度的刑法保护这一命题根基尚浅。我们要搞清楚的问题应该是如何更好地对知识产权进行刑法保护，其首要任务是做好扎实的基础理论研究工作，这样的理论研究又可以分为两块：知识产权基础理论研究与刑法基础理论研究。纵观我国知识产权保护刑事政策的发展进程，我们就会明白其价值追求就是保护权利与增进公益。不同种类的侵犯知识产权犯罪行为，其犯罪程度存在差别，相应的防治措施当然也得宽严有别。宽严相济刑事政策的核心是“区别对待”，这与西方国家在经济犯罪领域盛行的“重重轻轻”政策是同样的道理。

为更好地保护知识产权，发挥其应有效用，我们要调整相应刑事保护思路，贯彻好宽严相济的刑事政策。要研究我国的知识产权刑法立法模式问题，不仅需要进行中西横向比较，还需要将我国的知识产权刑法立法放在我国整个知识产权立法进程中进行纵向比较。对于我国侵犯知识产权犯罪的刑法规制，立法领域与司法实践领域还存在很多需要改进的地方，这些问题实际上就是刑法传统与现实生活博弈的“镜像”。

目 录

第一章
路径选择的前提：知识产权刑法保护的依据

第一节　知识产权刑法保护的理论前提

一、知识产权制度的利益背景

对于侵犯知识产权犯罪的猖獗行为，很多人将其与我国公众知识产权观念的落后相联系。例如，有学者以盗版为例，认为正是由于在文化和观念上缺乏尊重知识产权的社会意识，目前我国公众头脑中普遍存在对盗版行为的宽容态度，而不认为这种行为严重违背社会道德。① 而2000年10月14日，在深圳由民间发起的“2000软件业反盗版高峰研讨会”，主办者发出了50多份邀请函，但结果令人尴尬，应邀者只有区区5家企业，这也从另一面体现出我国的企业和公众对当前这种侵权行为的“集体无意识”。② 面对这一现实，许多人呼吁普通民众在道义上和行动上支持知识产权的保护，甚至有人提出对购买侵权产品者给予法律规制，依靠法律来培养一种尊重他人智力成果的道德意识。这些观点看似有理，但经不起仔细推敲。因为在现实生活中，对同属侵犯知识产权的假冒商标行为，整个社会则早已视之为过街老鼠，甚至还出现了独特的“王海现象”。③ 所以，笔者认为，

① 赵国玲等：《计算机软件著作权犯罪的刑法规制》，《中外法学》2001年第2期。

② 《反盗版：集体无意识》，《南方周末》2000年10月19日，第27版。

③ 1993年10月，中国颁布了《中华人民共和国消费者权益保护法》，该法第49条规定：“经营者提供商品或者服务有欺诈行为的，应当按照消费者的要求增加赔偿其受到的损失，增加赔偿的金额为消费者购买商品的价款或者接受服务的费用的一倍。”这便是“1+1”赔偿制度。正是因为这种“1+1”赔偿制度的存在，才引发了以王海为代表的一些人，知假买假，通过诉讼索赔，获得收入，新闻媒介称为“王海现象”。

正如历史唯物主义强调不能从法律和司法本身而应从社会物质生活关系来理解法律一样,① 我们也不能从道德本身或从先验的、抽象的理性出发来解释社会道德观念的形成。显然,我们更需要关注的是道德观念背后那些支配其形成的因素。而上述观点的潜台词恰恰是认为道德观念的形成可以建立在社会个体纯粹的自我修养的提高和外在的强制输入上。在马克思主义伦理学看来,没有人与人之间的经济联系,便没有共同利益可言,而没有共同利益,也就无所谓道德。② 因为作为人类生存方式的社会分工和交换决定个人对社会的依附性,所以,社会生存是有利于大家的事情,道德由是成为必要。这一为西方功利主义所开创后为马克思主义所继承和发展的观点告诉我们,道德是利益一致的产物。只有从这一观点出发,我们才能对知识产权观念、制度以及当前的知识产权保护做出正确认识。

现代制度经济学认为,制度创新或变迁的动机是为了获得更大的利益(更多的收入或成本的减少),促使人们改变现存制度和接受新制度的根本原因是新制度和新规则能带来收益,这一理论与马克思主义理论也是相通的。③

知识产权制度的产生也是如此。众所周知,现代意义的知识产权制度的出现只是近二三百年的事。知识之所以能作为财产出现,首先是因其有用性。由于工业时代、信息时代的出现,科学技术、作品以及商标和服务标志等已是创造财富的直接力量,是最为有用的资源之一,其本身已成为社会财富的一种形式。其次,知识产品所具有的创造性特征决定其供给的经常性不足,使其具有稀缺性。最后,知识产品具有一定的公共性,每增加一个使用者的成本几乎为零,这必然导致在知识的使用中存在搭便车的可能性和行为,一个人可能不负担任何成本而享受某项知识给他带来的好处。但是,由于知识的创造需要创造者投入私人成本,因此,如果这种搭便车的行为太多就会使创造者得不到私人收益,从而削减了创造者的创造激励,使社会财富的总量得不到增加并最终损害社会整体利益。建立知识产权制度就是期望通过满足个体的利益需要而鼓励知识的再生产,让人们

---

① [德] 马克思:《〈政治经济学〉导言》,人民出版社 1971 年版,第 2 页。

② 《马克思恩格斯全集》第 3 卷,人民出版社 1960 年版,第 482 – 484 页。

③ 高德步:《产权与增长:论法律制度的效率》,中国人民大学出版社 1999 年版,第 265 – 268 页。

在知识的创造中有利可图，并最终使社会在知识的创造和传扬中获得进步。纵观知识产权的发展历史可以发现，这一制度的产生源于人类社会一种纯粹的功利需求，而与道德诉求无关。难怪有人认为保护知识产权不属于伦理学中所谓的“第一原理”（如不可杀人，不可偷盗等）。①

二、知识产权的特殊属性

知识产权的刑法保护实际上就是正确处理知识产权与刑法的关系问题，在了解刑法介入知识产权的界限之前，有必要了解知识产权的特殊属性。知识产权是一种基于智力成果的权利，基于脑力劳动创造。与刑法所保护的其他权益相比，知识产权具有特殊属性。

（一）知识产权是一种“特权”

与一般意义的财产、人身等公民普遍享有的个人权利相比，知识产权尽管也有财产权和人身权的内容，但是这种财产权和人身权是一种特殊的、事实上只可能由少数人实际享有的个人权利。换言之，知识产权不是每一个社会成员都能够实际享有的一种普遍的权利，它基于超出一般水准的智力创造而存在。在这个意义上，知识产权是一种只可能由少数人享有的“特权”，而这种“特权”是法律所允许存在的。从渊源上说，知识产权并非直接以民事权利的方式产生于近代社会，知识产权并非起源于任何一种民事权利，也并非起源于任何一种财产权。它起源于封建社会的“特权”，这种“特权”或由君主个人授予，或由代表君主的地方官授予。这一起源，决定了知识产权的地域性特点，而且决定了“君主对思想的控制”、对经济利益的控制或国家以某种形式从事的垄断经营等。在历史上，它与知识产权的产生并不是互相排斥的。正相反，知识产权正是在这种看起来完全不符合“私权”的原则的环境下产生，而逐渐演变为今天在绝大多数国家普遍承认的一种私权，一种民事权利。②

如果侵犯社会成员普遍享有的权利，如人身、财产安全，可能使社会成员普遍感受到危险的话，那么对这种“特权”的侵犯，一般不会直接对普通社会成员的利益构成现实的威胁。也就是说，对知识产权的侵犯，一

① 唐稷尧：《知识产权犯罪：利益背景与刑事控制》，《中国刑事法杂志》2002年第3期。

② 刘春田：《知识产权法》，高等教育出版社2000年版，第10页。

般只涉及对权利者个人利益的损失，并不直接对社会公共利益造成普遍性危害。

但从社会价值的角度分析，知识产权的价值大小取决于作为内容的智力成果实际分享者的广度，分享的人群越多，社会价值越大。所以，对于知识产权的侵害，如果是从扩大智力成果实际分享范围的角度看（如盗版），在短期内不但不会损害反而会加大作为知识产权内容的智力成果的社会效益，这种行为对于欠发达的国家和地区而言最为有利。当然，从长远的角度讲，侵犯知识产权犯罪行为损害了创造者的权益，会“示范性”降低潜在创新群体的积极性，进而危害整个社会的发展进步。

（二）知识产品的脆弱性与易受侵犯性

1. 非有形占有致使权利容易受到侵犯

知识产权形态特殊，兼具人身权与财产权性质，其客体主要体现为智力成果。正是由于知识产权与传统民事权利的差异，导致其权利的脆弱性和易受侵害性。一方面，这种智力成果具有无形性、流动性。权利人的权利无法通过实际控制实现，不能有效排除他人的侵占。所以，知识产权容易脱离权利人控制，并较易为其他人“占有”，如此一来，知识产权在实践中遭受侵犯的案例容易发生。与之相对应的是，只有在知识产权权利人的权利受到侵犯，并且权利人通过维权途径维护自己权益时，这种权利才能得到明显体现。因此，“西方知识产权界有学者把知识产权称为‘诉讼中的物权’（Things in Action）”①。由此看出，缺乏自我保护性是知识产权的一大突出特点，这个特点会导致其较易遭受侵害，因而知识产权拥有强烈的法律保护需求，国家力量的介入是知识产权得到保护的应有之意。

2. 非有形损耗致使权利容易受到侵犯

知识产权以无形的智力成果为标的，其物质载体具备无限可分性，知识产品的非物质性，决定了知识产品不会像有形物的使用那样发生耗损，知识产权也不会因其载体的实物形态被消费而导致消灭。如包含专利权的汽车因为使用年限而最终报废，但是，专利权实物形态的消费并不导致专利权本身的消灭，知识产权的存续依赖于法定的保护期限。同时，知识产

---

① 刘宪权、吴允锋：《侵犯知识产权犯罪理论与实务》，北京大学出版社2007年版，第40－47页。

品由于不发生有形损耗也使得有形交付与法律处分之间断绝了联系。对传统财产权，法律处分行为与有形交付通常是紧密联系在一起的，交付该财产时往往就意味着对财产的处分，如一张桌子的所有人，不可能把他的财产权同时卖给两个分别独立的买主；而关于知识产权的交易却并非如此，知识产权的权利所有人往往可能“一物二卖”甚至“一物多卖”。以专利权为例，如果出现这样的情况，只要买受人不知情，彼此永远不会清楚自己的所谓“独占权”是假的。

3. 非传统特征致使权利重复受到侵犯

首先，知识产品具有“可得到”的特征。知识产品要获得法律的保护就必须公开其内容，这也就意味着必须将知识固定在一定的载体上体现出来，否则法律无法确定其保护范围。如作者的思想如果不体现在手稿上或者录音上，就不能成为一种权利。知识产品的公开性特征，使得权利人以外的其他使用人可以便利地了解、获得知识产品的内容，这也使得知识产品具有了可能受到重复侵害的“可得到”特征。因此知识产权就容易受到侵犯，例如，新专利产品推出后或者畅销书开始发行时，在极短时间内就容易出现假冒高峰和盗版高峰。如果知识产权人对知识产权商品采取一定的防伪措施，“可得到”的特征减弱，这些商标被仿冒的现象也会日渐减少，一旦权利人对采取进一步防伪措施变得漫不经心，相应产品的“可得到”特征又会不断增加，被侵权仿冒的机会就会逐渐增多。

其次，知识产品具有“便于移动”的特征。对于要保护的财物，设置移动障碍是防止财物被重复伤害的有效途径。例如，在美国建立初期的西部，运输金银车辆经常被盗窃和抢劫。后来，当货主有意地将被运输的金银浇铸成为重达600磅的金属团后，案件发生率开始直线下降。而知识产品由于其非物质性和可复制性，特别“便于移动”，随着计算机网络技术日新月异的发展，知识产品的侵权人有时动动手指头就能轻而易举地在全球范围内实施侵权行为。

再者，知识产品蕴含巨大价值。人们将20世纪80年代开始的新技术革命称为“第三次浪潮”。在第一次浪潮中，土地是最重要的财产；在第二次浪潮中，机器成为最重要的财产，取代了土地的地位，但是重要的财产并不意味着是主要财产。这一时期，转折性的标志是信息开始成为主要财产，并且，这种财产有别于以前的任何财产（有体物、不动产等），因其没有固定的外在形态。在私人领域，世界首富不再是船王、面粉大王和钢铁大王等，而是开发微软（Microsoft）系列软件并对此拥有知识产权的比尔·盖茨。

总之，知识产权的客体具有重复被侵害的特征，成为了被不断侵犯的“热门产品”，相较于传统的经济犯罪，侵犯知识产权犯罪更容易获利，且利润可观。因此，知识产权的权利更具有脆弱性，更容易受到侵犯，在传统财产权得到刑事法律规范全面、细心呵护的今天，这种待遇似乎更应该给予相对来说显得更为脆弱的知识产权。

三、侵犯知识产权犯罪的经济学分析

（一）侵犯知识产权犯罪的制度经济学分析

制度经济学认为，潜在的外部收益的存在还并不能直接导致制度的变迁和建立，因为制度变迁存在实施成本，这种成本既包括社会整体的也包括社会个体所需要支付的私人成本。制度变迁的成本与收益之比对于促进或推迟制度变迁起着关键作用。从社会整体和人类文明进步的角度出发，知识产权制度的建立有利于社会总财富的增加。但是，这种功利需求对于社会中每一个个体而言又具有某种程度上的抽象性，对其财富的增加也具有模糊性。由于知识信息所具有的公共性特征，社会个体必然会因产权制度的建立而支付确定的利益成本（即由免费使用而转为购买），而在市场活动中（知识产权只能存在于市场经济条件下）每一交易主体都是追求利益最大化的。那么，长期的、整体的利益与当前的、个体的利益就很可能发生错位。因此，如果某种知识产权不法行为乃至知识产权犯罪能够为社会上的众多个体带来某种现实利益，降低其为该制度所可能支付的成本，个体是不会主动去否定这种行为的。正如两百多年前贝卡利亚在论述走私罪时所言：“当某种犯罪在人们看来不可能对自己造成损害时，它的影响就不足以激发起对作案者的公共义愤。”① 显然，在这种利益状态下，知识产权观念的建立是十分困难的。对于这一问题，中国的社会公众对假冒商标行为所表现出普遍的义愤是正面的事例（假冒行为对普通个体而言具有不经济性），而对著作权、专利权侵权行为所表现出的“无意识”则是反面的。

---

① ［意］贝卡利亚：《论犯罪与刑罚》，黄风译，中国大百科全书出版社1996年版，第80页。

诚如有学者在解释中国在颁布知识产权制度这么多年后为什么还没形成意识形态上的主流时所指出：知识产权权利人从自己角度出发为了利益的最大化而将价格定位很高，而未能成功地解释经济制度的合理性，仅仅求助于在发现侵权人之后将其诉诸法律，以取得司法救济，致使该制度并未得到一般人的认同，并引用《中国计算机市场及产业报告》的实际调查作为佐证。① 由于社会公众对知识产权并未形成规范共识和道德共识，社会对违法犯罪的非正式制裁机制还很薄弱，知识产权不法行为的猖獗也就不足为奇。实际上这是刑法在防治侵犯知识产权犯罪时所面临的基础性危机。

（二）侵犯知识产权犯罪的法律经济学分析

我国著名刑法学家储槐植指出："市场经济在宏观上是以法律为边界的公平竞争的经济，在微观上竞争主体均以获取超出平均利润以上的最大利润为目的，以便在竞争中求得生存和最大发展。这种生产经营目的成为经济主体采取非法手段突破竞争的公平界域的内动力。"② 包括侵犯知识产权犯罪在内的经济犯罪本质上是一种非常态的市场逐利行为。因此，这些行为典型地体现出经济人理性的利益权衡和计算。

1. 知识产权的损失可感性较弱

相对于传统犯罪中犯罪行为与损害后果的因果关系，知识产权遭受侵害后由于其损失可感性较弱，所以这类犯罪的侵害行为与结果之间的因果关系并不明显。知识产权的智力成果价值与一般的物品价值不同，这种价值需要人们在使用过程中对其体验才能散发出来。大部分知识产权具备无限复制的可能，并且，其价值还可能具有不断重复性，知识产品的重复使用不仅不会减少这些价值，反而在一定程度上增大了其总价值。以侵犯知识产权的犯罪来说，权利人的既得利益不会因为犯罪行为减少，受影响的只是其长远利益，这样的侵权行为反而可能在短时期内形成知识经济"繁荣"的假象。此外，如前所述，正因为其中的因果关系不像一般犯罪那样直观，这导致公众对侵犯知识产权犯罪谴责的可能性也大幅度降低。以盗版为例，"出于经济利益的考量或者是对境外垄断行业暴利的不满，极低的

---

① 刘茂林：《知识产权法的经济分析》，法律出版社1997年版，第262页。

② 储槐植：《市场经济与刑法》，《中外法学》1993年第3期。

道德谴责性减少了此类犯罪的风险成本与道德抑制阻力”。①

2. 犯罪成本低廉却收益较高

犯罪成本是指犯罪行为人为实施犯罪所消耗的物质成本和非物质成本的总和，② 不同类型的犯罪其成本是大不相同的。知识产品蕴含的是无形价值，其中的高附加值一直是犯罪行为人竞相追逐的对象。在美国，侵犯知识产权犯罪被称为白领犯罪（white-collar crime），③ 这种犯罪类型相较于传统的侵犯财产权犯罪显得“技术含量”十足。知识产权由其特点决定了其中的智力成果浸透了创造者的血汗与智慧，而其易于复制性又注定了侵权成本的低廉。有时侵犯高科技含量十足的知识产权，对于犯罪人而言，不需要多高的文化水平，简单的粘贴复制即可。并且，在侵权的初期阶段，没有国家权力的介入，知识产权人的权利处于近乎“裸奔”的状态，加之侵犯知识产权犯罪的高度隐蔽性使得该类犯罪的被查处率大幅降低，即便是犯罪行为被查处后，现有的惩罚措施也不到位。最关键的是，满含创造人辛劳的知识产权，侵权人可以通过并不高明的手段反复利用，进而攫取惊人的利润，这样的不平等形态在犯罪人对高额利润的追逐面前已经显得微不足道，这导致犯罪行为人为了经济利益，不惜代价去侵犯知识产权，严重扰乱经济市场的正常运行。同时，我们还应看到，这样的不平等明显违背包括刑法在内的法律对于公平正义价值的终极追求，如此，国家权力（法律手段）的介入就显得必要。针对各种侵犯知识产权的犯罪行为日渐猖獗的现象，2000 年 11 月 15 日，联合国第 55 届大会日通过的《联合国打击跨国有组织犯罪公约》规定了 17 类严重跨国犯罪，侵犯知识产权犯罪便是其中之一。侵犯知识产权犯罪引发的损害性后果用金钱无法衡量，以美国为例，仅就软件的非法使用一项来看，“每年就有 75 亿美元的损失”④。因

---

① 高艳东：《论 TRIPS 视野下的刑法对知识产权保护的必要性与限度性》，《甘肃政法学院学报》2003 年第 5 期。

② 犯罪成本包括金钱、精力这样的物质与非物质成本，还有惩罚成本等。

③ 白领犯罪，也称为绅士犯罪。美国犯罪学家萨瑟兰在其 1949 的《白领犯罪》一书中第一次提出这一概念。这类者很多拥有一定的社会地位和经济地位，一般利用职务之便犯罪，犯罪类型几乎都是经济犯罪，如内幕交易、贪污贿赂、偷税漏税等。在美国，白领犯罪尤其严重，其造成的经济损失远超于抢劫、盗窃等传统型经济犯罪所造成的损失。

④ 高艳东：《论 TRIPS 视野下的刑法对知识产权保护的必要性与限度性》，《甘肃政法学院学报》2003 年第 5 期。

此，笔者赞同一些学者的意见，相对于其他法律保护手段而言，“刑法对于知识产权的保护最能体现经济、快捷、有效的特点”①。

第二节　知识产权刑法保护的规范性

一、刑法介入社会生活的界限

（一）标准确定：罪刑相适应

知识产权的刑法保护，就是指国家以刑法这一法律手段来保护知识产权。所以，在研究知识产权的刑法保护范畴之前，“有必要说明刑法介入社会生活的基本界限”②。

首先，我们要搞明白，究竟什么样的行为才需要国家运用刑罚予以规制。回答这一问题之前，就有必要对“刑罚”有个起码的了解。对于一般人而言，刑罚的直观印象就是严厉性。其严厉性首先体现在刑罚实现过程中参与机构的权威性，即我们通常熟知的公、检、法和司法监狱部门（行刑机构）。刑罚的严厉性，还体现在其内容上，刑罚一旦确定，被受对象被剥夺的往往是自由权、政治权利甚至是生命权这样的基本人权。那么，剥夺被受人这些基本人权的依据又是什么，这是一个需要深入探讨的法理问题。以笔者之见，这一命题尚不能很好地得到解答。但是，通过对刑法分则中具体犯罪的分析来“窥斑见豹”，我们可以得到一些启发。

作为刑法的基本原则之一，罪刑相适体现的内容就是刑罚的确定应与被受人的犯罪行为及其造成的犯罪后果相适应、相对等，这也是公平价值的体现。在人权视野下研究犯罪行为，以类型区分的话，刑法分则第 4 章侵犯公民人身权利、民主权利罪，第 5 章侵犯财产罪的部分犯罪以及第 2 章危害公共安全罪规定的大部分犯罪，它们的共同特点就是侵犯客体均为公民

① 刘宪权、吴允锋：《侵犯知识产权犯罪理论与实务》，北京大学出版社 2007 年版，第 40－47 页。

② 陈忠林、陈可倩：《关于知识产权刑法保护的几个问题》，《中国刑事法杂志》2007 年第 3 期。

基本人权。[①] 另一类犯罪，主要有刑法分则第 1 章危害国家安全罪、第 3 章破坏社会主义市场经济秩序罪、第 6 章妨害社会管理秩序罪、第 7 章危害国防利益罪、第 8 章贪污贿赂罪、第 9 章渎职罪、10 章以及第 2 章危害公共安全罪和第 5 章侵犯财产罪规定的部分犯罪。这类犯罪的共同特点就是基本属于法定犯或者行政犯范畴，本质内容在于侵害了国家在某一领域建立的基本秩序。那为何侵害秩序的行为都要受到如此的追责呢？因为“社会秩序乃是为其他一切权利提供了基础的一项神圣的权利”[②]。通过以上分析，可以得出这样的结论，保护人权和维护人权的基本条件，是刑罚剥夺人权的法理依据所在。

那么，如何判断一个行为是否侵害了基本秩序？笔者认为，这个标准可以在刑法与其他部门法的关系中去探寻。[③] 相对于其他部门法，“刑法关注更多的是社会层面的公民权益与整体福利以及由此衍生的与公民切身利益攸关的领域”[④]。如保护社会管理秩序与打击抢劫犯罪，又如保护市场经济秩序与打击侵犯知识产权犯罪。同时，出于刑法谦抑性质的考量，在其他部门法能够很好地规制侵权行为时，刑法作为最后保障法便应暂居幕后。

综上，在价值层面，包含最严厉内容的刑罚所施受的对象限定侵害人权以及维护人权实现的“社会基本秩序的行为”[⑤]。此外，从源头着手研究的话，行为是否被受刑罚还得看其社会危害性程度，这虽不是行为犯罪化的全部依据，但却是基本前提。面对一种具有严重社会危害性的行为，如果立法者认为将其犯罪化会导致更多的合法权益受到侵害，或者会影响到社会的公平正义，或者会付出高昂的司法成本，或者会对道德良俗构成强烈挑战，或者会妨碍以其他手段来发挥有效作用，“都有可能导致不将此行为犯罪化”[⑥]。

---

① 其中的财产权也是公民作为人必须享有的基本权利之一。

② [法] 卢梭：《社会契约论》，商务印书馆，1996 年版，第 8 页。

③ 这里已经涉及刑法的“二次规范”属性。对于刑法的该属性，详见下文分析。

④ 陈忠林、陈可倩：《关于知识产权刑法保护的几个问题》，《中国刑事法杂志》2007 年第 3 期。

⑤ 陈忠林、陈可倩：《关于知识产权刑法保护的几个问题》，《中国刑事法杂志》2007 年第 3 期。

⑥ 夏勇：《TRIPS 协定与我国侵犯知识产权行为的犯罪化》，载于赵秉志主编：《国际化背景下知识产权的刑事法保护》，中国人民公安大学出版社 2011 年版，第 282 页。

（二）技术操作：刑法的“二次规范”属性

以法律技术而言，对于某种行为或者法律关系，只有在民事法律、行政法律等“一次法规范”不足以调整或者调整效果不理想的时候，才能运用刑法对其进行调整。上述原理看起来体现的是刑法的“二次规范”属性，实质是对刑法谦抑性原则的最好诠释。犯罪化问题的实质，就是犯罪圈的确定问题，这也是刑法“二次规范”属性的核心内容所在。科学、合理地划定犯罪圈，可以“避免刑法资源的过剩与不足”①。犯罪圈划定过宽或者过窄，都会违背刑罚的基础理论以及基本原则，并且会背离刑法的机能与任务等，影响刑法机能的实现。同时，犯罪圈的划定问题还事关刑法与其他部门法的关系，反映了一国的整体立法水平。犯罪作业过滤机制理论的出现，可以较好地解答行为犯罪化这一问题，该理论认为，刑事法律法律将某种行为犯罪化并进而实施刑罚的前提在于考量私法、行政法等“第一次法规范”对于侵害行为调整是否有效，如果“第一次法规范”调整得当，作为社会保障底线法也就是“第二次法规范”的刑法就不宜再介入；如果前者发挥作用有限，实施刑法规制能够更好地解决问题时，便是刑法介入的时候。简而言之，“道德—第一次法—第二次法”的犯罪作业过滤机制必须经过道德制约、第一次法制约、第二次法制约的三重审查与过滤机制，“才能合理地确定犯罪化的范围与边界”②。

知识产权的“特权”、无形等基本属性，决定了知识产权的法律保护必须是多元的，要综合运用民事、行政和刑事等法律手段，以民法为基础，行政法为辅助，刑法为保障。

以民法为基础，是指知识产权的法律保护应以民事措施为最基本的手段。因为知识产权是属于权利人个人享有的一种权利，知识产权人与其他知识产权应用分享者之间的关系，主要是一种平等主体之间的民事关系，保护自己的知识产权不受侵犯，追究侵权人的法律责任，主要应是知识产权人自己的责任。同时，民事法律也是确保知识产权人能够得到合理补偿最主要的手段。所以，知识产权侵权行为主要属于民法调整的范围。

以行政法为辅助，是指在保护知识产权人利益方面，行政措施只能起

---

① 储槐植：《理性与秩序》，法律出版社 2002 年版，第 126 页。

② 梁根林：《刑事法网：扩张与限缩》，法律出版社 2005 年版，第 34 页。

次要的辅助作用，只有在直接或间接侵犯知识产权的行为无法用民事手段进行有效调整时，才应该使用行政制裁的手段。一般来说，使用行政措施来保护知识产权主要有两种情况：一是用行政制裁来处罚那些不能用民法手段来有效调整的、直接侵犯知识产权的行为。二是用于那些因破坏确立知识产权的行政管理制度，而间接侵害了知识产权人利益的行为（如以非专利产品假冒专利产品，假冒他人专利）。第二种情况，因为没有直接侵犯任何人的知识产权，基本上不可能用保护知识产权的民事法律来调整，但是如果这类行为不用行政制裁加以制止，国家对知识产权的管理就会从根本上受到威胁，而国家知识产权管理制度一旦受到破坏，所有享有知识产权的人的利益都会因之而受到损害。因此，对这些行为要用行政法措施加以制裁。

以刑事制裁为保障，是指由于知识产权是一种实际上只可能由少数人享有的个人权利，不宜直接用刑法保护。只有在用民事、行政法律手段无法有效调整，并且如果不用刑法调整，相关的民事、行政法律制度就可能崩溃的情况下，国家才有权规定刑事制裁。①

二、刑法保护知识产权的范围

在讨论完刑法介入社会生活的界限后，回到知识产权范畴，我们可以认真梳理一下，在侵犯知识产权及其相关法律制度所确立的基本秩序的行为中，究竟哪些才可以认定为刑法调整的范围。从一般意义的社会关系而言，刑法调整的行为与其他法律调整行为的区别，不在于它们所侵犯的国家、社会或个人的具体利益，而在于这些行为侵犯法律保护利益的方式。根据刑法调整行为的范围和刑法与其他法律制度之间的关系，我们认为，只有用以下三种侵犯知识产权及其相关法律制度确立的基本秩序的行为，才能够成为刑法调整的对象。②

（一）以直接危害社会公众利益的方式侵犯知识产权的行为

如生产、销售假冒他人注册商标和假冒他人专利的产品，生产、销售

① 陈忠林、陈可倩：《关于知识产权刑法保护的几个问题》，《中国刑事法杂志》2007 年第 3 期。

② 陈忠林、陈可倩：《关于知识产权刑法保护的几个问题》，《中国刑事法杂志》2007 年第 3 期。

的产品质量低于注册商标、专利产品的。用刑法调整这类行为，不仅在于这类行为侵犯了知识产权，更是因为这类行为直接损害社会公众的利益，而且恰恰只有后者才成为适用刑法来规范这类行为的根本原因。

（二）以社会成员普遍感到威胁的方式侵犯知识产权的行为

如用盗窃、暴力胁迫、敲诈勒索、非法侵入计算机网络、毁损知识产权物质载体等方式获得他人商业秘密的行为。应用刑法处罚这类行为的主要原因，不仅是由于知识产权权利人的利益受到损失，而且是由于这类行为在侵犯知识产权的同时，直接侵害了人身、财产等社会成员普遍能够实际享有的权利。纵容这种行为，会使广大社会成员普遍缺乏安全感，进而威胁人类社会存在的基础。

（三）以极端蔑视国家权威的方式侵犯知识产权的行为

在侵犯知识产权的行为中，“极端蔑视国家权威的方式”主要包括两种情况：一是以假冒他人商标、专利、盗版等侵犯知识产权为主要生产、经营方式的行为；二是经两次以上行政处罚后，继续侵犯他人知识产权的行为。前者意味着行为人与国家知识产权保护法律制度的公然对抗，后者意味着行政措施对于这类行为人已经起不到应有的威慑作用。不以刑罚制裁这些极端蔑视维护国家权威的行为，不但对公民个人享有的知识产权是一种极其严重的危害，对国家相关民事、行政等法律制度也是一种根本威胁，整个社会赖以存在的基本秩序也会随之动摇。

三、价值判断：刑法保护知识产权的目的

（一）确保智力成果创造者能够得到合理补偿

知识产权是思想的创造物，创造这些创造物的人需要付出艰辛的劳动，因此也需要充分的收益，以便具有足够的创造刺激。作为知识产权内容的智力成果，是智力成果创造者投入大量的劳动和财产得到的转化形式，这样的知识产权内容的应用对于社会经济文化的发展具有巨大的促进作用。对知识产权的侵犯，尽管有的可能在短期内产生增大智力成果社会效益的作用，但是这种侵犯可能会使知识产权人所耗费的大量人力、物力化为乌有，严重损害他们的应有利益，破坏相当一部分人从事智力成果开发的积极性，直接威胁社会公平正义的底线，最终带来妨碍人类社会的进步和社会经济文化发展的后果。

（二）确保智力成果良性运用促使社会进步

在运用刑法来保护知识产权时，我们应该明白法律保护知识产权的最终目的，在于促使作为知识产权保护客体的智力成果的规范性应用。作为知识产权标的的智力成果只有被更广泛地良性应用，被更多社会成员分享，才可能实际产生更大的社会效益。因此，在确保从事智力成果创造的人能够得到合理补偿的同时，法律还必须从社会利益的角度出发，尽力促使智力成果能够被更多的社会成员所分享。作为公共利益和公共意志体现者的法律，在保证社会成员合法利益的同时，负有促进社会公共福祉的义务。①同时，一旦潜在创新者看到在包括刑法在内法律制度的保护之下，知识产权能得到如此的保护与尊重，将会进一步激发他们的创造热情，进而推动人类文明繁荣。

（三）确保实现上述目的的法律制度能够正常地发挥功能

知识产权以无形的、具有独创性（新颖性）和效益性（实用性）的智力劳动成果为标的，许多知识产权（如专利权、商标权）的确立和权利主体的认定，都必须有专门的国家机构经过专门的程序来加以确定。为了解决智力成果创造者与社会公共福祉之间的冲突，国家制定了一系列相关的法律制度。这些法律制度及其适用形成了刑法介入之前的知识产权法律制度。一旦这种法律制度失去效用，不仅知识产权人和社会公共利益会受到极大损害，而且国家权威也会受到损害。因此，国家就有必要使用特殊法律手段（如刑法）来保护知识产权法律制度的正常运行。

第三节　知识产权刑法保护的实践支撑

一、侵犯知识产权犯罪的现状

（一）侵犯知识产权犯罪的原因

探究侵犯知识产权犯罪的原因在于揭示引发侵犯知识产权犯罪的各种条件，掌握侵犯知识产权犯罪产生的客观规律，预测侵犯知识产权犯罪的

① 古罗马思想家、雄辩家西塞罗就曾指出，人民的福祉是最好的法律。

发展变化趋势，只有从原因入手，我们才能更科学地预防和惩治侵犯知识产权犯罪。①

1. 侵犯知识产权犯罪的宏观制度原因

相当长一段时间以来，知识产权保护已经被视为富国的粮食和穷国的毒药。评估知识产权保护的价值，就如同评估税收政策一样，没有人能够宣称，税收收得越多越好。但是，现在却有一种趋势，认为知识产权保护越严越好，而且是不言而喻的。在发达国家里，存在着一支强大的游说力量，宣称所有的知识产权都是对商业有益的，使公众受益最大，也是技术进步的催化剂。他们相信，既然知识产权是好的，那么保护得越多就越好。而对于发展中国家来说，他们相信，知识产权保护是双刃剑，知识产权并非保护得越多就越好。

当前知识产权保护制度的建构，发达国家、跨国公司等强势群体掌握话语权，明显偏听则暗，没有照顾到发展中国家的利益，有失公正并有其他缺陷。良好的知识产权保护制度应当是知识产权拥有方与知识成果受用方双方对弈的结果，而不是一方对另一方意志的强加；应当有利于新技术新成果的推广应用，而不是阻滞它的扩散；应当是知识产权拥有方和知识成果受用方双方互惠共同受益并增进社会福利与繁荣，而不是产权方单方面依恃垄断牟取暴利。比如，美国比尔·盖茨，其富可敌国的资产，其实来源于美国强权之下微软以“知识产权”为名向全世界索取的暴利而已。知识产权“保护”到这一步，已经远远超出鼓励创造、给创造者以合理利益的初衷，反而形成对推广新成果的阻碍，形成对世界、尤其是对发展中国家的巧取豪夺。借知识产权保护之名，行掠夺之实，这样的制度与现实，不能不引起我们认真而慎重的思考。②

2. 侵犯知识产权犯罪的经济原因

经济条件是人类赖以生存和发展的基础，无论是马克思的唯物史观，还是康德、黑格尔唯心主义的财产“意志理论”，对此都是持充分肯定态度的。作为经济犯罪的一种，侵犯知识产权犯罪深受社会经济因素的影响和

① 刘宪权、吴允锋：《侵犯知识产权犯罪理论与实务》，北京大学出版社2007年版，第20页。

② 舒洪水、贾宇：《全球化时代的知识产权犯罪及其防治》，《法学家》2009年第1期。

制约。全球化的知识经济兴起，为侵犯知识产权犯罪的滋生和猖獗提供土壤。大部分世界级富豪是知识经济行业的新贵，如微软公司的比尔·盖茨、脸书公司的扎克伯格等均来自软件信息产业。“我国刚完成由传统的计划经济体制向社会主义市场经济体系转型，市场经济体制初具规模，尚不成熟完善，剧烈的经济体制改革打破了经济利益主体在原本不发达经济形势下形成的利益平衡。这成为了侵犯知识产权犯罪的深层次原因。”① 首先，知识经济快速发展为侵犯知识产权犯罪的出现提供了时代大背景。“20 世纪后半叶，新增知识产权类别的相继涌现、数字化技术与多媒体等信息技术的高速发展、国际关系中知识产权的协调与分享以及国际知识产权一体化标示了知识经济时代的来临。”② 在这一背景下，衍生出了“知识犯罪”的新形态。其次，在知识产品巨大经济利益诱惑下，犯罪行为人的贪婪性会成倍放大。有几句耳熟能详的话是对上述现象的最好诠释：“如果有 20% 的利润，资本家们就活跃起来；有 50% 的利润，它就铤而走险；如果有 100% 的利润，它就敢践踏人间一切法律；如果有 300% 的利润，它就敢犯任何罪行，甚至绞首的危险。如果动乱和纷争能带来利润，它就会鼓励动乱和纷争，走私和贩卖奴隶就是证明”③。“在极小的成本投入与巨大利润的反差刺激下，不断膨胀的贪利心理极大地助长了行为人实施侵犯知识产权犯罪的决意”④。

3. 侵犯知识产权犯罪的文化原因

“知识产权犯罪首先是意识理念上的犯罪，其次才表现为法律上的冲突。”⑤ 我们的文化传统一直是强调国家本位和集体本位，个人往往被置于靠后的位置，更别说个人权利的主张了，“患寡不患均”成为一种社会现

---

① 舒洪水、贾宇：《全球化时代的知识产权犯罪及其防治》，《法学家》2009 年第 1 期，第 22 页。

② 孔平主编：《面向 21 世纪的中国知识产权问题》，知识产权出版社 2000 年版，前言。

③ 盛传这句话出自马克思，实际上并非如此。这句话的原作者是英国工会活动家、政论家托马斯·约瑟夫·登宁（出自登宁的《工联和罢工》一书）。在马克思《资本论》（人民出版社 1987 年第一版，第 829 页）第 1 卷第 24 章第 6 节“原始积累”末尾，有马克思的名言“资本来到世间，从头到脚，每个毛孔都滴着血和肮脏的东西”。托马斯·约瑟夫·登宁的这句话实际上是作为马克思名言的脚注出现的。

④ 刘宪权、吴允锋：《侵犯知识产权犯罪理论与实务》，北京大学出版社 2007 年版，第 29 页。

⑤ 孙万怀：《知识产权刑事责任基础构造比较》，《华东政法学院学报》1999 年第 2 期。

象。“知识产权权利至上的基本精神需要很长时间才可能在整个社会得以认同。”① 在传统观念的主导下，我国知识产权的保护缺乏文化背景。很长一段时期，我们对于知识产权的保护几乎没什么概念，只是在国际层面他国压力下才被动性地做出一些调整。这就为犯罪行为人提供了一个相对宽松的犯罪环境。而与此同时，拥有知识产权的权利主体包括广大科研机构，“它们常常只重视有形资产的作用，而忽视无形资产的存在和潜在经济价值”②。如此，整个社会知识产权观念很淡薄，具体到市场经济体制中，公众整体的意识亦是如此。这导致一些市场主体心态扭曲，不惜采取不正当的手段去展开竞争。

4. 侵犯知识产权犯罪的行政原因

首先，行政权力划分不合理。总体而言，我国政治体制改革的步伐落后于经济体制改革。政治体制与经济体制的不适应、不协调性在经济高增长的形势下更加突出，这种冲突给侵犯知识产权犯罪的滋长蔓延留下足够的生存空间。行政体制改革过程中，比较容易出现行政权力交叉与真空，这也给侵犯知识产权犯罪者制造空间。侵犯知识产权犯罪涉及面广，很多行政部门都有查处权，最后形成了“九龙治水”的局面。其次，保护主义严重。对于侵犯知识产权犯罪，部门保护主义和地方保护主义依然盛行。有的地方政府为了增加本地财政收入，对假冒注册商标、销售侵权辅助品等行为“睁一只眼闭一只眼”。一些地方甚至为达到增加地方财政收入的目的，不惜对侵犯商业秘密、侵犯驰名商标的行为“开绿灯”。甚至，地方保护主义的极端表现形式就是干预行政执法与司法。

5. 侵犯知识产权犯罪的法律原因

首先，立法上存在不足。我国的知识产权刑事立法在立法模式以及具体的法网设计和刑罚设置方面，都或多或少存在需要完善的地方。这些问题将在本文相关章节进行详细阐述，此处不一一赘述。其次，司法、执法实践层面“行刑模糊，重行轻刑”。我国社会日常生活中大量的侵犯知识产权犯罪行为，与司法机关查处、受理及审判的案件数量极其不成比例。究其主要原因，一是司法机关的观念存在问题。对于侵犯知识产权犯罪这样

① 赵国玲主编：《知识产权犯罪调查与研究》，中国检察出版社2002年版，第99页。
② 赵国玲主编：《知识产权犯罪调查与研究》，中国检察出版社2002年版，第95页。

看起来“貌不惊人”的犯罪，相关侦查、诉讼（公安机关、检察机关）机关工作人员没有引起足够重视。他们关注更多的是传统的杀人、抢劫等犯罪。二是在具体的执法活动中，一般性的行政执法机关（工商、海关等）对于侵犯知识产权的行为往往是以罚代刑，在明知侵权行为有可能涉及犯罪的情况下也是如此，这样一部分刑事案件就成了犯罪“黑数”。

（二）侵犯知识产权犯罪的特征

1. 犯罪手段高科技化

侵犯知识产权犯罪与知识经济密切相关，知识经济表现为高科技、智能化的特点，而侵犯知识产权犯罪也同样表现出知识经济的上述特点。首先，侵权行为人文化程度较高，一般具有一定的专业水平、体面的伪装、较为丰富的科技知识，因此，他们在作案时手段诡秘、多样。其次，侵犯知识产权犯罪的手段日益丰富、多样化，且技术含量十足。比如，虚拟空间成为盗版者的天堂，行为手段的高科技属性增强侵犯知识产权犯罪的扩散性，网络的无限复制性和快捷的传播性扩大了侵犯知识产权犯罪的传染性。① 互联网不但成为销售假冒盗版产品的主要媒介与市场，更使不同国家与地区的犯罪分子结成庞大的新型犯罪网络。互联网和数字信息在侵犯知识产权犯罪中的应用，使得假冒、盗版信息的传播速度和效率得到前所未有的提升。“像2007年热播的美剧《越狱》刚在美国的FOX电视台首播十几个小时后，中国的各大网络、论坛已经可以下载配上了完整中文字幕的剧集，盗版光盘随后也现身街头。”② 尤其需要警惕的是，由于网络的广泛使用和数字技术的发展，互联网上假冒、盗版信息泛滥，并成为不同国家、地区犯罪分子勾结的核心工具，形成复杂的犯罪网络，这种犯罪网络具备以下特征：“人数众多且无法核实；犯罪活动目的性强；成员联系稳定；组织色彩浓厚。”③

案例：2006年，在中国公安机关侦破的一起利用网络实施的侵犯知识产权的特大犯罪案件中，犯罪嫌疑人A通过互联网发布兜售假药的广告，

---

① 江尚东：《美国〈数字千年权法〉立法实践及对图书情报工作的影响》，《福建师范大学学报（哲学社会科学版）》2002年第2期。

② 梅倩：《非法网络传播遭遇政府监管重锤》，《中国知识产权报》2001年4月6日。

③ 王志广：《中国知识产权刑事保护研究》（理论卷），中国人民公安大学出版社2007年版，第131页。

并在网上结识了犯罪嫌疑人上海人B、广东人C等人，逐步形成了产、供、销一体的隐蔽犯罪网络。该组织分工明确，A负责网上收取国内外购买者的订单与货款；C在广东以快递形式发售假药，并将“业务”拓展到美、英、荷、德等国；B则在上海、江苏自建或租用厂房，采用十分危险的方法从事生产，除了为A和C提供假药以外，还大肆从事直接销售。该案中，A、B、C通过网络勾结，并且从未谋面，分布在不同的省份，甚至连真实姓名相互都不知道。B甚至将不同的工序分在不同的地区，以至于其核心技术人员都要通过化学分析才知道自己在生产什么东西。

面对上述侵犯知识产犯罪新的发展形态，有学者不无担心地指出：“网络时代的知识产权制度如同泰坦尼克号之旅，将会在因特网的冰海上艰难漂浮。”①

2. 犯罪组织化

知识产权因其脆弱性（无形性、流动性和可复制性）而容易遭受侵犯，如表现著作权的书籍、图纸，变现商标权的商标，体现专利权的专利产品等，都是公开出版发行后进入商品流通领域的。知识产品的经济价值在上述环节中难以得到有效防护。相对于其他暴力型侵犯财产权犯罪，侵犯知识产权犯罪既“安全”又“省事”。知识产权的易被侵犯性以及侵犯知识产权犯罪的高额回报吸引着诸多人趋之若鹜。随着知识产权保护力度的加大，侵权行为人也在采取积极的应对措施，犯罪组织化便是其体现。侵犯知识产权犯罪正向组织化方向发展。有些犯罪行为人成立一个形式上合法的公司企业，有组织、有计划地实施假冒行为、地下印刷行为等，以逃避公安、工商、版权、卫生、质量检验部门的查处。并且，这些犯罪组织往往会在实施犯罪的同时，寻求地方保护主义的法外支持，以贿赂、威胁、利诱等方式拉拢地方部分官员，把他们作为实施犯罪的保护伞。如此一来，他们实施相应的侵犯知识产权犯罪更有如如虎添翼。侵犯知识产权犯罪的有组织化还体现在犯罪成员的窝账串供、协调组织各犯罪参与者的行为，使得侵犯知识产权犯罪的侦破难度加大。

3. 跨境犯罪突出

随着我国改革开放的深入开展，我国的国际贸易迅速发展，科技合作与交流日益广泛。2001年我国加入世界贸易组织，标志着大跨度地接轨国

① 薛虹：《美丽新世界：因特网上知识产权纵横谈》，《知识产权》1999年第1期。

际经济。经济交流的全球化，也意味着经济犯罪的全球化，侵犯知识产权的跨国犯罪必然会出现并日趋增多。“在我国参与国际贸易过程中，无形商品（技术专利、商标、著作权等）在日渐频繁的技术转让和许可证贸易中，其价值超过了有形商品的价值，但仿制和假冒也相继出现，给企业造成了巨大损失。”① 境内外的犯罪分子跨境作案，侵犯版权犯罪为主的侵犯知识产权犯罪行为呈国际化趋势。当前，“涉嫌侵犯知识产权的货品的贸易额已占世界贸易额总量的5%～8%，损失已到上千亿美元”②。目前，“有关组织的统计数据已把侵犯知识产权犯罪列为跨国（境）犯罪的主要形式之一”③。正如前文所述，侵犯知识产权犯罪已经成为《联合国打击跨国有组织犯罪公约》规定的“17类严重跨国犯罪之一”④。

跨境侵犯知识产权犯罪主要表现在：第一，行为人的流动性。侵犯知识产权犯罪人在不同的国家和地区活动，特定的行业带有一定的组织性甚至成为团伙犯罪，由于其犯罪活动地分属不同主权国家或地区，在司法实践当中的法律适用时难免产生冲突。第二，行为的流动性。侵犯知识产权犯罪人往往在不同的国实和地区实施不同的犯罪行为，给犯罪认定带来较大难度。第三，犯罪对象的跨境性。知识产权的一大突出特征就是跨境性和易于流动性，“侵犯知识产权犯罪人实现收益的方式往往会通过跨境洗钱等途径进行”⑤。

4. 辐射众多领域、所涉罪名相对集中

假冒、盗版者唯一的嗜好就是追逐可观的利润，市场上哪种商品行情好，他们就假冒这种商品。随着科技发展的日新月异，知识经济的价值超过有形商品的价值，⑥ 犯罪分子谋求的利润恰恰是其中的差价。世界卫生组织称，全球10%的药品是假冒的；机械电子行业也深受假冒产品的危害，据统计，每年安装到飞机上的2600万个零部件中，2%是假冒产品；⑦ 在食

---

① 龚培华主编：《侵犯知识产权犯罪构成与证明》，法律出版社2004年版，第18页。

② 温仁锋、林仰平：《知识产权海关保护不可放弃》，《法制日报》2000年12月20日。

③ 韩建军：《跨国犯罪愈演愈烈，国际社会加强合作》，《法制日报》1999年12月29日。

④ 王文波：《经济全球化与知识产权犯罪》，《山东公安专科学校学报》2002年第5期。

⑤ 程荣斌：《经济全球化与刑事司法协助》，《中国法学》1999年第4期。

⑥ 唐明皓主编：《WTO与地方行政管理制度研究》，上海人民出版社2000年版，第328页。

⑦ 《美国商业周刊》2005年2月7日专题报道《假冒》，转引自《全球打假在行动》，《参考消息》2005年2月22日。

品和日用方面，涉及商品包括饮料、奶粉等各类食品，啤酒、散装酒、高档洋酒和白酒，香皂、洗衣粉，知名服装品牌等；软件和音像业无疑是侵犯知识产权犯罪的最主要受害者之一，比尔·盖茨曾经说过，“世界上有两个微软，一个是被偷走的”①。上述众多行业中的侵犯知识产权犯罪行为，每时每刻都在上演，虽然发案率在经济欠发达地区要高一些，但就其造成的损失而言，“在经济越发达的国家和地区，由于先进的造假设备更加普及，假冒商品的市场份额迅速增大，实际上造成的损失更大”②。

侵犯知识产权犯罪案件从总体上看呈逐年上升趋势。当然，与所有刑事案件相比，法院受理的案件数量并不能反映侵犯知识产权犯罪的严重程度，此类案件在所有刑事案件中所占的比例是很小的。而且，相对于其他侵犯知识产权案件，侵犯商业秘密的犯罪案件在逐年增长，主要原因在于跳槽员工出卖原东家或者是一些公司企业利诱竞争对手员工，还有就是犯罪人取得商业秘密后进行所谓的自我创业。

5. 作案手法隐蔽

知识产权的特点注定知识产品当中的智力成果可以同时为多人所用，权利人的权利并不会因为遭受侵权而减少或损毁，这种特性被称为“流而不失”。③ 如前所述，侵犯知识产权犯罪中犯罪行为与犯罪后果之间的因果关系不如传统犯罪那样明朗，这就更加大打击侵犯知识产权犯罪的难度。如前分析所言，有些犯罪分子知识水平较高，其犯罪行为呈现出专业化、组织化倾向，犯罪组织中间分工明确、等级分明，生产、运输、仓储等过程往往不在同一地域，同时，犯罪组织的骨干成员还具备较强的反侦查意识。因此，浮现在水面的侵犯知识产权犯罪案件远远少于实际生活中正在进行的侵权案件，侵犯知识产权犯罪存在较大程度的“犯罪黑数”。实践中，“存在着大量的知识产权刑事案件受理立案情况与实际犯罪的发生情况不协调的状况”④。

---

① 肖玮：《知识产权：无形资产期待有序保护》，《检察日报》2001年5月9日。

② Deborah Wince-Smith, Challenge of Technology Competitions, Les Nouvelles Vol. XXVIII, No. 1 (March 1993), p. 4.

③ 赵国玲主编：《知识产权犯罪调查与研究》，中国检察出版社2002年版，第143页。

④ 李立：《坚决把他们送上法庭》，《法制日报》1999年1月16日。

二、建设创新型国家的内在要求

党的十八大明确提出坚持走中国特色自主创新道路、实施创新驱动发展战略，并将其上升为国家战略。实施知识产权战略，俨然已成为创新驱动发展战略的重要组成部分。① 当今社会正处于知识经济时代，而知识经济的核心就是知识产权。正因为如此，在当代社会科技发展和经济发展中，知识经济的重要性日趋明显。相对于一般的传统型财产权，知识产权蕴含着巨大的社会价值，它是一种新型的产权制度，代表着社会整体福祉。此外，知识产权具有较强人身属性，例如著作权当中的一些人身权利是“专属”的。恰恰由于知识经济与现代科技以及社会经济发展的息息相关，相对于一般的经济犯罪，侵犯知识产权犯罪才会给社会经济发展带来更大更深远的危害。知识产权的基本属性之一是私权②，对于这种权利的侵害同样会因为达到一定程度的社会危害而构成犯罪。侵害个人利益，与侵害社会公共利益一样，一旦危害性上升到刑法规制介入的程度，都有可能构成犯罪并被实施刑事制裁。相对于其他侵犯财产权利的经济犯罪，除了在危害性这一点上“异曲同工”之外，侵犯知识产权犯罪还有着行为隐蔽、行为主体不特定等多重特征。这些特征正是更好地对知识产权进行刑法保护的部分原因所在。更好地保护知识产权，才能彰显一个国家与民族对于知识的尊重、对于创新的认同，如此才能更好地激发人们的创造热情，并进而推动社会经济发展，增加整个社会的福祉。

我们应该清醒意识到，知识经济的重要性已经在全球范围内得到共识，西方发达国家在这方面已经领先我们不少。在我国，侵犯知识产权的犯罪行为呈现出非常复杂的特征，严重影响市场经济的正常运行。正是由于智力成果的巨大价值，侵犯知识产权的犯罪越来越严重，这类犯罪除了侵害了权利人的权益，还对部分消费者的身体健康造成严重危害，更侵害了经济秩序。假冒商标与盗版，现在成为我国市场经济的两大“毒瘤”。这样的

---

① 参见胡锦涛同志在中共十八次全国代表大会上的报告《坚定不移地沿着中国特色社会主义道路前进　为全面建成小康社会而奋斗》之四（加快完善社会主义市场经济体制和加快转变经济发展方式）之（二）（实施创新驱动发展战略）。

② 西方国家认为知识产权的基本属性是私权，但笔者认为“私权”仅仅是知识产权的基本属性之一，详见后文论述。

现实，需要社会各个层面的努力，包括法律规制在内的制度建设显得尤为重要。“落后就要挨打”是我们不堪回首的往事，也是我们绝不愿意再去品味的历史。侵犯知识产权犯罪的猖獗，迫切需要刑法的介入。

三、符合世界刑事立法的发展趋势

自20世纪80年代开始，全球范围内的侵犯知识产权犯罪行为不断涌现并日益猖獗，给各国经济发展造成了巨大的损失。面对这种情况，各国不断完善刑事法律立法。即使各国保护知识产权的刑事法律上存在或多或少的区别，但对于加强知识产权的刑法保护已经达成共识。全球范围内正在掀起一股打击侵犯知识产权犯罪的浪潮。这一点在国际公约中也得到良好的体现，如1994年摩洛哥的TRIPS协定第61条明文规定成员方对于特定侵犯知识产权案件的最低刑事保护义务。随着全球化进程的加速发展，作为WTO成员方之一的我国，在参与国际事务时面对有些国际义务就必须得遵从，对于尚未达标的部分还得痛下决心调整，这是现实当中不平等国际经济秩序所施加的负担。从现实出发，包括中国在内的广大发展中国家必须缴纳这样的“学费”，将知识产权的刑法保护在技术操作层面尝试与国际接轨。伴随经济全球一体化的趋势，法制趋同化已经成为“国际市场竞争的先决条件”①。

近些年来，我国在这方面已经做了大量工作，“两高”2004年发布的《关于办理侵犯知识产权刑事案件具体应用法律若干问题的解释（一）》便是其具体体现：其一，《关于办理侵犯知识产权刑事案件具体应用法律若干问题的解释（一）》降低侵犯知识产权犯罪的入罪门槛，扩大侵犯知识产权的犯罪圈；其二，扩大单位侵犯知识产权犯罪的调整范围，缩小自然人犯罪与单位犯罪的数额差距；其三，为更好打击侵犯知识权犯罪，设计更利于操作的各类数额认定标准及计算方法；第四，“将共犯行为纳入到侵犯知识产权犯罪调整范围”②。

当然，我们对于世界范围内的保护知识产权的刑事立法趋势要有清醒

① 赵秉志、田宏杰：《侵犯知识产权犯罪比较研究》，法律出版社2004年版，第69页。

② 刘宪权、吴允锋：《侵犯知识产权犯罪理论与实务》，北京大学出版社2007年版，第42－44页。

的认识。发达国家对于知识产权的高规格刑事保护，是由其特殊历史阶段决定的。发达国家的高度发达知识经济，本能地产生了强烈的知识产权保护要求，相关刑事立法自然走在了前面。在世界经济秩序中拥有绝对话语权的西方法发达国家迫切地要求在全世界范围内推行这种模式，TRIPS 协定便是其产物。作为发展中国家的我们，要辩证地看待这一问题。包括 TRIPS 协定在内的国际公约的要求明显地与我国现在的经济发展水平不相一致，我们对知识产权的刑法保护水准不可能短时间达到发达国家的程度。但从长远的角度看，创新是一个国家的灵魂，“知识产权良好的刑法保护能推动民族创新意识的培育，进而促进本国经济发展”①。

第四节　知识产权刑法保护的基本原则

在充分讨论了知识产权应该受到刑法保护的充分性依据之后，有必要认真思考知识产权刑法保护的基本原则。我国的知识产权刑法保护已经经历了四十年左右的发展，这四十年也是我国知识产权刑法保护不断比较、借鉴、移植和吸收域外先进经验及与国际公约接轨并逐渐国际化的过程。随着全球知识经济的进一步发展，在知识产权受到公法与私法的二元保护体系中，如何应对知识产权保护国际化趋势，推进我国知识产权刑法保护的健康发展，秉持什么样的原则就显得异常重要。结合知识产权自身的属性，与知识产权刑法保护密切相关的有利益平衡原则、及时原则和谦抑性原则。②

一、利益平衡原则

（一）利益平衡原则的内涵及意义

利益就其语义来说就是指“好处”，究其本质，利益根源于人们的需要。③ 在商品经济社会中，利益是每个人和社会群体追求的目标，一定的社会存在着不同的利益主体，他们由于对利益的追求目标不同产生利益的冲

---

① 夏勇：《TRIPS 协定与我国侵犯知识产权行为的犯罪化》，载于赵秉志主编：《国际化背景下知识产权的刑事法保护》，中国人民公安大学出版社 2011 年版，第 280 页。

② 雷山漫、林亚刚：《论知识产权刑法保护的基本原则》，《法学杂志》2013 年第 10 期。

③ 蒋言斌：《知识产权制度反思与法律调适》，知识产权出版社 2007 年版，第 104 页。

突。利益平衡也称为利益均衡，它是在一定的利益格局和体系下出现的利益体系相对和平共处、相对均衡的状态。① 利益平衡原则是法律制定和执行过程中的一项基本原则，其宗旨是全面考虑一项规则的制定或适用可能引起的各方面的利益变动，不过分损害任何一方的利益，将利益损失的总和降低到最少。②

知识产权制度与利益存在着“天然”的联系，就知识产权的特性来看，在私人层面，它是知识财产私有的权利形态，为了激励创造，要对思想的创造物进行保护，给创造这些创造物的人需要享受的私人产权利益以充分的保障。在国家层面，它作为国家对公共政策的制度选择，需要使一般社会公众不必为了取得这些创造物付出过于昂贵的不合理价格。具体来看，知识产权法律制度所涉及的利益平衡包含两个层面：一是国内层面的利益平衡机制，即前述知识产权人的私权利益和社会公共利益的平衡；二是国际层面的利益平衡机制，即在知识产权国际保护中南北国家之间的知识产权的利益平衡关系。国内层面上的利益平衡机制是指从兼顾个人利益和社会利益的要求出发，知识产权制度应在激励知识产品的大量生产和促进知识快速传播、广泛应用两者之间实现协调和平衡。并且这种平衡还是一个动态的过程，为了实现创新，一国会结合自身的经济发展水平及国际政治、经济的压力等因素，在不同的发展阶段对这两种利益的权衡做出不同选择。国际层面的利益平衡机制是指在全球化背景下，知识产权制度已进入国际保护阶段，这使得知识产权作为利益机制不仅涉及国内不同主体之间的利益关系，而且还涉及不同国家间的利益关系。发达国家的经济、科技和文化处于优势，为发挥和扩大其优势地位，会注重对权利人私人利益的保护，往往制定高标准的知识产权保护制度。而发展中国家作为技术使用方，为降低获取知识产权的成本，会强调知识产权制度应更好地促进全人类科技文化进步，会制定低标准的知识产权保护制度。所以我们在强调刑法对知识产权犯罪调整必要性、运用刑法手段对知识产权进行保护的同时，必须遵循的首要原则也就是利益平衡原则。知识产权刑法保护遵循该原则，也

---

① 冯晓青主编：《知识产权法前沿问题研究》，中国人民公安大学出版社 2004 年版，第 11 页。

② 蒋言斌：《知识产权制度反思与法律调适》，知识产权出版社 2007 年版，第 105 页。

应该从前述两个层面出发，注重达成权利人利益与社会公共利益的平衡和发展中国家利益与发达国家间利益的平衡，以实现知识产权制度的根本目的：促进人类科技文化事业的发展，促进生产力水平不断提高，从而促进社会公共福利。

（二）利益平衡原则的贯彻

1. 在定罪情节标准上，将能够准确反映侵权行为社会危害性程度的情节作为定罪情节

如可考虑以“侵权数额”代替以“违法所得数额”为标准来认定侵犯知识产权犯罪的犯罪数额的做法。这是因为“违法所得数额”不能科学反映侵犯著作权犯罪的本质特征。考察行为是否构成犯罪的关键在行为社会危害性程度的大小，而不是犯罪人获利的多少。以“违法所得数额较大”作为定罪标准“容易使人们认为犯罪的本质就是行为人获得利益，而不在于行为侵犯了合法权益。这不符合刑法的整体精神”①。加上“违法所得数额”的含义比较模糊，不利于司法操作，所以应将能够准确反映侵犯著作权行为的社会危害性及其程度、自身含义较明确、司法查证较便利的情节规定为侵犯著作权犯罪的定罪情节。此类定罪量刑情节可以比较科学和准确反映该罪的社会危害性及程度，从而促成有效保护知识产权权利人的合法权益并使知识产权刑法保护的重心从对公共秩序的偏重转向关注权利人的权利优先上来。

2. 在追诉模式上，应完善知识产权权利人自诉途径

对于侵犯知识产权犯罪，我国《刑事诉讼法》规定的追诉采用的是由检察机关提起公诉的方式。另依据 1998 年 9 月最高人民法院《关于执行〈中华人民共和国刑事诉讼法〉若干问题的解释》及 2007 年 4 月最高人民法院、最高人民检察院公布的《关于办理侵犯知识产权刑事案件具体应用法律若干问题的解释（二）》相关规定，赋予侵犯知识产权刑事案件中被害人相应的刑事自诉权利。由此，对追诉侵犯知识产权犯罪应有公诉和自诉两种途径，这种制度设计使启动该类犯罪的诉权主体范围更加广泛，利于实行对知识产权全方位的刑事司法保护。但实践中受到侵权的被害人提起

① 张明楷：《刑法第 14 条“销售金额”的展开》，载于《清华法律评论》第 2 辑，清华大学出版社 1999 年版，第 188 页。

自诉的情况很少，使得自诉这一救济程序没有真正发挥应有的功能和作用。主要原因是我国刑事自诉制度中的案件受理条件过于苛刻，客观上会造成自诉案件程序难以启动。如根据我国《刑事诉讼法》第 170 条、第 171 条及相关司法解释的规定，知识产权刑事自诉案件必须是由有证据证明的被害人在检察机关不提起公诉时方可向法院提起，且法院只有在犯罪事实清楚，有足够证据的情况下才对案件予以开庭审理。因此，知识产权刑事自诉案件的自诉人在起诉之时就负有较高的证明责任，且从法律条文的规定来看，属于客观证明责任，即诉讼中一项事实主张不能被证明或法院对此真伪不明时，负有证明责任的一方当事人将承担败诉的结果。① 上述规定表明自诉人在起诉时就被课以全部证明责任，但由于侵犯知识产权案件涉及面很广，犯罪手段一般比较隐蔽，如果单纯要求被害人负犯罪行为的举证责任，困难很大，这可以使自诉人作为诉讼的发起人的主动诉讼地位可能在未开庭时就已丧失殆尽，使被害人处于不利地位，不利于知识产权的保护。所以，对侵犯知识产权犯罪的追诉模式特别是自诉途径应加以完善。使刑事自诉程序的设置有利于调动知识产权权利人运用刑事诉讼的法律武器维护合法权益的积极社会效果，这不仅符合知识产权是私权、权利人的私力救济能力和需求都比较旺盛的特点，也在客观上修正了我国知识产权刑法保护中表现出的“重公序、轻私权”的片面倾向。

此外，在刑事司法实践中，改变对查获的侵权复制品和违法所得一律没收的做法，应注意对被害人的实质补偿，可以将本予没收的财物交由被害人或权利所有者处理，用于对被侵权人的经济补偿，避免因被处罚的犯罪人无力对被侵权人进行赔偿而使被害人的实际损失无法得到补偿。

3. 在保护力度上，以国情为基础从实际出发

以版权领域的刑法保护为例，虽然《世界知识产权组织版权公约》（WCT）和《世界知识产权组织表演和唱片条约》（WPPT）要求成员国应对破解技术措施等网络版权侵权行为予以有效救济，但对救济措施并未具体规定，而是留待各成员国国内法解决。但许多成员国在适用民事责任、行政责任之外还选择适用最严厉的刑事责任已成为一种趋势。如美国 DMCA 第 1204 节对出于恶意且有商业利益、个人收入之目的的行为课以刑事责任。

---

① 吴宏耀、魏晓娜：《诉讼证明原理》，法律出版社 2002 年版，第 312 页。

马来西亚将未经许可，删除或修改任何权利管理信息的行为，以及未经许可，销售、为销售目的进口或未经许可将电子权利管理信息删除或修改的作品或作品的复制品的行为定位为犯罪。全球首例BT计算机网络传输刑事犯罪案，即香港公民陈乃明违反香港《版权条例》，利用BT件将《夜魔侠》等3部电影的非法复制品作为“种子”上传到互联网进行传播而被判入狱，也让我国大陆地区近距离地感受到网络版权侵权的刑事责任从宽容趋于严苛的趋势。①

我国作为一个发展中国家，在知识产权保护国际化背景下，若将国际条约的一切甚至发达国家的要求当成国家标准实属误解。知识产权保护国际条约中实体条款规定的“最低要求条款”才是科技标准。我们应结合本国国情，从维护国家整体利益出发，考虑在如何遵循TRIPS协定规定的最低标准要求下，对我国的知识产权刑法加以调整，做到既遵守所加入的国际公约的国际义务，又最大限度地保护本国国家和人民的利益。TRIPS协定不是强制统一的限制文件，它给予成员国的自由度应引起高度重视，我们必须充分利用其弹性条款，建立符合我国国情和国际规则的知识产权刑法保护制度。

二、及时原则

（一）及时原则的内涵及意义

二百多年前，古典刑法学派就指出，刑法的威慑不仅来自于刑罚的严厉性，更加依赖于刑罚的及时性与不可避免性。刑事立法设立犯罪与刑罚规范的主要标准是行为的社会危害性，由于社会关系与社会生活的不断发展变化，行为的社会危害性的有无及大小也会随之变化。如果行为的社会危害性已经发生变化，从适应社会生活、保护社会关系角度出发，刑事立法就必须及时做出反应，进行相应的修改，这就是及时性。② 立法对新出现的严重危害社会的行为的敏锐性也是刑法的科学精神的体现，对实现刑法的公正意义重大。

---

① 向欣、朱雪忠主编：《我国知识产权保护的国际环境分析》，中国计划出版社2007年版，第79页。

② 赵秉志：《刑法基础理论探索》，法律出版社2003年版，第19页。

现实中，受“经验立法”指导思想的影响，国家在刑事立法上不同程度地存在着落后于社会发展的现象，对“崭露头角”的新型犯罪缺乏必要的、及时的规范，致使这些犯罪恶性膨胀。① 就知识产权刑法保护而言，其滞后性更加明显，除了上述原因外，还与其保护的对象——知识产权的特性相关。因为技术和法律作为推动社会发展的两种力量并非同步增长，技术是人类价值追求的结果，更新速度非常快。伴随着科技的飞速进步，新的知识产权不断产生，② 知识产权保护对象及权利内容不断拓展，如著作权内容大大扩张，除了传统的版权，又新增各项电子版权。而法律是集体利益协调的产物，通常滞后。所以现今知识产权随技术进步的迅速扩张就对刑法不断提出新的挑战。同时，知识产权侵权行为本身也随着电子技术、网络技术等的发展发生很大变化，严重侵权行为的隐蔽性、专业性、易扩散性也不断增强，但各国刑法对这些行为是否应受刑罚处罚无法确定或规定粗疏，使得知识产权刑事执法无所适从。刑法的滞后导致一些现实中严重侵犯知识产权的行为因无法可依而不能受到刑事制裁，从而妨碍刑法对打击侵犯知识产权犯罪应有功能、作用的发挥，有损刑法的尊严和权威。

所以，考虑到近年科技发展的迅疾步伐，面对日益猖獗、嬗变的侵犯知识产权的犯罪行为，我们在中国知识产权刑法保护国际化的进程中也应强调及时更新理念以迎接知识经济时代高科技犯罪的挑战。对那些在社会实践中已具有严重社会危害性的行为考虑是否予以刑事制裁时，如果外国刑法或者有关国际公约中有对该行为比较成熟的规定，可及时将该规定结合我国惩治犯罪的需要移植到中国刑法当中。③ 如果根据我国知识产权刑法保护的自身需要应纳入刑法规制范围，哪怕国外只有少数国家有相关规定，我们也可结合世界知识产权刑法保护的最新动向，及时将其规定为犯罪。提出及时原则并非意味着一味犯罪化，而是紧密结合知识经济时代知识产权高速发展的特点对刑事立法提出更高要求。同时，对那些不合时宜的罪状，我们也应当将其出罪。

---

① 刘剑文：《知识经济与法律变革》，法律出版社 2001 年版，第 111 页。

② 如英特尔开关机的声音、一些日本寿司的特殊香味都纳入了知识产权保护的范畴。

③ 刘科：《中国知识产权刑法保护国际化研究》，中国人民公安大学出版社 2009 年版，第 118 页。

（二）及时原则的贯彻

1. 反向假冒商标的入罪考虑

反向假冒商标的行为，因其未经商标权人同意，更换其商标并将该更换商标的商品又投入市场，不仅损害商品生产者和消费者的合法权益，而且严重损害他人的商品声誉，扰乱市场竞争，所以很多国家和地区规定禁止反向假冒，将该行为作为犯罪进行处罚的也不在少数，如法国、澳大利亚、美国、加拿大、葡萄牙、西班牙、英国以及我国香港地区等，都将反向假冒行为规定为犯罪。我国在2001年《商标法》修订时，第52条第4款明确反向假冒商标的行为属于侵犯注册商标专用权的行为，这为制裁商标反向假冒行为提供了法律依据。但由于我国1997年《刑法》在规定“假冒注册商标罪”时未将反向假冒的行为纳入刑法的调整体系之中，所以对情节严重的反向假冒注册商标行为刑法无法规制。

考虑到近几年我国出现的反向假冒案件，大都是国外大公司反向假冒我国的质优价廉的商品，用我们价廉物美的商品，换成他们的商标后去创其品牌，这无疑对我国起步较晚的民族企业实施“名牌战略”、参与国际竞争非常不利。从社会危害性角度来看，商标反向假冒行为比现行《刑法》规定的三种商标犯罪行为危害性要大，因为它具有对社会、团体及个人利益的多重侵害，且更具有隐蔽性、欺骗性。综合其客观危害和预防难度，商标反向假冒行为的法益侵害更为严重，因此对其犯罪化的依据更为充分。① 所以从实施国家知识产权战略的角度出发，为保护我国有竞争力的商标，将反向假冒注册商标情节严重的行为规定为犯罪是完善我国商标保护制度的可取性做法。

2. 强化注册服务商标的刑法保护

根据我国《刑法》第213条规定，假冒注册商标罪是指未经注册商标所有人许可，在同一种商品上使用与其注册商标相同的商标，情节严重的行为。依罪刑法定原则，该条规定的假冒注册商标罪的“注册商标”应仅指商品商标。但考察服务商标和商品商标的性质，它们同属于工业产权，起着将此种服务或商品区别于彼种服务或商品的作用，都凝结着商标注册人的辛勤劳动，对它们的侵害并无程度上的差别。而且我国早在1993年修

---

① 傅跃建：《商标反向假冒行为的刑法规制》，《江苏警官学院学报》2008年第3期。

订《商标法》时对注册服务商标和注册商品商标就给予了同等保护。① 从商标法和刑法的关系角度分析，假冒注册商标罪是法定犯，在认定假冒注册商标罪时，必须以商标法规的相关规定为前提，不仅对假冒注册商标罪之犯罪构成要件中的专业术语，诸如商标、相同商标、商品、注册商标等，进行透彻理解与把握，还要依据商标法规中的附属刑事罚则的内容及其与商标法规的其他规定的关系来认定，② 以使刑法中的假冒注册商标罪适应变化性更大的经济、行政法规的修订。所以从刑事立法协调的需要及客观实践需要出发，我国应将假冒注册服务商标的行为列入刑法规制的范围。

三、谦抑性原则

（一）谦抑性原则的内涵及意义

所谓谦抑性原则，是指刑法不应将所有的违法行为都作为其对象，而应将不得已才使用刑罚的场合作为其对象的原则。③ 也就是说：凡是能适用其他法律足以遏制某种违法行为、足以保护合法权益时，就不要将其规定为犯罪；凡是适用较轻的制裁方法足以遏制某种犯罪行为、足以保护合法权益时，就不要规定较重的制裁方法。④ 刑法的谦抑性是基于刑罚这一手段的特殊性，因为刑罚这种手段本身是一种必要的“恶”，它追求的是人权保障和刑法的公正，所以非不得已而不得用之。刑法的谦抑性原则具体体现为罪之谦抑和刑之谦抑，罪之谦抑主要指应合理地划定犯罪圈；刑之谦抑主要强调刑罚手段的最后性和补充性。在知识产权领域，发达国家出于保护自身利益给予知识产权的高水平保护，规定的侵犯知识产权的罪名不断增多，保护对象日益拓展，法网日趋严密。面对此趋势，我国在借鉴、移植国外知识产权刑法保护经验时，应当审慎，应针对侵犯知识产权犯罪属经济犯罪的性质（法定犯），坚持谦抑性原则。

---

① 现行《商标法》第四条规定：“自然人、法人或者其他组织在生产经营活动中，对其商品或者服务需要取得商标专用权的，应当向商标局申请商标注册。本法有关商品商标的规定，适用于服务商标。”现行《商标法》1982 年 8 月 23 日第五届全国人民代表大会常务委员会第二十四次会议通过，历经 1993、2001 年和 2013 年三次修订。

② 此处的表述为“附属刑事罚则”，而非“附属刑事规范”。

③ ［日］大谷实：《刑法总论》，黎宏译，法律出版社 2003 年版，第 4 页。

④ 张明楷：《刑法在法律体系中的地位》，《法学研究》1994 年第 6 期。

（二）谦抑性原则的贯彻

1. 在知识产权刑事立法方面贯彻谦抑性原则

要尽量考虑犯罪发生的社会原因和经济原因，在能够以民事、行政手段解决问题的时候就不要考虑刑罚的手段，以和谐的手段达到和谐社会的目的。[①] 但目前在知识产权刑法保护不断扩张的国际趋势下，出现了一些不顾我国目前的经济形势，在知识产权领域盲目追求犯罪化的主张。如在专利权的保护上，近年来不断有学者主张“专利侵权罪”增设论，这就有违刑法的谦抑性原则。以比较研究角度而言，从国际条约义务来看，根据TRIPS协定，我国并无将专利侵权规定为犯罪的义务；从欧盟《知识产权刑事措施指令（草案）》的制定过程看，已表明在欧盟层面上阻止专利侵权行为犯罪化的基本态度；从我国台湾地区曾对专利侵权行为规定罪名较多，到2003年将侵害专利的行为完全除罪化，回归民事救济程序解决的变化，这些都让我们注意到刑法对专利权的保护应有的谨慎和宽和。从社会危害性看，专利侵权与商标侵权及一些著作权侵权行为直接欺骗消费者、损害公共利益，也就是人们常说的侵犯“公权”的情况相比有很大不同，这正是专利法对专利侵权行为没有规定行政处罚和刑事责任的原因所在。[②]

2. 在知识产权刑事司法方面贯彻谦抑性原则

要做到在行为是否构成犯罪的界限模糊时，要尽量按照有利于被告的原则，不首先考虑构成犯罪，防止刑法扩张。但是在司法实践中，近些年来出现了动辄以刑事手段来解决侵犯商业秘密纠纷的趋势。特别是与维护保密协议与竞业禁止协议有关的商业秘密纠纷，这类纠纷一旦发生，权利人首先向公安机关举报，通过公诉方式对侵犯商业秘密行为人进行刑罚处罚。由此体现的“商业秘密保护刑事优先论”的实践情况不仅与商业秘密的私权属性和权利公开性不够的特点矛盾，也有违刑法的谦抑原则。商业秘密属私权，主要采用民事司法保护，刑事手段的介入需要建立在侵犯商业秘密的行为已经侵犯社会公众利益，造成严重后果的基础上。但在“商业秘密保护刑事优先论”的影响下，一些公安机关轻易动用刑法手段插手

---

① 崔立红：《著作权犯罪与谦抑性原则的适用》，《百家言》2007年第5期。

② 蒋志培等：《中国知识产权保护前沿问题与WTO知识产权协议》，法律出版社2004年版，第125页。

民事案件，一方面导致公权力的滥用，使刑法异化为打击竞争对手的不公平竞争的工具，另一方面改变了商业秘密侵权纠纷双方当事人诉讼地位和能力本应平等的情况，造成对被控侵权人的不公平。

在人才流动频繁的今天，职工跳槽乃商业秘密流失的主要渠道。如何对人才流动引发的商业秘密侵权行为进行合理调整和制裁是个复杂的现实问题。如果轻易利用执法机关的强制力直接启动刑事程序以惩处跳槽、离职者，并不利于人才的合理流动。在商业秘密的司法保护问题上，刑法的谦抑原则不仅要求我们坚持商业秘密刑法调整的适度性原则而且要求我们注重刑事保护与民事保护、行政保护之间的协调，实现刑法调整与民法、行政法乃至其他非法律手段的联动和统一。如果破坏此原则，极有可能导致商业秘密刑事保护泛化，这不仅会破坏整个法律保护体系的平衡，而且与我国当前所处的发展阶段不符。我国作为一个发展中国家，商业秘密的占有并不属强势，从促进民族工业发展的角度考虑，完全没有必要在商业秘密的刑事保护上走得过远。在侵犯商业秘密罪上，依循刑法的谦抑原则，需要明晰刑、民法的界域，在很多时候，当刑事司法的触角延伸至一些本该由民事措施来操刀的领域时，不仅不能真正达到以最小的成本获取最大的社会效益的目的，而且刑罚这柄双刃剑伤害社会的程度会远大于对犯罪的威慑。

知识经济时代，知识产品蕴含的巨大价值以及知识产品的非物质属性使得知识产权的侵权行为难以避免，在知识产权受到的公法与私法的二元保护体系中，如何应对知识产权保护国际化趋势，推进我国知识产权刑法保护的发展，秉承相应原则十分必要。遵循利益平衡原则，力求知识产权人私益与社会公益间的平衡，能为知识产权的刑法保护确立合理运行的边界；遵循及时原则，能针对知识产权随科技的进步不断变化、更新，保持刑法对新的严重危害社会的行为敏锐性，利于发挥刑法打击新型知识产权犯罪应有功能，维护刑法的效力和威信；遵循谦抑性原则，确立刑法在整个知识产权保护体系中的最后性、补充性地位，不仅能使刑法作为最后制裁力量的作用得以发挥，也能助力于有效竞争的市场环境的实现。①

① 雷山漫、林亚刚：《论知识产权刑法保护的基本原则》，《法学杂志》2013 年第 10 期。

第二章
中间道路的可行性论证

第一节 我国知识产权刑法保护路径的现状

一、学界的“强”“弱”保护之争

（一）知识产权刑法保护“强保护”路径

不知是否出于热衷对风险社会等热门理论追捧的原因，当前很多人在谈论刑法学研究命题时会自然地往其靠拢。在风险社会理论的影响之下，“对安全价值的追求成为刑法优先的价值选择”①，应该把安全刑法作为保证风险社会稳定的基本前提。与此相类似的观点有“刑法从传统罪责刑法向风险社会的安全刑法转向是社会的必然”②。依据这样的理解，传统的罪责刑法在面临法益遭受侵害的时候，只能起到事后规制的作用，无法满足公众的安全需求，“因此传统的罪责刑法观需要进行重构”③。这样的大背景，对经济刑法影响最大。经济决定政治、决定上层建筑的具体形态，经济犯罪相对于其他类型犯罪，其社会危害性特殊，对于社会经济秩序的破坏不光影响“民生”，更影响“国计”。因此，各国对于经济犯罪的防治都是绞尽脑汁，出于对社会风险的防范，势必会引发经济刑法的扩张。

侵犯知识产权犯罪，属于经济犯罪的一种，我国《刑法》将侵犯知识

① 康伟：《对风险社会刑法思想的辩证思考》，《河北学刊》2009 年第 11 期。

② 赵书鸿：《风险社会的刑法保护》，《人民检察》2008 年第 1 期。

③ 郝艳兵：《风险社会下的刑法价值观念及其立法实践》，《中国刑事法杂志》2009 年第 7 期。

产权犯罪放在第三章“破坏社会主义经济秩序罪”中。有学者认为，知识产权事关民族创新意识的培育，事关国家经济、技术安全，需要引起重视，对于侵犯知识产权的犯罪要扩张刑事法网，比如：“将著作权刑法保护对象技术信息和权利管理措施，以充分保护网络环境下的著作权人合法权益，推动网络技术的发展”“对著作人身权和著作财产权给予同等保护”“从罪名体系上，我国大陆应当改变侵犯著作权犯罪目前罪名设置过于单薄的现状，借鉴其他国家罪名设置的有益做法，一方面细化现有的侵犯著作权罪名，另一方面增设一些新罪”“我国将侵犯著作权犯罪规定为目的犯，已远远滞后于侵犯著作权犯罪的国际发展趋势，应当取消对该罪主观目的的限制性要求”等。① 随着计算机网络技术的快速发展，更多的学者主张加大对著作权侵权行为的打击力度，将“尽可能多的犯罪对象、犯罪主体和行为方式纳入刑法规制的范围中”②。“从整个市场体系看，各种新型犯罪应运而生，而这些犯罪往往因为立法规定之缺乏而只是停留在人们观念中或理论上的‘犯罪’，对于这些行为如仅仅依靠民事经济或行政的制裁，显然无法予以有效遏制，这势必会严重破坏市场经济秩序。”③ 更有学者认为，对于侵犯知识产权犯罪的性质我们认识并不准确，如这类犯罪的犯罪客体应为双重客体，一为财产权和人身权，二为社会主义市场经济秩序。眼下，侵犯知识产权犯罪不仅是对社会主义市场经济秩序的破坏，更“危害了公共安全乃至国家安全”④。

此外，对于我国目前的侵犯知识产权犯罪的量刑情节，有学者也认为存在一些问题，不能更好地打击侵犯知识产权犯罪。如：“有两个个罪仅以数额多少作为唯一的定罪量刑标准，即销售侵权复制品罪以‘违法所得数额巨大’、销售假冒注册商标的商品罪以‘销售金额数额较大’为唯一的定罪和量刑标准。采用单一标准的定罪量刑情节完全排除了其他情节对定罪量刑的影响，而司法实践中行为人具有与其他情节的侵犯知识产权行为的

---

① 田宏杰：《著作权刑事立法比较研究》，《山东公安专科学校学报》2004 年第 3 期。
② 郭丹、高立忠：《网络知识产权的刑事保护》，《甘肃政法学院学报》2006 年第 3 期。
③ 龚培华主编：《侵犯知识产权犯罪构成与证明》，法律出版社 2004 年版，第 83 页。
④ 比如关乎国家经济命脉的特定行业的商业秘密等。

社会危害性也可能是很大的。”①

（二）知识产权刑法保护“弱保护”路径

保守者倾向追求的是古典主义自由观与人权观。自近代以来，西方思想家们为了抵制古代刑法的擅断，扛着“自由、平等、人权”的旗帜去追求公民基本人权的实现，受此影响，后世刑法的发展越来越注重强调刑法机能的实现，在保护法益与保障人权间寻求平衡。可以这样认为，古典自由刑法的本质追求在于寻求基本人权的实现，而“自由”是其核心要素。因此，对于现代化社会带来的种种问题，刑法的调整与发展始终不能脱离“罪责刑法”的框架。有学者认为，对于知识产权的刑法保护不能只考虑其迫切性和必然性，不能夸大刑法介入知识产权保护的实际作用，刑法的最后保障功能与刑罚的最严厉性决定刑法对知识产权的保护不能肆意扩张。这主要由以下因素决定：侵犯知识产权犯罪刑事立法的价值追求；刑法终极价值之一的谦抑性；我国的现实国情；各国保护知识产权的普遍经验。②同时，有学者从法制现代化角度出发，指出“我国近代的法制现代化更多采用的是一种被动突变的模式，法律制度的变革并非内生于社会，而是在外来因素的冲击与强大压力下迅速推进的。这一特质在知识产权法律制度上表现得尤为明显。在某种程度上，我国知识产权法律制度建立的根本目的不是在于保护知识产权本身，而是为了给改革开放争取国际环境不得已所做出的妥协和让步……对知识产权进行刑法保护追随发达国家高标准，更值得怀疑和检讨”③。针对知识产权仅为社会上小部分人所享有的特权，有学者指出对知识产权的保护必须以民法为基础，以行政法为辅助，以刑法为保障。只有在下述情形中，刑法才能介入对知识产权的保护：以直接危害社会公众利益的方式侵犯知识产权的行为；以社会成员普遍感到威胁的方式侵害知识产权的行为；以极端蔑视国家权威的方式侵犯知识产权的

---

① 刘科：《中国知识产权刑法保护国际化研究》，中国人民公安大学出版社 2009 年版，第 210 页。

② 刘宪权、吴允锋：《侵犯知识产权犯罪理论与实务》，北京大学出版社 2007 年版，第 47 – 51 页。

③ 黄洪波：《中国知识产权刑法保护理论研究》，中国社会科学出版社 2012 年版，第 183 – 184 页。

行为（一是以之为主要生产、经营方式；二是经多次行政处罚后仍继续的）。[①]

另外，有学者从知识产权的基础理论着手，探讨知识产权的法律保护问题：资源来源于社会，那么资源带来的效能也便具备社会性。因此，知识产权权利人除了在权利范围内将其权益最大化之外，还应当注重实现权利的社会效应。据此建立的理论即为“权利弱化与利益分享理论”[②]，该理论的哲学基础在于以下几个方面：第一，权利人利用资源之社会性及社会资源的有限性。第二，创造物（知识产品）的社会性及其衍生的社会成员共享性。第三，对于他人擅自使用该项知识产权，权利人可依法律行使禁止权利，但这项权利的行使须依据创造物的社会共享性程度来实现。“权利弱化与利益分享理论”为刑法保护知识产权提供了一个新的视角，权利人可依此保护自己的权利，但又必须遵循一定的规则，如此为更好地实现知识创新所带来的社会福利提供理论依据。根据该理论，权利人在权利被侵害之时，首先是向侵权行为人行使实施合同缔结请求权与损害赔偿请求权，而这些权利的基础便是利益分享。此时，被侵害的权利人不能立即“行使停止侵害请求权或者基于绝对排他权原则要求侵权人进行全部赔偿”，更不用说刑法介入了；并且，“这样的‘专有权’也不能阻止其他个人享有同样的权利，最终将会促进知识文化的传播”[③]。

（三）路径之争的评析：“中间道路”的提出

综上，就“强保护”路径而言，笔者认为它将刑法放在“神坛”般的地位，将它作为防治侵犯知识产权犯罪问题的最佳选择，这本身就违背刑法的谦抑性原则。一味地将侵犯知识产权犯罪定性为恶性犯罪，其结果可能是助长严刑滥罚，而不是更好地保护公民权益。就“弱保护”路径而言，需要调整的是它对自由和人权所持有的态度。传统的罪刑法定、罪责原则

---

① 陈忠林、陈可倩：《关于知识产权刑法保护的几个问题》，《中国刑事法杂志》2007 年第 3 期。

② 曹新明：《知识产权法哲学理论反思——以重构知识产权制度为视角》，《法制与社会发展》2004 年第 6 期；曹新明、梅术文：《民族民间传统文化保护的法哲学考察——以知识产权基本理论为研究范式》，《法制与社会发展》2005 年第 2 期。

③ 曹新明：《知识产权法哲学理论反思——以重构知识产权制度为视角》，《法制与社会发展》2004 年第 6 期；曹新明、梅术文：《民族民间传统文化保护的法哲学考察——以知识产权基本理论为研究范式》，《法制与社会发展》2005 年第 2 期。

等刑法基本原则，过去和现在在保护公民权益免遭国家强权践踏方面发挥了重要作用。可是随着社会的发展，我们需要考虑的是这类基本原则在不动摇其根基的前提下是否应做适当的调整以适应时代需求。“一味地恪守传统，就会落入顽固不化的俗套，最终会成为新的刻舟求剑寓言。”① 此外，需要引起重视的是，社会秩序的维护最终要落脚在公民权益的保护上来，但这种努力应始终以社会现实结构为考量依据。所以，面对社会结构的巨大变化，我们可以采纳安全刑法观的合理性建议，力争在个人权益与社会整体利益之间达到平衡。②

与前述学界之争类似的是，在国际社会层面，对知识产权的刑法介入程度也有两种相对立的观点。一是以发展中国家为代表所主张的对其进行低程度的介入，认为在传统的社会观念和认知状态下，人们大都断定如果将知识产权界定为私有，给予智力成果的创造人以完整的法律保护会遏制知识的传播和应用，会影响本国的经济和贸易的发展。由此也积极反对刑事干预知识产权领域的拓展，这种理论被称为知识产权的“消极保护理论”。其基本理由是，消极保护可以降低成本，有利于节省国家资金，有助于减少依赖性，有助于推进地方工业。与之相对应的是“积极保护理论”，认为消极保护的弊端十分明显，它非但不能减少技术取得障碍，而且由于不存在技术许可使用等规范，某些技术无法被利用，反而限制技术的利用和发展。消极保护是以牺牲智力成果开发的有效激励机制为代价的。在消极保护状态下，刑法的保障功能和威慑功能受到极大限制，严重侵权行为无法得到根本遏制，知识产权无法得到最终保护，对这种形态实施积极保护是必需的。③ 这一理论的力倡者主要是发达国家，1992 年在美国召开的“科技中的知识产权”研讨会上，美国方面认为，积极保护有利于发展世界

---

① 齐文远：《应对中国社会风险的刑事政策选择——走出刑法应对风险的误区》，《法学论坛》2011 年第 4 期。

② 在全球化时代，侵犯知识产权的犯罪活动的集约化和规模化，经由全球化运动，完全可以经过发达的物流，传送到世界上的大多数地区的人的口中。它对于全社会可能造成何等程度的消极影响，它能影响多少人的生活，我们是完全无法预料的。同时，侵犯知识产权犯罪问题不是一个特定地区的问题，也不是一个特定行业的问题，侵犯知识产权犯罪问题可能爆发出的政治、经济和社会危机究竟会播散多远，我们也是无从知晓的。

③ 孙万怀：《侵犯知识产权犯罪刑事责任基础构造比较》，《华东政法学院学报》1999 年第 2 期。

高科技市场。巴西等发展中国家则认为，当前推进的快速化进程不过是美国施压力，使发展中国家依照美国模式改变其国内法的结果。对此，美国教授里奇曼（Richman）也承认，TRIPS 协定在多个方面完全依照发达国家的意愿做了规定。①

笔者认为，在全球知识经济时代有必要对知识产权进行所谓的强保护，但这种强保护应该主要由民法、行政法等非刑法方式进行。在短期内不适宜让刑法广泛、深入介入知识产权领域。即，对知识产权应当进行有效保护，这在法治国家和市场经济的今天是必然的趋势，但这种强势保护不应该完全仰仗刑法而应在刑法之外实现，刑法的有效保护不在于对知识产权侵权行为广泛犯罪化和刑罚严厉化，而在于打击重点犯罪，尤其是应该通过提高刑事司法中的追究率来实现更注重效果的保护目标，这可以看做知识产权刑法保护的“中间道路”。现阶段，广泛犯罪化与司法的低追究率的矛盾在极为明显，一方面许多已经构成犯罪的侵权案件被民事或行政程序予以“消化”，另一方面相当数量的已立案的刑事案件未进入起诉审判环节。一味扩大刑事法网而忽视了对保护知识产权更重要的民法、行政法，不仅事倍功半，而且在犯罪率激增的今日中国，限于司法资源的有限性和公众的认同程度，不可能严格执法并打击相较于自然犯罪对社会震荡较小的知识产权犯罪（如果投入大量司法资源严格执行，很可能会顾此失彼，放纵当务之急惩罚严重犯罪的根本任务）。这样，徒设法条而不行，对法律尊严的损害极为严重。在今天，如果过度推崇刑法对知识产权的保护，试图以广泛的犯罪化模式来实现遏制知识产权侵犯等行为的发生率，可能会有一定功效，但其负面作用应为我们特别警惕：

1. 将大量危害轻微的行为治罪会带来消极后果

在工业经济时代的今天，相较于其他严重的自然犯罪和经济犯罪，知识产权犯罪是一种轻微的犯罪。为防止法益侵害而要广泛禁止这些行为，往往得不偿失，类似的情况容易引起人们对法律权威的思考。例如，美国纽约市立法机构曾通过一项法令，对在旅店、宾馆等公共场所的床上吸烟的行为处以刑罚，以防止可能发生的火灾。帕克教授对此批评道：“目前，

---

① 郑成思：《知识产权与国际关系》，《知识产权》1995 年第 1 期。

没有人怀疑许多重大的火灾是由于人们在床上吸烟的行为所致，的确，如果人们不在床上吸烟，消防状况会改善很多。但是，如果没有庞大的渗透到社会各个角落的监视与跟踪系统，几乎不可能执行这一项法令，而且应当考虑到，如果运用严密的监视系统执行这一法令，不可避免地将侵犯人们的隐私权。退一步讲，即使不顾法令的执行问题，也必须考虑到将一种平日习以为常的行为予以犯罪化时所带来的消极影响。……由于许多立法机关（如前述的纽约市）仅因为他们不赞同某些行为就将其大量犯罪化，当这成为一种趋势时，刑事定罪不再像以往那样让人们产生敬畏心理。”①

2. 立法过剩会产生负面作用

相对而言，刑法中规定的侵犯知识产权犯罪的法条在司法实践中的运用是比较“受冷落”的，这也是一种变相的刑法立法资源的浪费，它不仅是一种立法过剩，更严重的是引起执行法律中的专断主义，最终损害的是法律的尊严。帕克教授就此给出经典评价：“了解到企求法律百分之百地被执行的理想主义的不现实性，意味着应注意避免制定很难实际执行的法律，也意味着应废除那些只具有偶尔执行力的法律。一项长期以来到冷落而仅被偶尔地执行的法律表明：此种被禁止的行为不会对社会的安全秩序感造成严重损害。实际追究率是认定反社会行为成立一个重要指标，制定和保留那些仅被偶尔执行的刑事法条不仅无效用，而且还会带来实际危害，这种无效用性源于这样一种认识，一项法令在很少的情形中得到执行，必然影响到这种法条的威慑效果。就实际危害而言，主要指以下三种：其一，如果大多数人谙知，虽然某些特定行为被规定为犯罪，但在一些情形中却可相对地免受惩罚，那么，法律的威信很可能受到破坏。其二，如果执法人员意识到某种罪行的追究率极低，将诱发其不择手段地提高这一法条的追究率的局面产生。其三，实际追究率的低下将导致在判定结果时的广泛自由裁量权，这种自由裁量权的行使必是以专断的方式而为之。其中，此种任意专断使那些目睹自己成为牺牲品的人们产生被社会抛弃和歧视的痛苦感”②。

---

① Herbert L. Packer: The Limits of Criminal Sanction, Stanford University Press, 1968: 271 - 287.

② Herbert L. Packer: The Limits of Criminal Sanction, Stanford University Press, 1968: 271 - 287.

二、实证分析：立法现状

（一）我国知识产权刑法立法

1. 我国知识产权立法总体进程

任何制度的产生归根结底都是源于经济的发展，因为经济的发展产生利益需求，这种需求会促使人们去构建相应的制度去维护它。17—18 世纪，随着知识经济的发展，西方国家便早早开始知识产权法律制度的构建，那时的中国还沉浸在“天朝”大国的良好意境里不能自拔。研究我国的知识产权刑法立法，不能只局限于刑法视野，要将其放置于我国整个知识产权立法进程中去观察。时间跨度也应从该制度在我国萌芽时期开始，否则有一叶障目之嫌。

纵观中国知识产权法律制度的建构进程，是一部从被动变主动的法律革命史和制度变革史。笔者认为，可将其分为三个阶段。①

（1）被动接受阶段（晚清时期至 20 世纪 90 年代）

依据学界主流观点，“中国的知识产权保护始于清朝末年”②。但是，这并不是晚清政府适应时代潮流积极维新的结果，大部分原因是西方列强的压迫所致。1898 年，清政府颁布了《振兴工艺给奖章程》，这是中国近代史上第一部专利法规，但很快因“戊戌变法”的失败而废除。此后，清政府于 1904 年制定了《商标注册试办章程》，1910 年制定了《大清著作权律》，这两部法律一直沿用到民国初年。此后的北洋时期和民国时期则直接取材外国法，制定了一系列知识产权法律。但由于身处发展中阶段的我国较晚才建立知识产权法律制度，所以充分实施该制度的各种基础尚不完备。如此，相关法律制度难以发挥其应有的社会效应，效果大打折扣。

中华人民共和国成立以后，受当时的历史条件局限，知识产权的法律保护相当有限。1973 年，当时的中国国际贸易促进委员会法律部部长任建

---

① 这种划分模式主要参考依据是两位学者的观点：吴汉东观点：被动性接受阶段——清末到民国时期；选择性安排阶段——中华人民共和国成立到 20 世纪 90 年代初；调整性适用阶段——20 世纪 90 年代到 21 世纪初；主动性决策阶段——20 世纪初至今。参见吴汉东：《利弊之间：知识产权制度的政策科学分析》，《法商研究》2006 年第 5 期。马一德观点：被动立法阶段（1978—1992）；被动调整阶段（1992—2001）；适应阶段（2001—2008）；主动调整阶段（2008 至今）。参见马一德：《创新驱动发展与知识产权制度变革》，《现代法学》2014 年第 5 期。

② 吴汉东：《利弊之间：知识产权制度的政策科学分析》，《法商研究》2006 年第 5 期。

新以“观察员”的身份列席世界知识产权组织年会，是我们迈出国门接触知识产权的“头一遭”。中国真正和知识产权打交道是随着1979年中美正式建交开始的。1979年，中美签订《中美贸易关系协定》。协议规定了双方提供的知识产权保护程度应体现对等原则，这时候，中国才真正意识到自身的差距。1979年5月，《著作权法》开始起草，在反复斟酌后终于在1990年9月获得通过，这是中国建立自己的知识产权制度的最初尝试。1982年和1984年，《商标法》、《专利法》分别颁布实施。由此，基于国际贸易的制度性需求，知识产权法律制度蓬勃发展，知识产权法律保护体系初步形成。①

表2-1 中国初期的知识产权法律保护体系

著作权法	1979年，国家出版局负责起草《著作权法》；1985年，国务院批准成立版权局；1990年，颁布《著作权法》
专利法	1979年，国家科委组建起草小组；1980年，批准成立国家专利局，开始起草；1984年，颁布《专利法》
商标法	1981年，国家工商局（2008年改称工商总局）成立起草小组；1983年，颁布《商标法》
反不正当竞争法	1992年，国家工商局成立起草小组；1993年，颁布《反不正当竞争法》

这一阶段的知识产权法律制度构建是曲折的，过程比较复杂。究其原因，包含以下三个方面：第一，时间仓促，任务又紧，知识产权主干法律虽有，但配套措施尚不周全；第二，立足本国国情，对知识产权的保护宜小步迈进；第三，因为尚未完全与国际接轨，相关国际公约都未能加入。实际上，这种根据国情作出的选择性安排，是符合国际通例的，当今世界主要的知识产权发达国家都经历了这个过程：美国1790年制定的《著作权法》，对外国作品长期不予保护，原因就是其文化、教育落后于欧洲。

（2）调整适用阶段（20世纪90年代至21世纪初）

为积极恢复在《关税与贸易总协定》中的缔约国地位，1992年党的十四大提出要建立有中国特色的社会主义市场经济体制。中国的知识产权法

① 马一德：《创新驱动发展与知识产权制度变革》，《现代法学》2014年第5期。

律制度建设进入被动调整状态，调整主要是外来压力所致，影响最大的是中美知识产权争端。

1979 年的《中美贸易关系协定》中，便可以看到中、美两国的知识产权争议萌芽。关于知识产权，两国真正的争端开始于 20 世纪 80 年代末，其中不乏磋商、谈判甚至是贸易战，知识产权的争端逐渐成为两国经贸关系中的重要内容。20 世纪 90 年代，中美的三场白热化知识产权争端①，导致中国知识产权法律法规的较大幅度变动：1992 年、2000 年对《专利法》进行了两次修改；1993 年、2001 年对《商标法》进行了两次修改；2001 年对《著作权法》进行修改；1997 年颁布《植物新品种保护条例》；2001 年颁布《集成电路布图设计保护条例》。上述进程，中国完成知识产权保护从低水平向高水平的转变，只用了 10 多年的时间。其中的原因，是综合自身发展需求与履行国际义务的需要。1992 年、1995 年，中、美分别签订《中美关于保护知识产权的谅解备忘录》、《中美保护知识产权协议》。1994 的 TRIPS 协定，直接影响到中国的知识产权刑法立法，因为，在全球化的大背景下，要发展本国的经济、科技与文化，中国必须建立制度来保护外国人的知识产权。可以看出，这一时期中国的知识产权立法，重点关注现代化科学技术的发展，希望通过构建法制现代化去推动科技现代化。

（3）主动决策阶段（21 世纪初至今）

2001 年，“复关”成功，中国加入世界贸易组织（WTO）。随着本国经济的持续健康、快速发展，对法律制度的建设提出自主性需求，同时，入世也意味着相应国际义务的担当。在这样的背景下，我们只有尝试加强知识产权的保护力度，推进各项知识产权法律制度建设进程。2004 年、2005 年中国政府相继成立“国家保护知识产权工作组”和“国家知识产权战略制定工作领导小组”，知识产权制度建设进入主动决策阶段。2006 年 5 月，胡锦涛在政治局集体学习时指出：“加强我国知识产权制度建设，大力提高知识产权创造、管理、保护、运用能力，是增强我国自主创新能力、建设创新型国家的迫切需要。”2008 年，我国对《专利法》进行第三次修改，

---

① 其一，1991 年 4 月美国针对中国的版权立法问题发起了“特殊 301 调查”；其二，1994 年针对中国的知识产权执法问题，主要是针对中国严重的盗版问题，再次对这国发起“特殊 301 调查”；其三，美国针对盗版问题第三次对宣布对中国进行“特殊 301 调查”。参见李明德：《“特别 301”条款与中美知识产权争端》，社会科学文献出版社 2000 年版，第 6 页。

《反垄断法》也在同年8月1日起施行。2008年6月，国务院印发《国家知识产权战略实施纲要》（以下简称《纲要》），国家知识产权战略由该《纲要》和20个专题组成。《纲要》在第二部分“指导思想和战略目标”中提到“到2020年把我国建设成为知识产权创造、运用、保护和管理水平较高的国家”这一目标。2012年，党的十八大报告提出“创新驱动发展战略”，进一步明确加强保护知识产权。下表体现了“党和政府是如何开始重视关于保护知识产权这一命题”：①

表2-2 党和政府关于知识产权保护的认知进展

1992年10月	中共十四大	不断完善保护知识产权的制度
1997年9月	中共十五大	实施保护知识产权的制度
2002年11月	中共十六大	实施保护知识产权制度
2007年10月	中共十七大	实施知识产权战略
2012年11月	中共十八大	实施创新驱动发展战略；实施知识产权战略，加强知识产权保护

从上表可以看出，从1992年到2012年，我国政府从单纯强调建立保护知识产权制度，到后来的重视实施知识产权战略。

2008年，受全球性金融危机影响，国际经济萎靡不振，美、日、欧等传统强势经济主体均受牵连。只有中国依据自身发展成功避开金融危机的风波，稳中求进并发展成为全球第二大经济体，全面超越日本，成为国际经济复苏的中坚力量。从这时候起，中国的知识产权利益诉求越来越强越来越具备主动性，开始注重构建更新本国相关法律制度，合理运用国际规则维护自身利益，“并谋划第六次科技革命的知识产权布局”②。

2. 我国知识产权刑法立法进程

（1）1979年到1997年《刑法》颁布前

我国对知识产权的刑法保护始于1979年《刑法》，该法第127条规定“违反商标管理法规，工商企业假冒其他企业已经注册商标的，对直接责任人员，处三年以下有期徒刑、罚金或者拘役”，从而在刑法中明确规定“假

① 马一德：《创新驱动发展与知识产权制度变革》，《现代法学》2014年第5期。
② 马一德：《创新驱动发展与知识产权制度变革》，《现代法学》2014年第5期。

冒注册商标罪”。虽然该版刑法对于著作权、专利权、商业秘密的保护没有任何规定，而且对注册商标的保护范围也比较狭窄，但是基本上适应了当时我国惩治知识产权犯罪的需要。1982 年，全国人大常委会通过第一部《商标法》，其中仅包含刑法罚则。1984 年，中国在《专利法》中规定了假冒专利罪，对假冒专利情节严重的行为比照假冒注册商标罪处罚。1990 年，《著作权法》出台，但遗憾的是其中没有任何关于侵犯著作权犯罪的规定。1993 年，根据中、美两国达成的保护知识产权谅解备忘录，中国承诺将进一步加大知识产权的保护力度，《关于惩治假冒注册商标犯罪的补充规定》和《关于惩治侵犯著作权的犯罪的决定》两部单行刑法得以在 1993 年、1994 年连续出台。1993 年，最高检公布《关于假冒注册商标犯罪立案标准的规定》，对“违法所得”进行详细界定，对立案标准、其他“情节严重”应予立案的情形进行了阐释。1994 年 4 月，最高检、国家科委联合发布的《关于办理科技活动中经济犯罪案件的意见》（以下简称《意见》）中，规定将非法窃取技术秘密且情节严重的行为以盗窃罪论处。对于“技术秘密”，该《意见》第 5 条第 2 款做了明确规定：“上述技术秘密，是指不为公众所知悉，具有实用性、能为拥有者带来经济利益或竞争优势，并为拥有者采取保密措施的技术信息、计算机软件和其他非专利技术成果。”1994 年 10 月，最高院发出《关于进一步加强知识产权司法保护的通知》，规定对于盗窃重要技术成果的，以盗窃罪论处。

（2）1997 年《刑法》颁布后

1997 年修订《刑法》时，侵犯知识产权犯罪以专章专节（第三章第七节）的方式出现，总计 8 个条文和 7 种具体犯罪，初步形成我国知识产权刑法保护体系。1998 年，最高院发布《关于审理非法出版物刑法案件具体应用法律若干问题的解释》，对“违法所得数额较大”等事项作出详细规定。2000 年，全国人大常委会修改了《专利法》；2001 年 4 月，最高检、公安部联合发布《关于经济犯罪案件追诉标准的规定》，对各类具体侵犯知识产权犯罪的入罪标准进行详细规定；2001 年 10 月和 2010 年 2 月，全国人大常委会两次修改《著作权法》；2001 年 10 月和 2013 年 8 月，全国人大常委会两次修改《商标法》。同时，九部委知识产权行政法规及相关行政法规也被修改，并制定集成电路布图设计、奥林匹克标志和世博会标志三个新的知识产权保护条例。2004 年，“两高”发布《最高人民法院、最高人民检察院关于办理侵犯知识产权刑事案件具体应用法律若干问题的解释（一）》，大幅降低侵犯商标权犯罪的入罪门槛，还对司法实践中的法律适用问题进行阐释；2007年，“两高”发布《最高人民法院、最高人民检察院关于办理侵犯知识产权刑事案件具体应用法律若干问题的解释（二）》，将复制品数量这一入罪门槛再次降低，详细阐释了“复制”与“发行”的关系。在刑罚方面，明确规定不适用缓刑情形，对于罚金的判处也予以数额规定；2011年，“两高”、公安部、司法部又联合发布《关于办理侵犯知识产权刑事案件适用法律若干问题的意见》，对于“同一种商品”“与注册商标相同的商标”“以营利为目的”“未经著作权人许可”“发行”的认定，进行详细的阐释，还规定侵犯知识产权犯罪案件的管辖问题与证据收集问题。

上述内容，与TRIPS协定等国际公约要求基本相符，弥补了我国知识产权刑法立法的欠缺。不过，中国的知识产权刑法立法，还有较大进步空间，如犯罪构成要件存在缺陷、保护范围有遗漏、法定刑体系需要完善等。

（二）我国知识产权刑法保护路径：不甚明朗

纵观我国知识产权刑法立法进程，是一部由被动到逐步主动的变革史。知识产权属于一种新型的财产性权利，而知识产权制度如同其他制度一样，都是经济发展及法律变革二者相结合的产物。由于社会进程的不同，我们错过了世界同期发展科学技术、工业水平的最好时机，一下由“天朝”国度被西方发达国家大幅度超越。出于维护自身利益的需要，西方发达国家成为包括全球经济秩序在内的各种秩序的建立者和主宰者，作为发展中国家的中国，要想迎头赶上，就必须战略性地接受这样的现状。而这就意味着我们在同样的平台上与他国不公平地竞争，要缴纳不菲的“学费”。出于履行国际条约和迫于别国压力的现实，我们构建了所谓现代化的知识产权法律制度。我国的知识产权刑法保护，在与国际接轨的过程中，由于特定的历史条件所限或多或少地存在一些问题。例如，过多地强调国际形象需求，以超出国际条约最低保护程度的标准去用刑法调整侵犯知识产权的行为。而在国内层面的具体刑事法律规范体系中，我们在刑法架构和具体领域（罪状、刑罚的设置等）均显得有些“后天不足”。比如在刑事法网的设计上，存在着“厉而不严”的现象，违背刑法的谦抑性，也影响对违法犯罪行为的防治；一些违法行为的认定和刑罚计量标准的缺失，给司法实务造成了极大障碍；等等。

因此，笔者认为目前尚无法对我国现阶段的知识产权刑法保护采取的是何种路径这一问题做出明确回答。在“强”与“弱”的两头，我国现在的知识产权刑法保护均有不同程度的体现，甚至是呈现出错位的状态。比如，现行《刑法》规定的假冒专利罪只吸收《专利法》规定的假冒他人专利行为，对于该法规定的其他多种侵犯专利行为不予入罪；对于第二人间接侵犯商业秘密的行为“不闻不问”，但对第三人间接侵犯商业秘密的行为予以规制；将《刑法》第219条第1款第（三）项行为的刑事可罚性建立在民事义务基础上；对于具备极其严重社会危害性的跨境商业间谍行为“置之不理”，对于所有的侵犯商业秘密行为均设置相同的犯罪构成模式和相同的法定刑；在刑罚设置方面，各国在全球加强知识产权刑法保护的大趋势下大部分是呈宽缓态势，转而注重经济刑与资格刑，而我国《刑法》规定的自由刑（最高7年）却是最重的，在附加刑的适用上也存在诸多问题。至于刑法学术界的路径之争，究其源头在于我们对于这一“舶来品”的根本属性还认识不足，正是这种有限的认识造成了争论的出现。理论研究具有适度的前瞻性，它终将影响一国法律实践，以刑法学基础理论研究为例，理论研究首先影响到的是刑事政策的发展，然后再是刑事政策指导下的法律制度构建。

综上，在知识产权的刑法保护问题上，我们现在的路径是不甚明朗的。法学研究和司法实践中遇到的一切问题，这种“不甚明朗”状态的化解，往往要回到原点，追寻到基本问题之上，以寻求支持和获取答案。我国知识产权刑法保护存在的问题有抽象的，也有具体的。要对这些问题进行解答，要对司法实践领域层出不穷的疑难问题寻得解决之道，必须提升解决工具的理论高度。理论研究的深入，是一门学科成熟的标志，更是构建相关法律制度的基础所在。正是在这种思想的指引下，本文的后续篇幅，笔者将对以下问题进行研究：知识产权基本属性的法哲学解读及其与中间道路的关系、知识产权的风险防范与中间道路的关系、中间道路的与刑法机能的关系以及中间道路的基本理念等。

第二节 中间道路的具体优势

一、中间道路的基本理念

对于知识产权刑法保护的研究，从其认知、评析到立论，每一环节都是主观思维与客观情况相结合的。知识产权刑法保护路径的选择，如同一切法律制度的制定，都是政策抉择的一种，都可能存在决策风险。我们不能因为这种风险的存在而“因噎废食”，为了完善相关法律制度，让技术手段更好地为人类文明进步服务，我们首先就有必要提升识别风险的能力，如此才可能在最大化的安全情景之下做出决策，以期达到“通过法律化解风险，通过法律吸纳风险”① 的目的。

纵观我国的知识产权制度变革，可以将其描述为“一个法律本土化的过程”。② 在中国这样的发展中国家，所谓现代化的知识产权制度并没有如西方国家所宣扬的那样发挥良好的效应果。出现这样的情况其实是注定的，究其原因，无非在如下方面：首先，发展中国家所处历史阶段的状况，如经济、科技和文化等情况使得知识产权制度“水土不服”，这也是最主要的原因；其次，发展中国家的相关制度本身不健全，影响了该制度的效应体现。因此，在“内忧外患”的情况下，我们首先要做的应是理清思路，以建立适合国情的知识产权制度为目标，并在这一指导思想下合理构建与更新我国的知识产权法律保护制度（刑法）保护制度。具体来说，我们应当持有以下基本理念。

（一）权利观念与责任观念的统一

笔者认为，权利与义务的产生乃至二者的对应关系，都是源于“利益”。对于利益，一个简单的概念并不能阐释其涵义，不同的人在不同的角度可以对利益产生不同的解读，并得出不同的结论。综合各种观点③可见，

---

① 杨春福：《风险社会的法理解读》，《法制与社会发展》2011 年第 6 期。

② 吴汉东：《知识产权的制度风险与法律控制》，《法学研究》2012 年第 4 期。

③ 如“幸福说”“需要说”“关系说”等。参见黄洪波：《中国知识产权刑法保护理论研究》，中国社会科学出版社 2012 年版，第 72 页。

关于利益的理解存在一个共同的核心观点，那就是“需求”。人类的一切活动，无非是为了实现自我价值与社会价值的实现，在贯穿这一价值追寻过程的始终，都是人的主观需求与实现这种主观需求所依托的客观需求的结合。但是，每个人或每个群体的价值追求（即其利益需求）又是不一样的，这样难免造成利益的冲突，这种利益冲突如果得不到缓解或者平衡，就必然会出现各式各样的侵权现象，进而破坏整个社会秩序，影响所有人的利益需求。如此，需要调节机制的介入，因此便有了权利、义务等来“定纷止争”。“包括义务功能要求在内的权利观，是当代法理念的核心范畴”①。自由或者权利，犹如驰骋在广阔草原上的骏马，但如果对其没有相应的限制，这匹骏马很可能就变成任意横行甚至是伤人的烈马。与权利相对应的是义务或者说责任，这又如驯服烈马的缰绳。权利是有边界的，不存在没有任何限制的权利，在法律允许的范围内张弛有度的权利才是符合公平、正义原则。

综观人类社会关于利益冲突的调节机制，最开始并不是带有强烈法律强制属性色彩的“权利、义务”。道德与宗教等伦理意识形态领域的调控手段在初期发挥过一定的作用，但随着时代的发展尤其是现代化的来临，这些手段开始显得苍白无力。面对工具理性扩张等现代社会的难题，“法律成了社会控制的主要手段”②。而法律之所以可以并且有效地调节利益冲突，“根源于以权利义务为主要内容的法律规范，它调整的权利义务关系本质上也是一种利益关系，即‘利益是权利的实存形式’，而权利是法律承认和保护的利益。也就是说，‘权利的基本要素首先是利益，利益是权利的基础和根本内容，也是权利的指向，是人们设定该项法律制度所要达到的目的（起始动因）之所在’”③。联系到知识产权刑法保护制度，其设置初衷就是在合理界定权利与义务的基础上，明确侵犯知识产权犯罪的相关理念，通过对犯罪行为的刑事制裁而实现该制度所带来的确定性利益。随着社会进步和科技发展，各种新型技术层出不穷，知识产品的更新换代足可以用“眼花缭乱”来形容。这给人们的识别能力带来极大挑战，也给人类的理性

---

① 黄洪波：《中国知识产权刑法保护理论研究》，中国社会科学出版社2012年版，第72页。

② ［美］罗科斯·庞德：《通过法律的社会控制——法律的任务》，沈宗灵、董世忠译，商务印书馆1984年版，第10页。

③ 黄洪波：《中国知识产权刑法保护理论研究》，中国社会科学出版社2012年版，第75页。

思维体系出了难题，因为权利的边界变得不再那么清晰明了。“对知识产权正当性及其边界的质疑，成为知识产权刑法保护遭遇时代挑战的突出问题”①。“知识产权是一种新型的权利形态，这种权利形态就是构建知识产权法律（刑法）保护制度的法理基础”②。具体来说，知识产权的权利边界之争，涉及知识产权“专有领域”与“公共领域”的冲突；创造者权利与使用者权利的冲突等。在现代社会的法律关系中，知识产权的权利观应该包括如下内容：尊重和保护权利；权利界限确定；谨慎、正当地行使权利。所以，刑法应对侵犯知识产权犯罪的最大问题，在于知识产权这种新型权利的不断发展变化状态，而法律本身是相对确定的。“在传统的法学理论中，由于侵犯法定权利或违反法定义务而引起的、由专门国家机关认定并归结于有责主体的带有直接强制性的义务，是为法律责任。又称为‘第二性义务’”③。也就是说，承担责任的前提是侵犯法定权利或违反法定义务。在知识产权制度中，“法律责任”之一就表现为对法定义务的违反，而这一法定义务的最主要表现形式是“权利不得滥用”。但知识产权制度中的“责任”有一个突出特点：权利主体即责任主体。作为知识产权创造者的权利人，在享有相关权利时，不得滥用这种权利，“谨慎、正当地行使权利”便意味着禁止滥用权利。对权利滥用就是对（权利不得滥用）义务的违反，这往往伴随着相应的法律责任。知识产权法律制度的初始目的，就是为了在知识产权权利人的“排他性”权利与社会公共利益间寻得平衡，调节个人创新积极性的提倡保护与知识产品的公共需求之间的矛盾。作为一种新型的财产性权利，知识产权有着不同于一般性财产权利的特征，如易受侵害性、无损耗性等。正是这样的特征，需要对知识产权进行一些非常规的保护，否则创造者的积极性迟早会消失殆尽。另一方面，知识产品往往可以满足人类的智力、精神等非物质层面的需求，具有传统物品无法替代的作用与功能。而人类的知识创新并非在一穷二白的基础上进行，通常需要借助前人已有的成果再创新，因为思想文化的传承具有系统性与绵延性。所以，知识产权制度中利益的冲突自始存在且形态特异，必须运用法律手

---

① 熊文聪：《后现代主义视角下版权正当性及其边界——从个体权利到基于商谈的共识》，《政治与法律》2010 年第 6 期。

② 熊文聪：《后现代主义视角下版权正当性及其边界——从个体权利到基于商谈的共识》，《政治与法律》2010 年第 6 期。

③ 张文显主编：《马克思主义法理学》，高等教育出版社 2004 年版，第 377 页。

段（权利、义务）调节冲突、化解冲突。

（二）工具理性与价值理性的统一

"工具理性"与"价值理性"是哲学中两个相对应的概念，马克斯·韦伯最早在其"合理性"理论中提出并对此进行研究。韦伯认为，工具理性的实现途径是"手段"，它通过对事物状态和人们举止的分析判断，以实现自认为合理的目的；价值理性则是"通过有意识地对一个特定的举止的——伦理的、美学的、宗教的或作任何其他阐释的——无条件的固有价值的纯粹信仰，不管是否取得成就"①。前者是指"以能够计算和预测后果为条件来实现目的的行动"②，带有功利色彩地追求行动的效率；后者指的是行为人相信其所追求的目标具有崇高价值，可以克服一切困难与障碍去达到其目的，实现对与设定价值目标的追寻。韦伯认为，随着科技发展、理性演变和启蒙思想的催化，其结果是工具理性的诞生。但随着工具理性的过度膨胀，尤其是社会快速发展阶段人们功利思想的迸发，工具理性逐渐脱离其原始发展方向，反而成为"统治人和自然的工具"③。这可以看作时代的倒退，对于技术的重视一度推动了社会生产的发展，但工具理性的异化使得一切本末倒置。贝克的风险社会理论对此有类似的看法，现代化的重要标志就是科学理性，正是这种对科学技术的无比推崇引发了工具理性的抬头并不断恶化。由技术主导者自然界的一切，人类行为已经变成实施技术的途径而已。"工业理性和技术的蚕食耗尽了日益现代化的本质，""使人类的充满生机的关系成为工具理性"。④

笔者认为，工具理性的泛滥本身就是人类为适应现代化进程而催生的现代性思维的产物。在认识工具理性的时候，我们需要搞清楚它可以解决哪些问题，最终不能解决哪些问题。工具理性一直强调行动的前提是理性选择，这一点是有一定道理的，有关知识产权的创新举动便是源于这样的原理。默顿通过对17世纪英国科技与社会的研究得出如下结论："导致特

① ［德］马克斯·韦伯：《经济与社会（上卷）》，林荣远译，商务印书馆1997年版，第17页。

② 陈志刚：《马克思的工具理性批判思想》，《科学技术与辩证法》2001年第6期。

③ ［德］马克斯·韦伯：《新教伦理与资本主义精神》，于晓、陈维纲等译，三联书店1987年版，第141页。

④ ［德］乌尔里希·贝克：《世界风险社会》，吴英姿译，南京大学出版社2004年版，第103页。

定领域内的研究的，正是这种经济上的需要，或者更恰当地说，是经济需要带来的技术需要”①，而这一结论也验证了上述理论。因此，工具理性在很大程度上推动着知识创新尤其是知识制度的创新。刑法学理论领域中，工具理性与价值理性的关系几乎等同于刑法的形式合理性与实质合理性（正当性）的关系，也就是刑法手段与刑法目的的关系。一些形式规范的设计，受时代环境影响，加之立法者的主观倾向，混淆了价值理性与工具理性，急功近利地将一些刑法手段设定为刑法目标，在看似合理的外衣下却违背了法律的正当性。以 TRIPS 协定为代表的国际知识产权法律（刑法）保护制度，更多的是体现西方发达国家的利益诉求，这些形式上看似公平的法律制度，其中暗含着发达国家与不发达国家之间不平等的实质。出于这样的初衷或别的原因构建的知识产权刑法保护制度，“一定程度上就源自‘工具理性的越位’和‘价值理性的缺位’”②。

知识产权制度的价值追求，应立足于知识产权的基本属性。具体而言，知识产权“既有私权属性，又有人权属性，更有政策工具属性”。③ 对于知识产权的多重属性，英国知识产权委员会在《知识产权与发展政策相结合委员会关于知识产权的报告》中作出如下诠释：“无论如何称呼知识产权，最好将它看作公共政策的手段之一，应授予个人或者群体一些许可特权，以实现最大化的公共利益，这些特权本身只是实现目的的手段，而非目的。”笔者认为，坚持工具理性与价值理性相统一，是改革现有知识产权制度，防范其风险的基本理念之一。此处的价值理性，包括全球知识产权制度的公平化、知识产权人权利弱化以及知识产品的社会成员共享化。④ 可惜的是，为数不少的学者对于上述问题的认识存在偏差。如有学者认为：“中国知识产权刑法诞生伊始，便存在价值取向上的偏差。在知识产权问题上，刑法应当用于保护权利人对知识产权的所有权，惩治严重侵害犯知识产权的犯罪行为。但是，中国刑法首先保护的是消费者的权益，其次是社会公

---

① ［美］罗伯特·金·默顿：《十七世纪英格兰的科学、技术与社会》，范岱年等译，商务印书馆 2000 年版，第 22 页。

② 高明亮：《论比较法学中的价值理性》，《比较法研究》2006 年第 5 期。

③ 吴汉东主编：《知识产权制度基础理论研究》，知识产权出版社 2009 年版，第 45 – 70 页。特别要指出，对于知识产权人权属性的理论概括，其依据是国际公约的有关规定和宪政、人权的基本学说。

④ 这与本章第一节的“权利弱化与利益共享理论”也是相呼应的。

共利益和管理秩序，再次才是权利人的利益。”[①]

二、刑法机能的体现

大陆法系各国对于刑法的机能有不同的表述[②]，但都凸显出对自由、秩序两大基本价值的追求。刑法的根本任务在于保护法益，这种保护是通过保护规制犯罪与惩罚犯罪的方式进行。因此，刑法的任务只是刑法机能的部分体现而已。刑法机能包括以下三种。刑法的行为规制机能，指刑法具有明确犯罪行为评价规范的机能。这又包含两层意思：评价功能，刑法确定特定的行为是刑法所禁止的，即予以犯罪化；选择功能，在将某行为确定为犯罪的同时敦促公众作出不实施该行为的选择。刑法的法益保护机能，指“刑法具有保护法益不受犯罪侵害与威胁之机能”[③]；刑法的人权保障机能，又称为大宪章机能，指刑法具有保障公民人权不受国家刑罚权不当侵害的机能。[④] 罪刑法定的核心功能在于，它限制了国家刑罚权的滥用，对于普通人而言，其实施的不为刑事法律规定为犯罪的行为就不构成犯罪；对于犯罪人而言，其承担的刑事责任也只限于其实施的犯罪行为。所以，人权保障机能是普通人的大宪章，“又是犯罪者和受刑者的大宪章”[⑤]。

对于刑法的行为规制机能与刑法的法益保护机能的关系，笔者赞同张明楷教授的观点，[⑥] 认为实质上是“镜像”与“本物”的关系。因此，刑法的机能实际上就只包括法益保护机能、人权保障机能。其中，前者源于法益保护主义，这是刑法的根本目的和任务；后者源于传统的责任主义、罪刑法定，二者合力从主、客观两方面“限制了刑罚权的滥用”。[⑦] 法益保护机能，指的是刑法保护法益的机能。在德日刑法理论中，法益分类的一

---

① 王志广：《中国知识产权刑事保护研究（理论卷）》，中国人民公安大学出版社2007年版，第276页。

② 在日本刑法理论界，刑法机能是一个通用的概念，大多数日本学者都是在这个名目下对刑法的规范机能、保护机能和保障机能加以讨论的。参见陈兴良：《刑法机能的话语转换——刑法目的论的一种探讨路径》，《环球法律评论》，2008年第1期。

③ 张明楷：《刑法学》（第四版），法律出版社2011年版，第26页。

④ 张明楷：《刑法学》（第四版），法律出版社2011年版，第26页。

⑤ ［日］大谷实：《刑法讲义各论》，黎宏译，中国人民大学出版社2008年版，第6页。

⑥ 张明楷教授认为，刑法的规制机能几乎就是保护机能的反射效果，规制行为是为了保护法益，而不单纯是限制人们的自由。参见张明楷著：《法益初论》，中国政法大学出版社2003年修订版，第322页。

⑦ 张明楷：《刑法学》（第四版），法律出版社2011年版，第25－26页。

种便是“个人法益、社会法益和国家法益”①，如此，上述三种法益都是刑法保护的内容，这恰好体现其保护机能。人权保障机能，指的是为防止国家刑罚权的滥用，刑法通过对具体行为的入罪与处刑予以限制，达到保护公民（同时也包括犯罪人）权益的目的。刑法学界一直以来的争议热点，便包括如何认识和处理刑法的两大机能的关系。保护机能的实现途径是刑罚；保障机能的实现途径也与刑罚有关，只不过是限制刑罚。在这样的背景下，保护法益与保障自由二者的同步实现便显得尤为困难。刑法必须在二者之间寻求协调性，但根据现实的情况来看，这种目标与其说是目标还不如说是美好的愿景，刑法两大机能的调和也可以被认为是刑法学理论研究的“灰色地带”。

在综合考量诸多因素的前提下，关于知识产权的刑法保护路径，有一个值得采纳的方向，这便是笔者所称的“中间道路”。如上述所探讨的关于刑法机能的冲突问题，现实的情况下很难做出有效的抉择，但面临这样的现状，我们不能“固步自封”。在与理论认识存在差异的背景下，落实到具体的犯罪问题研究，笔者认为可以进行一定程度的尝试，因为存在这样的可能：有些刑法基础理论研究尚存疑问的领域，通过具体犯罪问题的摸索往往可能出现事半功倍的效果。无论大陆法系还是英美法系，各国的刑事立法及其适用都很注重刑事政策的“润滑”作用，依据客观现实的不断变化，利用可行的措施去防治犯罪。刑法的天然任务是维护社会秩序，尤其随着社会的发展以及与之伴随而来的各种不安定因素的增多，安全刑法扩张的呼声越来越高。与之相对应的是，随着时代进步尤其是社会价值观的转换，一些犯罪行为又开始出现去罪化倾向。总而言之，如前所述，刑法机能始终都应在社会现实框架中得以体现，脱离这个基础的刑法适用，充其量就是“纸上谈兵”，完全脱离了刑法本身的社会属性。与之前谈到的刑法基本原则，如罪刑法定原则一样，即便时代如何发展，其根本属性是不宜动摇的，但可依据现实背景做适当调整。刑法机能的体现亦是如此：“在不同的时期，法益保护机能与人权保障机能可能侧重不一；在不同的地域，法益保护机能与人权保障机能可能侧重不一；同一时期同一地域，针对不

---

① 童德华：《论食品安全刑法保护的“中庸之道”——以孙斯坦的理性风险观为分析工具》，《山东警察学院学报》2012 年第 5 期。

同的犯罪，法益保护机能与人权保障机能可能侧重不一。”①

对于知识产权刑法保护的“强、弱”路径之争，笔者认为要放在刑法谦抑性的框架之下进行评析。备受推崇的李斯特的名言“最好的社会政策是最好的刑事政策”已经告诉我们：刑法只是规制犯罪的终极手段而非唯一更非首选手段，刑罚更因其严厉性而被人们所谨慎使用。因此，刑法只能是预防和控制犯罪的最后手段（刑法的补充性），它的适用只能在尽可能小的范围内实施（刑法的片段性）。综上，刑法的谦抑性恰恰就体现在刑法的补充性、片段性上面。

刑法的天然任务是维护社会秩序，或者说，“刑法的任务之一是为了更好地保护人类的生活秩序”②。“随着现代社会的发展，人类的安全面临越来越大和越来越多的威胁，这就必然导致刑法的法益保护机能的扩张化趋势。”③ 但是，对于人们习以为常地认为“防治犯罪只能是单纯依靠刑法”这样的意识，刑法学人应该持理性、保守的态度，正是因为身在其中，我们才明白刑法的功能与任务究竟是什么，刑法的使用界限应该在哪里。对于知识产权的刑法保护，所谓“中间道路”的理由和依据在于：从刑事政策角度分析，对知识产权的保护应是全方位成体系的，刑法对于防治侵犯知识产权犯罪“只是其中最后一道关口。”④ 因此，知识产权的刑法保护体系必须达到既严密又恰到好处的程度，即储槐植教授所称的“严而不厉”：法网周密，不轻易放纵该受刑罚处罚的犯罪行为；刑罚适当，符合罪责刑相适应原则，不处罚不该罚的行为，处罚该罚行为的刑罚也要适度。

社会秩序的保护是刑法保护机能之一，刑法具有保护法益（国家、社会和个人的法益）不受犯罪侵害与威胁，是刑法保护机能的根本含义。刑法是国家意志的体现，这种意志的基础是国家维护社会秩序的意志。“侵害或者威胁这些法益的行为就是犯罪，是可处刑罚的根据，刑法具有保护国

① 童德华：《论食品安全刑法保护的“中庸之道”——以孙斯坦的理性风险观为分析工具》，《山东警察学院学报》2012 年第 5 期。

② ［德］汉斯·海因里希·耶赛克、托马斯·魏根特：《德国刑法教科书》（总论），徐久生译，中国法制出版社 2001 年版，第 1 页。

③ ［日］金尚均：《危险社会与刑法——现代社会中刑法的机能与界限》，成文堂 2001 年版，第 272 – 284 页。

④ 童德华：《论食品安全刑法保护的“中庸之道”——以孙斯坦的理性风险观为分析工具》，《山东检察学院学报》2012 年第 5 期。

家所关切的重大法益的机能。"① 针对任何侵害或威胁国家、社会和个人法益的行为，刑法都规定了相应的防治措施。对于有愈演愈烈趋势的侵犯知识产权犯罪，需要构建包括刑法规制在内的综合治理体系。这其中，刑法规制扮演了重要角色，其本身应该是成体系化的完善法网。

综上，对于严重危害知识产权人合法权益、破坏国家管理秩序和社会正常经济秩序的犯罪行为，用刑法予以规制是由刑法机能本身决定的。作为维护社会秩序的最后屏障，刑法与民事法、行政法一起，构建知识产权的法律保护体系。刑法的最后保障法属性及刑罚的最严厉性决定刑事法律必不可少。面对严重侵犯知识产权的犯罪行为，刑法的介入也就显得理直气壮。

三、弥补当前路径的不足

对于知识产权刑法保护路径的各种理论之争，在笔者看来，这其实是一个伪命题。原因在于，我们现在的知识产权刑法保护在基础理论研究、司法实践领域当中还存在很多问题尚未解决。一味地去争论给予知识产权何种程度的刑法保护，这一命题本身就站不住脚。我们要研究的重点应该是如何更好地对知识产权进行刑法保护。要研究好这一课题，首要任务是做好扎实的最基础理论研究工作，这样的理论研究又可以分为两块：知识产权基础理论研究与刑法基础理论研究。缺乏理论依据指导的学术研究是肤浅的，更是不科学的。在基础理论研究的框架下，根据刑法理论内在的机理和刑事政策的决策②，以中华传统文化③为指导，笔者尝试寻找一种因地制宜的"中间道路"④，为防治侵犯知识产权犯罪问题提供新的选项。面对包括"风险社会"在内的各种理论热潮，我们应根据国情予以审慎对待。

---

① ［日］大谷实：《刑法讲义各论》，黎宏译，中国人民大学出版社2008年版，第9－10页。

② 政府在风险社会的角色定位表明，决策即风险，决策者即责任者。

③ 阴阳五行、天人合一、中和中庸、修身克己是中华传统文化的核心价值观念。其中，对于知识产权的刑法保护（包括法律制度的构建），"中和中庸"价值观念具有指导意义："中和"是中华传统文化所追求的一种理想境界，即社会上、自然界的事物尽管千差万别，矛盾交织，却能实现多样的统一，复杂的平衡；种种不同的事物聚在一起却能协调和谐、共生并存，互相促进；实现"和而不同"、"和实生物"。中庸是要求处理问题不偏不倚，恰如其分，恰到好处。实行中庸之道，必须具有三个前提：一是承认各种事物互不相同，各有特色，这是客观事实，不以人的意志为转移。二是要有忍让意识，处理问题最好彼此有益，实现"双赢"。三是要有修养与品格。

④ 需要申明的是，如同对于"刑事政策"的态度，对于"中间道路"，笔者也认为不适宜下一个规范性的概念，最好是将其当作研究知识产权刑法保护的一种理念和逻辑起点。

正如英国著名政治学家埃德蒙·柏克所言："审慎，在所有事物中都堪称美德，在政治领域中是首要美德……在国家发生的所有变革中心，中庸是一种美德，这种美德不仅平和友善，并且强大有力。"① 面对知识产权的刑法保护，我们不能简单照搬域外做法，要做到有取有舍。我们在此基础上选择一条中间道路，可以有效地弥补我国知识产权刑法保护的不足：其一，我国经济水平、社会发展程度尚较大幅度落后于西方发达国家，在工业现代化基础之上构建的知识产权制度对于我国而言尚无完整移植的适当性。这一时期的知识产权立法，应该是有选择的制度性安排，这对一国经济的发展是有益的，在国际上也是通例，现在全球几个知识产权发达国家都经历了这个过程：在早期美国社会文化产业尚不发达之时，正是允许通过盗版和发行大量欧洲作者的作品，才使美国人迅速获取了海量文化知识。美国 1790 年制定的《著作权法》，对外国作品长期不予保护，原因就是其文化、教育落后于欧洲。同时，这部立法为了鼓励国内印刷行业的发展，仅赋予其国内居民（包括公民和长期居留者）出版、再版、发表和发行作品的权利，外国作者是没有著作权的。该法还明确规定允许进口在国外享有著作权的作品。美国的这种做法招致欧洲国家尤其是英国的长期批评，但前者就是不为所动，直到 1891 年，美国政府才开始有条件地给予外国作者平等的权利。② 出现这变化的原因，除了外国政府的抗议以外，最主要的还是美国本国的著作权者和出版商们开始有了较大的版权诉求；日本明治维新后于 1885 年颁布了《专利法》，主要内容均为低水平的专利政策，目的就是为其充分知悉国外先进技术提供制度性保障。二战前后，日本同样是通过对国外先进技术的吸收和借鉴来促进自身发展的。当日本最终成为世界科技强国时，其专利制度由强调技术信息的学习与传播变为对创造性发明的保护。因此，在经济发展水平不高的情况下，"这种低水平的知识产权保护过渡期是非常必要的"③。其二，我国司法资源与现实需求相比尚存短

---

① ［英］埃德蒙·柏克：《自由与传统——柏克政治论文选》，蒋庆等译，商务印书馆，2001 年版，第 304 页。转引自齐文远：《刑法应对社会风险之有所为有所不为》，《法商研究》2011 年第 4 期。

② 王志广：《中国知识产权刑事保护研究》（理论卷），中国人民公安大学出版社 2007 年版，第 89 页。

③ 吴汉东：《利弊之间：知识产权制度的政策科学分析》，《法商研究》2006 年第 5 期。

缺，这决定了犯罪圈不能大幅度扩大。有学者指出，以《刑法修正案（八）》为例，该修正案将危险驾驶行为犯罪化，就此带来了比较尴尬的司法实践现状，因为我国的相关刑事司法资源比较有限，尚难以满足规制此类新型“犯罪”的需要。所以，立法者本想对危险驾驶行为通过刑法提前规制的途径来防治，其“实际效果反而不如当初低成本的行政处罚手段好”①。其三，我国刑事法学基础理论、架构先期以学习前苏联模式为主，后来转至大陆法系国家阵营，主要学习德国、日本经验，很多刑法学基础原理尚在探索研究过程当中。实事求是地讲，依法治国的思想还没有全面深入人心，更多的只是停留在党和政府的动员及学界呼吁层面。对于域外学术研究的最新成果，我们应当在坚守传统刑法原理的前提下逐步消化。

四、防范知识产权风险的需要

德国学者乌尔里希·贝克在其《风险社会》一书中指出：“西方社会中主导性的经济制度、政治制度和法律制度不仅制造了风险，而且掩盖了风险的真相。现代化正在成为它自身的主题和问题，因此变得具有反思性。”②但必须要强调的一点是，本文论及的知识产权的风险，并不是时下大热的“风险社会”理论中的“风险”。所谓的知识产权的风险，与风险社会有所关联，但这种风险更是指现代性意义上的风险。实际上，风险社会中的风险与现代性意义上的风险本来就是相互关联的。那么到底何为“现代性”呢？笔者同意杨大春教授的观点，认为现代性“就是理性在现代社会各个领域中确立自身地位的进程”，“在现代性进程中，作为人造物的科学越来越脱离人的控制，自主性和自足性日益强化”。③ 根据吉登斯的分析，现代性是现代社会的或工业文明的缩略语，它涉及：（1）对世界的一系列态度、关于实现世界向人类干预所造成转变开放的想法；（2）复杂的经济制度，特别是工业生产和市场经济；（3）政治制度，包括国家与民主。④ 这里涉及

① 周详：《民生法治观下“危险驾驶”刑事立法的风险评估》，《法学》2011 年第 2 期。

② ［德］乌尔里希·贝克：《风险社会》，何博闻译，译林出版社 2004 年版，第 6 页。

③ 杨大春：《反思的现代性与技术理性的解构——海德格尔与福柯论现代技术问题》，《自然辩证法研究》2003 年第 2 期。

④ ［英］安东尼·吉登斯、克里斯多弗·皮尔森：《现代性：吉登斯访谈录》，尹宏毅译，新华出版社 2001 年版，第 69 页。

三个主要的理性化领域，包括科学技术、经济制度与政治制度，而人类社会所构建的很多制度，都横跨了现代性的三大主要领域，知识产权制度便是最好的例证。现代性给整个人类社会所带来的变化超越了此前的任何社会阶段，但现代性同样要求批判性反思的存在，现代社会仍然兼具机会与风险的双重属性，这种反思正是“现代社会本身的局限性和困难”① 的体现。概括起来，这种“制度性风险”具备如下特征：其一，风险内生性②或者说风险的“制度化”和“制度化”的风险。人类具有冒险的天性，但也有寻求安全的本能，这两种矛盾的取向为所有社会制度的产生提供了实现的环境以及规范性的框架。任何社会制度，在社会实践层面是经济发展与法律变革的产物；同时也是政府决策的产物。既然它是由人制定的，那么在其决策过程中不可避免地夹带着风险，这便是制度的“制度化风险”。很多制度的产生都与市场有重大关联，如为满足追逐高风险利益的需求便有了对冲基金；现代国家建立制度的主要初衷还是为了保护人类的安全。但是无论是哪种制度，无论其建立初衷是什么，该制度本身已经包含了风险，那就是制度运转失灵的风险，从而使风险的“制度化”转变成“制度化”风险。其二，风险全球性。风险波及的范围不再局限于一国或一地区，由于人类交流活动的拓展，全球化不可避免地出现并蓬勃发展。正面或者负面的“蝴蝶效应”已经在所难免。吉登斯就曾说过，“在全球化的时代里，风险的影响被普遍化了”③。

贝克察觉到了科学理性与社会理性的“知识断裂”，这种断裂引发了现代化进程中的一系列问题。对此，他认为知识经济就是“风险经济”，知识社会也就是“风险社会”，并将风险分为经济风险、政治风险、文化风险。④风险社会背景下的法学研究，其核心内容之一就是“法律制度”。⑤ “法律制度的价值和意义就在于规范和追寻技术上的可以管理的哪怕是可能性很

① ［英］安东尼·吉登斯、克里斯多弗·皮尔森：《现代性：吉登斯访谈录》，尹宏毅译，新华出版社 2001 年版，第 17 页。

② 吴汉东：《知识产权的制度风险与法律控制》，《法学研究》2012 年第 4 期。

③ ［英］安东尼·吉登斯，克里斯托弗·皮尔森：《现代性：吉登斯语谈录》，尹宏毅译，新华出版社 2001 年版，第 7 页。

④ 薛晓源等：《全球风险世界：现在与未来——德国著名社会学家风险社会理论创始人乌尔里希·贝克教授访谈录》，《马克思主义与现实》2005 年第 1 期。

⑤ 吴汉东：《知识产权的制度风险与法律控制》，《法学研究》2012 年第 4 期。

小或影响范围很小的风险和灾难的每一个细节。"① 因此，制度风险以及这种风险的法律控制是风险社会背景下法学研究的基本内涵。当代社会风险的表现形式多种多样，科技性是其突出特点之一。所以，知识产权制度的风险尤其特殊：首先，知识产品的高科技含量属性孕育着知识产权的内生性风险。其次，知识产权制度的建立过程又夹带着该制度的制度性风险（决策风险）。无论哪种风险，都有可能对知识产权本身造成严重的侵害和威胁。因此，从本国实际出发，根据知识产权的特点来构建知识产权制度，是我们必须深刻思考的一个时代课题。

（一）知识产权的决策风险

对于制度的选择，本身就是基于风险的决策，"文明的决策可能触发全球化进程中的一系列问题和一连串的风险"②，直言之，"风险以决策为先决条件"③。对于知识产权制度的选择，在东西方国家间有着不同的历史背景：发达国家的知识产权制度是"法律变革和广义立法的一种表达方式"④，有别于发展中国家被动性地接受现代知识产权制度，发达国家是在立足自身利益的前提下主动制定这一制度。因此，面对现代知识产权制度，发展中国家的参与多多少少都带有一些"被动"的色彩。由于特定的历史原因，发展中国家已经错过了开放式利用知识产品的最佳时机。同时，由于缺乏相应的法律文化土壤，缺乏必需的适应过程，在配套制度方面也显得"捉襟见肘"。在面对现代知识产权制度构建本国的具体制度时，出现了"对制度性的规则的制度化违背"情形⑤，"其结果是使得保护创新的风险'制度化'转化为'制度化'风险"⑥。如此，现代知识产权制度积极一面的效应在发展中国家未得到尽情体现，相反的，在某些方面对其本国的知识经济发展还产生了负面影响。

---

① ［德］乌尔里希·贝克：《从工业社会到风险社会——关于人类生存、社会结构和生态启蒙等问题的思考（上篇）》，载于王武龙编译：《马克思主义与现实》2003 年第 3 期。

② ［德］乌尔里希·贝克：《"9·11"事件后全球风险社会》，载于王武龙编译：《马克思主义与现实》2004 年第 2 期。

③ ［德］乌尔里希·贝克：《世界风险社会》，吴英姿译，南京大学出版社 2004 年版，第 4 页。

④ 刘星：《重新理解法律移植》，《中国社会科学》2004 年第 5 期。

⑤ ［美］罗伯特·金·默顿：《社会研究和社会政策》，林蒙仁译，三联书店 2011 年版，第 86 页。

⑥ 杨雪冬：《风险社会理论述评》，《国家行政学院学报》2005 年第 1 期。

（二）知识产权的全球化运行风险

经济、科技等的全球化，“不可避免地带来风险的全球化”①。现代全球性的知识产权制度同样是全球化的产物，它带来了知识产权保护规则与知识产权制度风险的全球化。首先，这种制度化风险，使得原本就不平衡的东西方国家间的知识产权利益更加失衡。发达国家利用现代知识产权制度，对其知识产品进行高度保护；同时，他们凭借其经济、科技等优势，通过一些不正当手段去获取发展中国家或不发达国家和地区的传统文化遗产，对其进行所谓的“加工创造”，并在此基础上主张相应的知识产权诉求。这种不平衡尤其体现在国际贸易当中，TRIPS 协定的合理性问题便是典型案例，已经引发了国际社会有关“知识产权制度欠缺人权因素”的质疑。其次，发达国家打着知识产权的旗号不断在国际文化市场上输出本国文化，这种形式合法的文化垄断，其结果是造成一极文化的强势扩张，而相对弱势群体的文化往往缺乏展示的机会。② 并且，这种文化扩张的背后一般夹杂着政治目的。因此，利用以知识产权制度为推进器的西方强势文化的全球化进程，在逐步缩减甚至是消除文化多样性方面，已经形成了一种文化风险。

综上，笔者通过结合风险社会理论的相关内容，对全球化背景下我国构建知识产权制度可能面临的风险，进行了一些探讨。任何有着良好初衷的制度的建立，都是人类探寻文明的体现。虽然在构建制度的过程中，会存在这样那样的风险，但我们不能就此“因噎废食”。对于知识产权制度这样有着复杂背景及深刻内涵的现代制度，作为其中的一部分，刑法保护制度的构建和完善必须慎之又慎。中间道路饱含着我们民族的传统文化底蕴，可以在此基础上最大化地运用一切手段去化解或降低相关风险。同时，立足本国国情在充分履行国际义务的前提下，构建适合本国的知识产权制度，本身就是文化多样性的一种体现。

---

① 薛晓源等：《全球风险世界：现在与未来——德国著名社会学家风险社会理论创始人乌尔里希·贝克教授访谈录》，《马克思主义与现实》2005 年第 1 期。

② 西方发达国家几乎已经垄断了国际卫星电视节目市场，在大多数发展中和不发达国家或地区，60% ~80% 的电视节目是美国的，最欠发达的非洲国家，90% 的电视节目是外国的。当前，西方几大电视集团为亚洲地区“量身定做”的电视节目，已经基本上布满了亚太地区上空的 200 多个卫星频道。参见张正焉等编著：《WTO 与中国文化产业政策》，中共中央党校出版社 2001 年版，第 19 页。

第三节 中间道路符合知识产权根本属性的要求

一、知识产权根本属性的法哲学解读

（一）洛克的劳动理论

该理论认为，一个人对其所发现或创造的抽象物是否具有某种自然的财产权，这个问题的答案可能只是一个哲学上的"肯定"。作为一名哲学家，洛克比其他人更多地关注财产的自然权利理论，他在《政府论》（1690年）下篇第五章有关财产的简短论述，对政治哲学产生了深远影响。洛克对财产的理论被人推崇，因此，现代的学者讨论财产的"洛克劳动理论"就不足为奇了。

在《政府论》第五章的开头，洛克开门见山地探讨财产权的来源问题。① 第五章的后续部分对此进行解答，洛克批评了罗伯特·费尔默提出的君权神授学说。费尔默认为，亚当是全世界的主权者，作为亚当的继承人，君主拥有该权力。既然洛克不赞同这种观点，那么他就必须找到"另一种构建方式、另一种原始权力以及对其拥有模式"。②

为了应对费尔默对传统的格劳秀斯等自然法思想家的观点缺乏一致性的批判，洛克不得不依据自然法来构建他的观点，用以论证共有是可以与个人占有及财产权同时存在的。③ 洛克的财产权理论源于一个前提，即"每一个人都拥有对其自己人身的财产"④，进而"个人的劳动属于个人"。此外，洛克还设定了两个附加条件，即"有足够的同样好的东西给其他人所共有"⑤，上帝造物是为了人类享用而不是糟蹋或毁坏⑥。洛克劳动理论的核心思想可以归纳如下：世界是上帝赐予人类共有的；人人有其财产；人

① ［英］约翰·洛克：《政府论》（下篇），刘晓根译，北京出版社2006年版，第25页。
② ［英］约翰·洛克：《政府论》（下篇），刘晓根译，北京出版社2006年版，第1页。
③ ［英］詹姆斯·塔利：《论财产权——约翰·洛克和他的对手》，王涛译，商务印书馆2014年版，第56页。
④ ［英］约翰·洛克：《政府论》（下篇），刘晓根译，北京出版社2006年版，第27页。
⑤ ［英］约翰·洛克：《政府论》（下篇），刘晓根译，北京出版社2006年版，第27页。
⑥ ［英］约翰·洛克：《政府论》（下篇），刘晓根译，北京出版社2006年版，第31页。

人的劳动属于自己；个人劳动与共有物结合，该财产归属劳动人；财产权的前提是剩余的共有物还能满足其他人的需求；个人财产权利主张以满足自身需求为限。对于上述“个人劳动与共有物结合，该财产归属劳动人”这一点，笔者认为还需要进行论证。为什么只能是劳动才能成为财产权的基础？洛克的回答是“这一切合乎自然法”，但这显然是不够的。

对于洛克“劳动理论”的评析应客观进行：在《政府论》撰写时包括其横空出世后，关于财产的论述部分，洛克不大可能联系知识财产，他当时关注的是有形物而不是抽象物的所有权。洛克关于财产的论述，大部分是对政府性质所做内容宽泛的形而上学的哲学式分析。但是，尽管洛克财产权观点形成的历史背景与今天截然不同，那些研究财产包括知识财产问题的学者还是在大量频繁地引用他的著作。人们对洛克学说的关注点主要放在“劳动”上，但实际上劳动理论学说已经显得过时了。①

实际上，在自然法传统中，劳动在财产权起源中也没有扮演重要角色。劳动在格劳秀斯和普芬道夫的重要著述中也只是依赖于共有理论。后者更清晰地描绘了原始的消极共有，他指出，当人类脱离这种“原始的对物的消极共有状态”时，他们“通过协议建立了各自对物的支配权，但这种支配权并非在突然间全面建立，它的建立是持续性的，并且取决于物的性质、状况和人数”。② 格劳秀斯认为财产权的出现就是基于协议和共有的学说。③因此，可以认为把洛克当成财产的劳动学说理论家在某种程度上是一种误导。那么，为什么洛克的劳动理论如此受到人们的热捧，特别是人们热衷于将其与知识财产理论联系在一起呢？主要原因在于，那些热捧它的人都是为了更好地体现自己理论体系的正统性。人们利用洛克学说的不同部分建立了不同的“洛克式”知识财产理论，他们喜欢这种混合式理论，这种理论往往是含糊的，并且是脱离了实体法逍遥自在的。关于知识财产，洛克的劳动理论认为存在着一种共有知识，并把它定义为一系列可以被发现

① 对于种植庄稼等简单劳动形式，“劳动说”是成立的；但对于那些以多种关系互相依存为特色的劳动形式（如计算机程序的设立），“劳动说”已经有些苍白无力了。

② ［德］塞缪尔·冯·普芬道夫：《自然法与国际法》，罗国强，刘瑛译，北京大学出版社2012年版，第46页。

③ ［荷］胡果·格劳秀斯：《战争与和平法》，何勤华译，上海人民出版社2013年版，第5页。

的抽象物（无主物）。这类物可以通过个人劳动被拥有。它们不会因为以有形物可采用的方法从共有物中被剥离或取走。就如把有形物从天赐共有物中剥离一样，洛克的两个限制性条件“足够限制”和“防止浪费限制”，也适用于把抽象物从共有知识中剥离的行为。并且，劳动理论似乎更加适合应用于知识财产（抽象物）权领域。因为，如果真正将两个限制性条件应用于有形物的话，所产生的后果往往是任何物品都无法从共有物中被剥离。任何对共有物的动用都意味着取得足够个人所需以及给他人留下同样好的物品这两个条件无法被同时严格地遵守。

但是，这样苛刻的限制性条件在抽象物那里可以得到满足。例如，物品可能会烂掉，但化学配方永远不会消耗，在某种意义上抽象物不会脱离共有知识。抽象物世界几乎就是一个拥有无穷同等物的世界。根据我们所讨论的劳动理论，依据其普遍性意义，对抽象物的具体占有就应该被许可。更为重要的是，这种观点暗含的合理性对于现代化的知识财产制度具有立论性意义。

综上，看似劳动理论可以比较好地解释知识财产权利的来源，但要做深究的话，这种权利的合法性和合理性便受到严重威胁了：在市场范围内，物的存在价值往往是基于他人的需求，如果将注意力完全放在个人劳动问题上，抽象物上的权利就可能彻底消失。在现实世界里，任何人的劳动都可能与他人劳动存在关联，如果我们要确定劳动的直接贡献，就不得不面临一个问题：许多表面看起来由个人拥有的抽象物，实际上是因共同劳动而被集体拥有的。传统的自然法观点中，他人劳动的认可对于所有权是有重要意义的。格劳秀斯与普芬道夫在说明私有财产的起源以及协议和公约的作用时，曾经特别强调这一点。在他们的理论中，财产带有强烈的公约性质。普芬道夫指出：“对物的所有权直接源于人们之间的公约，这种公约可能是心照不宣的，也可能是明确表述的。”① 实际上，洛克自己也清楚地意识到他的劳动理论可能只适用于富饶的“自然状态”时期，随着人口的增多和经济社会的发展，尤其是货币的使用，“自然状态”走到了尽头。在资源短缺的社会里，对财产的分配主要依靠公约进行，也就是通过契约和

① ［德］塞缪尔·冯·普芬道夫：《自然法与国际法》，罗国强、刘瑛译，北京大学出版社2012年版，第42页。

协议执行。因此，带有功利性的实在法和公约决定了财产法的形成。知识财产法在这种背景下，由功利来证明其实在法的合理性，并用来服务于相关社会的最大福利目标。

具有普遍意义的知识财产劳动论的形成与现代的一些理论是一脉相承的，这些理论都将所有权描述为在社会形成之前就存在的实体。国家是人类的发明创造，所有权却不是，至少它不是由国家发明创造的。相反，所有权为人类创造的国家设置了合理的限制。国家的主要任务是保护所有权，而不是去干涉、侵犯它。这种理论方法对于知识财产改革的意义是具有根本性的，它导致一个结论：知识财产权应被个人永久拥有；在专利和版权问题上，那些限制知识财产权的有效期或者允许强制许可的立法机构，无异于是在打劫犯罪。

说到底，将洛克看作具有普遍意义的知识财产劳动论的本源是站不住脚的。洛克的劳动理论一旦被剥去形而上学的语境，在证明知识财产的合理性时便会产生各种不确定性，劳动只是表面上稳定的理论基础。我们应该认真看待财产劳动论的形而上学语境以及与之相伴的共有理论，劳动绝不能成为财产权理论的主角位置。对于知识财产，我们应当主张积极共有。共有知识必须以持续增长的方式得以培育。

（二）黑格尔的人格理论

在财产问题上，黑格尔的重要性是难以忽略的。黑格尔创建了一个能够帮助人们理解各种重大复杂的存在论问题、形而上学问题以及社会问题的体系，他的哲学思想一直对后世的理论家们有着重大影响并提供了思想源泉。借助黑格尔的哲学思想，可以为我们的研究对象提供一种独特的研究视角。而我们的研究对象，就是以知识财产形式存在的财产制度。

在法哲学领域，黑格尔关于财产的论述带给后人许多的研究课题。人们对其哲学体系的探究，主要也是为了表明黑格尔是如何对财产的合理性进行论证的，并借此来强化自己的观点。笔者认为，黑格尔提供了一种独特的财产人格理论，就某些知识财产权而言，如涉及艺术作品或文字作品的版权时，财产权与人格之间的联系很紧密。因此，用黑格尔的人格理论来论证那些涉及人格的知识财产权的合理性是非常合适的。

在黑格尔看来，思想是自由的，当它具有了不受限制的自我认识时，就开始有了人格。① 然而仅具有这种放之四海而皆准却十分单调飘忽的自由形式是不够的，就人格而言还必须具有存在于世的一些更为具体的形式，这里就是财产的切入点，这些形式的核心是对物的占有并行使权利。②“智力上的天赋、博学和艺术才能”都属于物。③ 这些内在一旦外化，即能成为合法拥有的物。需要指出的是，黑格尔的论述并不仅仅是为了论证私有财产的存在。黑格尔认为，财产的存在不是为了满足一般的需求、欲望，最主要是因为“财产是自由的首要体现”。④ 与柏拉图在《理想国》里批判私有财产的做法不同，黑格尔不排斥私有财产甚至是想办法证明其合理性。有人认为，私有财产是使主观自由得以实现的机制，这里主观自由意味着个体需求和欲望的满足。还有人认为，财产所有权的形成有助于人格的发展。财产所有权要得到他人的认可，这种认可有助于财产权人人格中道德层面与社会意识层面的发展。黑格尔还认为，财产的另一个重要作用是维持人的基本生存需求，这里的“生存”包括物质与精神两个层面。

黑格尔所指的无尽权利不包含无限占有，在他人所拥有的财产与一无所有之间存在着“权利的窘境”。缺乏基本生存资料的人，其自由意志由于温饱都未能解决实际上已经被剥夺了。黑格尔实际上已经告诉我们，个人自由意志的实现源于财产的取得。

随着黑格尔法哲学论述的展开，其对财产的论说焦点也慢慢发生了转移。他的视角从探索个体世界转移到哲学家观察客观精神在世界上表现形式的角度。在这里，财产的特性更为系统化，这种系统化可通过财产与市民社会和国家之间的关系来解读。用现代术语理解的话，可称之为社会学分析模式。个人的生存离不开财产的概念；他人的存在意味着财产的概念必须发挥它在个体心理学之外的其他作用。财产不再是个人生存的延伸，而成为契约的主题。财产成为个人与国家之间相互影响的媒介。

黑格尔认为，由于财产源于人们的自由意志，所以它可由意志行为予以处置。但是此处有一个限制性条件：该物必须具有“外在性”。对于知识财产权的转让，黑格尔持赞同态度。个体通过接触其他人的外在化思想，

---

① ［德］黑格尔：《法哲学原理》，范扬、张企泰译，商务印书馆1961年版，第35页。
② ［德］黑格尔：《法哲学原理》，范扬、张企泰译，商务印书馆1961年版，第39页。
③ ［德］黑格尔：《法哲学原理》，范扬、张企泰译，商务印书馆1961年版，第44页。
④ ［德］黑格尔：《法哲学原理》，范扬、张企泰译，商务印书馆1961年版，第46页。

不论是从书中还是从其他发明形式中，也就接触到了如此表达他自身的普遍化方法，并创造出许多相同种类的其他作品。对于个体能够在多大范围内使用甚至只是临时使用这些知识，并进而对重新组织修订的知识主张权利，黑格尔“没有精确的特定原则”①，他对知识共有的重要性却予以明确承认。社会共同体在不断的社会实践中不得不在其知识体系中确定法律界限，以确保那些知识体系能够满足其他人尤其是后人的学习需要。

黑格尔关于知识财产的核心论述，基本上体现在上述内容。但是，提及财产时，必须联系他关于国家的理论，这将在很大程度上帮助我们理解知识财产的有机作用，以及知识财产权可能带来的社会风险。

黑格尔所指的“国家”由三部分组成：市民社会、严格的政治国家和政治国家。马克思也有过“市民社会”的论述，他所称的市民社会是指在商界个体之间的竞争性、对抗性关系。而黑格尔所称的市民社会不仅包括伴随着自利的个人主义的关系，还有维持这种关系的组织结构，法律结构就包含在里面。严格的政治国家正是这种组织结构的源头。而对于政治国家，黑格尔没有明示，只是含糊地提道：“一个独立的、有着政治和民事组织的领土上所居住的全部人口，其前提条件是伦理生活深入人心，并进而形成伦理秩序或者伦理社会。”伦理生活（sittlichkeit）的概念来源于希腊城邦（polis）思想。伦理生活指的是一个特定社会在日常生活中所展现出来的生活方式与生活态度，属于较高层次的意识范畴。与洛克类似，黑格尔也认为国家的根本任务在于保卫公民的财产。黑格尔的上述观点在他那个时代是超前的，他认为，作为政治制度、市民制度与伦理制度的结合物，国家这种组织形式下的市民社会有着很高风险的个人主观意识，如果要维系组织结构的稳定，需要社会成员普遍认可的价值因素存在，这便是社会伦理生活或者是伦理秩序。国家的根本任务是保卫公民财产，意识领域要做的就是寻求维系组织结构的社会伦理。

同时，知识财产制度会加剧贫困差距。市民社会中的个人主义具有破坏伦理生活的可能，市民社会的风险性正存在于这种主观冲动和自利性。知识财产这样新颖的权利形式无疑加剧了个人主义的躁动，新的知识财产保护模式呼之欲出，这种趋势还延伸到了全球范围。因为知识产权权利人

---

① ［德］黑格尔：《法哲学原理》，范扬、张企泰译，商务印书馆1961年版，第113页。

想在国内外都受到完好的保护。但由于个人的力量是有限的，权利人便自然而然地转向寻求国家层面的帮助，以期建立全球性的贸易保护机制。[①] 这里就有一个悖论，国家应当保护权利人的财产，但国家在倡导这种保护时，却要冒这样的风险——不小心沦为特权的确立者和保护者。当市民社会驱使国家去保护某些经过筛选的权利利益时，社会伦理生活将面临被特定集团的道德所取代的风险。如此演变而来的知识财产制度，势必加大贫富差距。随着经济技术水平的进一步提升，贫困群体的生活却越发艰难，因为越来越多的产品受到了各种形式的权利保护。

知识财产给人格提供了发生变化并进而将人格外化的机会，而人们拥有的财产却做不到这些。黑格尔开始思考如何通过赋予财产以人格并将其外化扩散，这为财产法律乃至全球性的财产法律奠定了思想基础。在这种财产法律的推动下，不同地域的人格意志开始“出门旅行”，文化摩擦也就随之而来。用黑格尔的话说，它会瓦解或摧毁当地社会的伦理生活。

纵观黑格尔关于知识财产的论述，他认为知识财产与其他形式财产一样，在个体发展中起到了一定作用。知识财产的危险性在于它可以为市民社会所用。而当市民社会认识到知识财产的巨大经济利益后，便会不惜代价迫使去建立知识财产制度，进而成为一种全球性财产制度。如此发展下去将会冲击区域群体原有的社会伦理生活，它更多的是限制自由而不是保护自由。

（三）奈特尼尔的社会规划理论

社会规划论发展较晚，其主张如下：“著作权、商标权和专利权等在内的知识产权能够并且应当加以构架，不但因为它们为人类社会带来的知识产品会使人们获取优良的生活，最主要是因为这种构架会成为构筑理想社会的重要因素，从而把人们带到一个公正的、有吸引力的理想社会中去。”[②] “社会规划论的产生是以网络（数字）环境为历史背景的。”[③]

可见，新技术的出现促使学者们去思考知识产权的民主特质。可以这样理解，以数字技术为代表的新兴技术的出现，催生了知识产权社会规

① TRIPS 的出现对这一观点是最好的印证。

② ［英］斯蒂芬·R. 芒泽：《财产的法律和政治理论新作集》（影印版），中国政法大学出版社 2003 年版，第 168－199 页。

③ 饶明辉：《当代西方知识产权理论的哲学反思》，科学出版社 2008 年版，第 91 页。

划论。

社会规划论的论证路线已经在很多国家的立法或国际立法中得以体现。日本于1986年修订的《著作权法》第1条规定："本法目的在于……促进文化的繁荣与发展。"我国《著作权法》第1条规定："为促进文学艺术和科学作品的作者的著作权……促进社会主义文化和科学事业的发展与繁荣……"文化的繁荣与发展，成为许多知识产权立法的基本目的之一。而文化的繁荣与发展，又给社会带来了深远影响。以科学和文艺为主要内容的知识产权的发展，促进了音像、图书出版等相关行业的发展，民族文化遗产得以增加，随着全球化进程的进步，这将在一定程度上影响他国在该领域的发展，反之亦然。这样反复作用的结果就是他国与本国在理想社会图景方面的趋同化。尽管所有的知识产权立法没有注明将引导人们去建立一个怎样的理想社会，"文化的繁荣与发展"这样的表述足以使人相信立法的最终目标是要去推进实现那样的充满繁荣文化的理想社会。因此，社会规划论在当今社会得到广泛应用。

就理论根源而言，社会规划论并没有直接的理论来源。"学者们多是从那些有着理性乐观主义信念的哲学家和政治理论家（特别是古典共和主义者）那里寻求支持的。"① 如亚里士多德在谈到作为理性个体的人时指出，所谓善，"就是人们所追求的最后的东西，也即最后目的。人类一切活动、过程都是为了这个东西存在着。对于作为社会个体的人，组成国家的目的就是使人们过上优良的生活，这种生活就是国家所追求的最高的善"②。在此基础上，为了精确构筑人类理想社会图景，社会规划论者又去政治理论家和社会理论家那里获取理论营养。18世纪末，美国国父之一的托马斯·杰斐逊提出，为了开发个人的道德意识和实现人的社会本性，美国必须构建和维护一个公正、理智、和谐的社会。在这一社会中，通过区分教育、分区管理，民众可以明智地参与自治。这就是著名的杰斐逊的"分享民主制"理论。③ 在这种理论里，教育的地位非常突出。社会规划论者可以把和

① ［英］斯蒂芬 R. 芒泽：《财产的法律和政治理论新作集》（影印版），中国政法大学出版社2003年版，第168－199页。

② 严春友：《人：西方思想家的阐释》中国社会科学出版社2005年版，第53、59页。

③ ［美］肯尼斯·阿莫斯·柯克：《宪法的政治理论》，张志铭译，北京三联书店1997年版，第125－138页。

文化教育相关的知识产权联系起来。到了19世纪，随着社会学的蓬勃兴起，越来越多的思想家开始把财产权放置在社会大框架内进行研究。马克思和恩格斯，从政治经济学的角度对作为资本主义生产要素的资本（知识产权包含在内）进行彻底剖析。根据马克思的观点，知识产权表明人的精神生活的商品化，知识产权法掩盖资本主义生产方式是对创造性劳动的制度性剥削这一深刻本质。而在共产主义社会，精神产品只是人类本质的体现，与社会上层建筑和意识形态无关。知识产权既构成意识形态的一部分，又发挥着意识形态的功能。区别于马克思专注于政治经济学领域的研究，马克斯·韦伯则侧重于在社会学上研究相关问题。他明确将“社会关系”定义为“两个或两个以上的个人，在有意识的行动中发生的社会关系”。[①] 作为社会关系重要组成部分的法律关系，自然就成为韦伯的关注对象。韦伯认为，经济的、政治的、宗教的以及人身的等多重地位和利益，均在法律的名义下获得保障与维护。就这一点而言，韦伯比马克思更进了一步。就此，我们推导出包括知识财产在内的财产权法律制度，其功能与价值包含了多重社会地位而显得更为宽阔。这在一定程度上暗示了知识产权的多重功能性。到了20世纪，人们认为知识产权应当被视为社会关系，即人们之间关于物的社会关系。如此，财产权的具体架构塑造的是社会关系进而构建某类社会。

总体而言，社会规划理论特色鲜明，特别注重建立一个让知识产权发挥应有作用的机制。在奈特尼尔看来，民主的市民社会就是人们要追求的理想状态，这一理想预设为知识产权制度的合理性提供理论基础。知识产权制度的法理基础在于，为民主实体提供支撑的公共教育与公共话语要求一个充满活力、健康运行的且应受保护的原创作品市场。美国最高法院就宣称：“缔造者们希望著作权自身成为自由表达的引擎。”[②]

社会规划论尚未完全成熟，因此还未能被人们所普遍接受，但它开辟了一条不同于功利论、劳动论与人格伦的崭新路径，将我们对知识产权合理性的认识推进了一步。社会规划论吸收了前几种理论的合理内核，使知

---

① ［德］马克斯·韦伯：《论经济与社会中的法律》，张乃根译，中国大百科全书出版社1998年版，第4页。

② Neil Weinstock Netanel, Copyright and a democratic civil society, Yale Law Journal, 1996 (106).

识产权的正当性有了更为合理的基础；社会规划论第一次将知识产权与民主政治联系起来，使人们开始思考知识产权的政治功能。社会规划论的局限性在于，它带有明显的目的论指向和家长制色彩。对于什么样的社会才是理想状态这一命题，各人给出了不同的答案，事实上每个人也不可能给出相同的答案，甚至一致的观念。根据约翰·密尔的看法，个人而非政府才是自身利益的最佳判断者，个人具有自己的偏好。如果政府强行推行一种优良社会观，无异于剥夺了个人选择自己理想生活的自由。社会规划论在很大程度上意图为全体社会成员营造一个良好的生活状态，这显然带有浓厚的家长制色彩。知识产权社会规划论也因此被认为是“非自由主义的”。

（四）边沁等的激励—功利论

功利论的基本观点是，通过授予知识产品创造者以知识产权，可以激励创造者去进一步进行创新活动，对于他人也可起到推动作用。如此，知识产品的数量会不断增加并进行更新，整体社会福利提高，最终造就整个人类的繁荣与昌盛。

从功利论的来源看，古典经济学家和思想家对这一理论均作出了阐述。亚当·斯密、杰里米·边沁、约翰·密尔，包括制度经济学家康芒斯、T. W. 舒尔茨等，都为功利论作了良好的铺垫。最终促成了功利论在 20 世纪 70 年底的成熟。其后，法律经济学将其运用于法律领域，使其发出耀眼的光芒，甚至成为指导立法实践的成功案例。美国《1787 年宪法》对此就有规定，“国会有权力通过赋予知识产品创造者在限定时间内该知识产品享有排他性权利的方式来促进科技进步”；《TRIPS 协定》甚至也采纳了这一思路，该协议第 7 条规定：“保护知识产权，目的在于促进技术的革新、转让和传播，以有利于社会和经济福利的方式去促进知识产品创造者与使用者互惠互利，并达到权利与义务的平衡。”

作为一种道德理论，功利主义早在亚当·斯密那里就有过论述。在谈及某种行为的功与过时，他指出，“这要看情感计划和趋于产生的结果是有益还是有害”。① 他发现，授予新机器的发明者以一种暂时性的垄断（由于

---

① ［英］亚当·斯密：《道德情操论》，余涌译，中国社会科学出版社 2003 年版，第 71 页。

是一种补偿风险和代价的方式）而能获得证成。[①] 后继者边沁将这一思想发扬光大，他第一次明确指出功利主义原理的含义，在于依据看起来必将增加或减少利益关联者幸福的趋势，来“赞成或非难任何一种行为”，[②] 即著名的“幸福最大化原理”。这里的“行为”是指政府措施，而不是私人行为。这一理论为论证知识产权的正当性开辟了广阔的空间，赋予权利人的“排他性”特权与被人们所诟病的“垄断”存在巨大的区别。约翰·密尔指出：“对于垄断的谴责不应当延及至专利……”[③]

当代西方，功利论逐步演变成为激励论。美国知识产权的奠基人物，托马斯·杰斐逊就曾指出，创设专利的垄断不仅仅是为保护发明的权利，更是作为一种对创新的回报和激励，以推动知识的更新。[④] 这样看来，激励论是在使用与激励之间寻求平衡。激励论强调为满足社会公共利益的需要，赋予创造者权利是为了激励其再接再厉，趋于限制知识产权的过度扩张。

功利论有着诸多优势，首先，它将知识产权关系明晰化、确定化。功利论的前提之一就是要求知识产权关系必须清晰明了。其次，功利论具有广泛的适应性和渗透力。功利论以社会总体福利为追求目标，使得它能根据社会福利内涵的演变而持续性证明知识产权的正当性，新古典经济学证成便是最佳佐证。所谓的渗透力，是指功利论还能被其他理论吸收和利用。如劳动论主张因为劳动促进了社会福利，所以应倡导劳动，并将这类劳动的回报设置为一种权利，即知识产权。社会规划论“朝思暮想”的理想社会，便包含了社会大众的最高福利这些内容。

当然，作为一种理论，功利论也有其局限性。首先，功利论非但没有平衡个人福利与社会福利，往往是为了追求后者而牺牲了前者。功利论是把人们作为整个社会有机体的细胞而不是个体看待的。哈特表达了对这点的担忧，他指出：“虽然在对什么将最大限度地增加社会福利所做的估算中，人确实会被当成平等的个体，亦即不管他们是谁，快乐或痛苦均被分

---

① Fritz Machlup, Edith Penrose, The patent controversy in the nineteenth century, The Journal of Economic History, Vol. 10, No. 1 (May, 1950), pp. 1 – 29.

② ［英］边沁：《道德与立法原理导论》，时殷弘译，商务印书馆 2000 年版，第 58 页。

③ Fritz Machlup, Edith Penrose, The patent controversy in the nineteenth century, The Journal of Economic History, Vol. 10, No. 1 (May, 1950), pp. 1 – 29.

④ Adam D. Moore, Intellectual property & information control, Transaction Publisher (2001), New Brunswick (U. S. A) and London (U. K), p38.

成同等的分量，但这样的估算其结果很可能是不公平的。”① 并且，这种被牺牲的个人利益还包括了创造者的利益。此外，与以授予知识产权作为激励的手段（单纯的经济价值）相比，一些其他的替代措施如政府资助、授予勋章等可能起到更好的作用②，这些激励是建立在非权利基础上的。单一经济需求激励的负面影响，结果之一就是一些超级大公司利用技术上的领先与封锁而影响整个社会的技术进步。最后，功利论缺乏较强的操控性。功利论要求进行功利主义的计算。要论证知识产权的正当性，首先得测算知识产权的授予在多大程度上增进了社会整体福利数量以及由此减少的社会整体福利数量，再进行比较。这种比较必须具有足够多的经验数据，必须量化为一些指标。但是，现实情况远未能达到这一水平，这类信息尚未在我们的掌握之列。

（五）卢梭的社会公意论

卢梭将财产权理论分解为三要素：先占；需求；劳动。③ 但是，他认为三要素的满足不能支撑财产权的成立，仅仅说明了占有事实的成立。在这个基础上，卢梭进而提出了新的财产理论，这一理论源于社会契约论。根据自然法原理，在平等的条件订立社会契约从而建立国家与法律制度，以此保护生命、自由与财产。卢梭认为：“当社会进入国家阶段后，人们会因为社会契约的相互限制而丧失一些东西，如天然的自由与权利；但他会因此收获更多，那就是整个社会的自由和他所有权范围内东西的最高权利。”④ 也就是说，权利是有限制的，是与义务相对的。因此，卢梭对于自然状态下和社会契约状态下的权利与自由有着严格的区分。他认为，前者只是事实状态，后者才是应受法律保护的法益。也就是说，人们对于自然状态下物的控制，是没有“权利”可言的。卢梭认为法律是“公意”的体现，财产权的依据正是社会公意。⑤ 可见，关于财产权的依据，卢梭理论比前人跨出了一大步。在此基础上，卢梭还提出财产权的正义理念，包括三个方面：（1）财产权利的平等。卢梭认为，财产权制度源于社会契约，社会契约是

---

① ［英］边沁：《道德与立法原理导论》，时殷弘译，商务印书馆 2000 年版，第 16 – 17 页。
② 这类激励顾及了创造者的精神价值，更显得高大上。
③ ［法］卢梭：《社会契约论》，何兆武译，商务印书馆 1982 年版，第 32 页。
④ ［法］卢梭：《社会契约论》，何兆武译，商务印书馆 1982 年版，第 30 页。
⑤ ［法］卢梭：《社会契约论》，何兆武译，商务印书馆 1982 年版，第 30 页。

平等条件下的约定，它对所有人都是相同的。如此，所有人才有可能遵守相同的限制性条件并享有相同的开放性权利。① 这里的"平等"不是指财产数量上的平等，而是权利主体的地位平等。（2）财产权利义务对等。卢梭认为，财产权的产生便伴随着对权利人的限制，"他的那份一经确定，他就应该以此为限"②，"约定和法律把权利义务结合在一起，并使正义能符合于它的目的"③。（3）财产权制度的目标。卢梭一直强调财产权来源于社会公意，社会公意是对社会全体都适用的，不存在特定性的目标，否则就会失去"它的天然的公正性"④。

根据卢梭的社会契约论与社会公意财产权理论，西方知识产权学术界将权利专有与利益共享同时存在的现象视为"契约对价"。卢梭对于法律、财产和公意之间的关系进行了仔细研究，这些研究对于后世贡献巨大。财产权的正义观更是凸显这位伟大思想家的智慧之光，后世关于知识产权制度的公益理论、知识产权的保护与限制等，都可以在此探寻法哲学上的基础理论支持。

二、辩证对待传统法哲学解读

综上所述，在介绍传统知识产权理论的同时，笔者进行了解读，可以得出的结论是：在这些传统理论基础上建立的知识产权制度已经或多或少地脱离于时代发展的步伐，尤其对于一些"新兴"知识产权类型对传统知识产权制度的挑战，其游离感一目了然。⑤ 以保护民族传统文化为例，这些传统文化知识是众人智慧的结晶，在法律上并没有明显的权利人，可是如果有人对其加工包装再以其他面目出现后，因其权利主张符合现行法律，便取得了这些民族传统文化知识的知识产权。更有甚者，这些后来的"权利人"反而利用现行法律限制传统文化知识的传播和使用，这显然有违公

---

① ［法］卢梭：《社会契约论》，何兆武译，商务印书馆 1982 年版，第 44 页。

② ［法］卢梭：《社会契约论》，何兆武译，商务印书馆 1982 年版，第 31 页。

③ ［法］卢梭：《社会契约论》，何兆武译，商务印书馆 1982 年版，第 49 页。

④ ［法］卢梭：《社会契约论》，何兆武译，商务印书馆 1982 年版，第 42 页。

⑤ 例如，对于传统的知识产权类型，对其保护要求主体明确、客体符合法律规定，权利人为某一明确的自然人、法人或者其他组织。而这些条件，对传统知识（如湖南江永的"女书"）而言却难以达到要求。从主体角度看，这些传统文化知识的所有者是不确定的，无法形成单一主体；从客体看，传统知识也无法满足显性知识产权制度规定的获权条件。

平正义。很多学者对这样的失衡现象进行研究探讨，如前文所述，有的学者从知识产权基础理论出发而得出的结论建议颇具参考价值，即“权利弱化与利益分享理论”，可以作为当代“知识产权法哲学建构的重要理论基础”。① 该理论主张，知识产权所有人创造知识产品的资源取之于社会，那么这种知识产品的效用也应体现社会性，这也是知识产权效用最大化（社会化）的基本依据。笔者认为，知识产权效用社会化包含但不限于以下两个层面的内容：知识产权权利人与社会资源所有者或者管理者分享利益；知识产权权利人与知识产权使用者分享利益。该理论的哲学基础在于如下几个方面：第一，权利人利用资源之社会性及社会资源的有限性；第二，创造物（知识产品）的社会性及其衍生的社会成员共享性；第三，对于他人擅自使用该项知识产权，权利人可依法律行使禁止权利，但这项权利的行使须依据创造物的社会共享性程度来实现。“权利弱化与利益分享理论”为刑法保护知识产权提供了一个新的视角，权利人可依此保护自己的权利，但又必须遵循一定的规则，如此为更好地实现知识创新所带来的社会福利提供了理论依据。如前所述，根据该理论，权利人在权利被侵害之时，首先是向侵权行为人行使实施合同缔结请求权与损害赔偿请求权，而这些权利的基础便是利益分享。此时，被侵害的权利人不能立即行使停止侵害请求权或者基于绝对排他权原则要求侵权人进行全部赔偿，更不用说刑法介入了；并且，这样的“专有权”也不能阻止其他个人享有同样的权利，最终将会促进知识文化的传播。②

综上所述，“权利弱化与利益分享理论”为知识产权的刑法保护提供了充分理论依据，传统理论进行了“查漏补缺”。该理论一开始就对法律授予知识产权的权利限定为一种弱化的权利，因此这样的“所有权”区别于传统的所有权；这种弱化的权利与洛克“劳动论”中的限制条件并不违背，该理论双管齐下，力证了知识产权制度“源”和“流”两方面的正当性；该理论同样注重知识产权制度的激励功效，但是它并不是没有任何限制地提倡鼓励创造者的积极性，它让潜在的创造者明白权利与义务的均衡性，

① 曹新明：《知识产权法哲学理论反思——以重构知识产权制度为视角》，《法制与社会发展》2004 年第 6 期；曹新明、梅术文：《民族民间传统文化保护的法哲学考察——以知识产权基本理论为研究范式》，《法制与社会发展》2005 年第 2 期。

② ［英］约翰·洛克：《政府论》（下篇），刘晓根译，北京出版社 2006 年版，第 31 页。

让他们可以无后顾之忧地去进行新的创新，从而进一步繁荣知识文化；相对于简单的“利益平衡论”，该理论注重所有群体的利益，如知识产权权利人的利益、知识产权使用者的利益，包括社会利益，更具备说服力和可操作性，为知识产权最大限度转化为社会生产力奠定坚实的制度基础。①

知识产权的刑法保护是一个复杂的课题，这里面有知识产权乃至权利的属性问题，有刑法与其他部门法的关系问题，有刑法的基础理论问题等。通过笔者对传统知识产权基础理论多个角度的法哲学解读，我们可以得出的结论是：虽然每种理论都可以在一定程度上支持知识产权制度的合理性，包括知识产权的法律（刑法）保护，但其缺陷也是相当明显。为更好地解决这一问题，笔者借助“权利弱化与利益分享理论”，从追寻正义价值的角度使去重新认识知识产权，综合考虑不同主体的权利与义务，在不同主体的利益之间寻得平衡。

三、知识产权根本属性的一般性结论

从几大理论的繁杂内容中，我们已经感觉到知识产权理论的多样性与复杂性。严格意义上讲，单从每一种理论入手看知识产权制度总是存在某些出入，“他们似乎更多的是在倡导某种理想的知识产权制度，也就是在探寻应然状态的知识产权”②。几乎所有的理论都带有批判性，知识产权理论也不例外。对其批判性，我们可以在哲学层面获得理解。“人类看待客观世界，终极追求就是将世界改造成人理想的状态，满足人类的各项需求。”③在这个意义上讲，知识产权理论兼具建设性与批判性。

仔细地研究关于知识产权的传统理论，会发现一个有意思的现象：这些理论有各自的优势，也都存在不足。而这样的优势与不足恰恰又在其他理论那里形成了互补。这样的牵连关系，就要求我们必须在整体上把握知识产权诸理论。哲学家们关于知识产权抽象的形而上学研究，其内容关乎知识产权的来源与本质。

① 现在，很多发展中国家老是抱怨西方国家对其传统知识文化进行掠夺，在此基础上进行一定程度的改造就获得知识产权，并借此限制来源国对相应知识文化的正常使用。权利弱化与利益分享理论正好可以解决这样的权利与道德困境。

② 饶明辉：《当代西方知识产权理论的哲学反思》，科学出版社 2008 年版，第 113 页。

③ 孙正聿：《哲学通论》（下），吉林人民出版社 2007 年版，第 409 页。

（一）知识财产的拟制性

知识产权的确立，标志着人们对于新型财产形态的接受，传统有体物的“唯一”地位受到了挑战。对于这个问题，洛克早就有所建树，他曾表达过多个“财产”的概念：狭义的财产，即物质财产，用“estates”、“possessions”和“goods”来表达；广义的财产，即有形、无形的财产，用“property”表达。它“包括身心和物质两个方面的内容以及有形和无形的两种形态”。[①] 根据康德和黑格尔的理解，财产权与意志存在紧密关联，物的占有只是意志外化的结果，这一说法类似于知识财产的抽象财产属性。康德对于知识产权的论述仅仅提及著作权，他认为著作权作品表现了创造者的人格、思想。[②] 所以，康德将知识产品区别于传统有形物。黑格尔进一步明确这种区别，他将知识产品称为“通过精神的中介而变成的物”，[③] 这样的“物”需要披上一件“外衣”，才容易为人所认知及利用。因此，它们不是一开始就直接能感知到的事物，需要人格意志这样的媒介穿插其中才能充分展示其效用。德霍斯的知识财产“抽象物”理论极具时代色彩，他对知识产权进行新的界定的原因主要在于：第一，知识产权在哲学上系统考察的缺失；第二，20 世纪 80 年代知识产权在经济和地缘政治方面重要性的显现。他指出，抽象物是个假设范畴，是人们主观拟制的产物，是实现其他目标的手段。[④] 以往的哲学家们看到了财产形态的不断变化，为了解决这一问题不惜以各种媒介嫁接在各式各样的物上并赋予它们“财产”的身份。

（二）知识产权的多维性

知识产权是知识财产私有的权利状态，归于民事权利体系。民法的一般规范和基本原则均适用于知识产权制度。所以，知识产权是私权。但从多维视角而言，知识产权具有多重属性，它在质的层面区别于一般的财产权，与有形动产、不动产存在明显差别，在权利本体、主体、客体诸方面

---

① 梅雪芹：《关于约翰·洛克“财产”概念的一点看法》，《世界历史》1994 年第 6 期。

② 曲三强：《传统财产理论与知识产权观念》，中国高校知识产权研究会编：《知识产权研究》，西安交通大学出版社 2002 年版，第 103 页。

③ ［德］黑格尔：《法哲学原理》，范扬、张企泰译，商务印书馆，1961 年版，第 51 页

④ 吴汉东：《法哲学家对知识产权的哲学解读》，《法商研究》2003 年第 5 期。

形成独有的特点。在私法领域，知识产权是私权；在公法领域，知识产权具备基本的人权属性；在国家层面，知识产权是公共政策的制度选择，这时知识产权就具有超越私人本位的政策工具属性。所以，“知识产权的制度功能、法律价值、政策目标，与其他私有权有所不同”①。

（三）知识产权制度的合理性

任何制度的确立，都是社会发展的要求，知识产权制度的出现同样如此，它是科技与经济结合发展的产物；上升到制度构建层面的话，它又是法律变革的结果。洛克等思想家在经济学范畴建立了“劳动价值学说”，这一论述主要针对的是有形物品，但对于抽象的知识产权也具有较强参考性。卢梭的“社会公意”理论与黑格尔的“人格意志”理论展现了全新的视角，他们从法哲学范畴探讨了知识产权制度的合理性：卢梭认为财产权源于社会公意。法律是社会公意的体现，财产权利制度的终极目标是正义。卢梭的贡献在于，他从实现“权利垄断与知识公开”的契约对价关系这一角度为我们找到了知识产权制度的合理性。西方学者认为，知识产权制度产生的社会条件应包括：创造者创造出知识产品，并为公众所知晓；公众认可知识产权权利人的权利，但这种权利是有限度的。这是知识产品所有人与社会之间达成的合意，也是增加整个社会福祉的需要。这种合意被哲学家们称为“社会契约”，正是它“构建了社会生活的基本条款”。② 洛克的“劳动”理论和黑格尔的意志理论在道德层面具有相通之处，因为用“人格”“劳动”这样看着就高尚的字眼解说知识产权容易被人们所接受。从法哲学意义上说，人格就是意志的法律载体③。黑格尔便是在这种形而上学的体系中阐述着他的财产观。黑格尔认为私人财产所有权恰好可以体现人的自由意志，意志的任务就是实现绝对自由，这一任务需要经历数个阶段，最开始的阶段意志是以人格的形式出现，而人格的出现需要存在形式。智

---

① 吴汉东主编：《知识产权制度基础理论研究》，知识产权出版社 2009 年版，第 1 页。

② ［美］罗伯特·考斯、托马斯·尤伦：《法和经济学》，张军等译，上海三联书店，1994 年版，第 132 页。

③ 李锡鹤：《民法哲学论稿》，复旦大学出版社 2000 年版，第 22 页。

力资源这样的物“一旦外化，便成为可在法律上占有的物”①。这些言论也被认为是知识产权合理性的证明。黑格尔的意志理论传递的根本信息是：个人生存必要条件之一就是财产权。进一步说，分清楚不同权利人的知识产品，不仅仅是为了便于不同人格的意志自由表现，更是以制度化的形式为人在世界上的生存发展确立平台。这种观点对后世欧洲大陆国家的知识产权制度确立提供了思想基础。②

（四）知识产权制度的公益性

古罗马思想家西塞罗曾经说过“人民的利益是最高的法律”，“公益”，或者说“公共利益”这一概念恰恰就来源于古罗马法。知识产权制度的公益性与知识产权的私权属性并不必然排斥，公益性正是为了弥补知识产权“专权”的缺陷。与此相对应的，卢梭的财产观里面就包含了“正义”理念，他认为财产权等权利的设立构建了符合人们意愿的社会秩序，这便是符合正义法则；财产权对于所有人都是平等的，是社会成员间的约定；法律的制定须以社会成员的利益为依据，这样才能保证财产权制度在内的所有制度的公平合理。黑格尔是如何阐述他的知识产权公益性理念呢？他尝试的角度是精神生产与知识传播的关系。他的观点是，人的精神产物一经产出为他人所知晓并具备无限可复制性，对于创造者而言乍看是不利的，其实并非如此。原因就在于，知识的传播扩散可以催生出更大数量的知识产品，这些知识产品往往可以成为公众学习的基础。在人类社会传承中，经过不同时代的积淀，知识产品会散发出不同的光彩并愈发丰富。黑格尔就曾主张为知识体系划定法律边界，设定类似于“公共领域”的制度以“保证他人学习的需要”。③ 作为当代知识产权研究的学者代表之一，德霍斯在其《知识财产法哲学》虽没有直接提及知识产权制度的公益性，但他非常关注知识产权制度引发的不良后果：权利人的专权性以及由此引发的依

① ［美］罗伯特·考斯、托马斯·尤伦：《法和经济学》，张军等译，上海三联书店，1994 年版，第 75 – 82 页。

② 近代大陆法系国家将“人格价值观”作为其著作权立法的哲学基础，并建立了与英国“版权法”体系不同的“作者权”体系。转引自：吴汉东：《法哲学家对知识产权的哲学解读》，《法商研究》2003 年第 5 期。

③ ［德］黑格尔：《法哲学原理》，范扬、张企泰译，商务印书馆 1961 年版，第 75 – 82 页。

赖关系，这种依赖关系包括人的依赖关系和物的依赖关系，权利不受限制的后果只能是社会分配不公。笔者认为，德霍斯的这种理解，完全隐含着他的知识产权制度公益主张。那么，人们不禁要问，既然公益原则如此重要，那如何处理它与法律的关系？博登海默很好地回答了这一问题，他认为，“共同福利”是一个随处可用的概念性工具，它的作用在于标明了外部界限，正是这个“界限”的存在制约了个人权利的获得和行使。他强调个人权利和社会公益福利之间需要平衡，限制个人权利“正是公共利益的需要”。① 这些观点对于我们深入理解知识产权制度的功能与价值不无启迪意义。②

① ［美］博登·海默：《法理学——法哲学及其方法》，邓正来、姬敬武译，华夏出版社 1987 年版，第 296 – 297 页。

② 吴汉东：《法哲学家对知识产权的哲学解读》，《法商研究》2003 年第 5 期。

第三章
我国知识产权保护刑事政策的解构

第一节　对我国知识产权保护现有刑事政策的解读

一、知识产权保护刑事政策的发展进程

刑事政策（Kriminalpolitik）这一概念源于德国，关于刑事政策含义的理解，可以套用莎士比亚的那句名言“一千个人眼里有一千个哈姆雷特（There are a thousand Hamlets in a thousand people's eyes）”。依据笔者的查阅，在能找到的关于刑事政策的研究文献里，尚未见到对于刑事政策含义作出相同的界定。但是，诸多定义的“相同之处却在于都认为刑事政策的目的是为了防治犯罪，其手段大多以刑事法或刑事司法为主”。[①] 依此，笔者认为，对于刑事政策我们不一定非要下一个规范性的概念，也许当初它的创造者提出的就只是一个理念而已。刑事政策更应该成为我们研究如何应对社会失范[②]行为的逻辑起点。依据这样的思路，研究我国知识产权保护的刑事政策可以从刑事立法政策与刑事司法政策两方面进行。

（一）刑事立法政策

刑事立法政策主要体现在立法过程及相关内容中，我国知识产权保护

① 许福生：《刑事政策学》，中国民主法制出版社2006年版，第2－7页。

② 法国社会学家迪尔凯姆首次将失范这一概念引入社会学。他认为，失范指的是对个人的欲望和行为缺少调节规范，社会制度化程度较低，整个社会因此呈现混乱无序的状态。简单来讲，失范是社会所倡导的文化目标与现实这些目标的合法的制度化手段之间的断裂或紧张状态。现代世界的变革过程迅猛而深入，从而激发了许多重大的社会难题。它们大大扰乱了传统的生活方式、道德、宗教信仰和日常规范，却没有提供明确的新价值观。

刑法立法大致经历三个阶段①：1979 年《刑法》的萌芽期；1997 年《刑法》的集中规定；21 世纪初的接轨国际。通过我国知识产权的立法轨迹，我们可以看到司法保护、行政保护“双管齐下”的痕迹，外加多部门协同式的“九龙治水”。知识产权的刑法保护，主要通过实施刑罚来进行，这也是对知识产权最严厉的保护，里程碑事件便是 1997 年修订《刑法》时，侵犯知识产权犯罪以专章专节（第三章第七节）的方式出现，总计 8 个条文和 7 种具体犯罪，初步形成我国知识产权刑法保护体系。此外，为了应对司法实践中出现的各种新情况，我国最高司法机关等通过一系列司法解释，对惩处侵犯知识产权犯罪司法实践中的疑难问题进行明确解答，这其中的典型代表有：1998 年最高院发布的《关于审理非法出版物刑法案件具体应用法律若干问题的解释》；2004 年“两高”发布的《关于办理侵犯知识产权刑事案件具体应用法律若干问题的解释（一）》；2007 年“两高”发布的《关于办理侵犯知识产权刑事案件具体应用法律若干问题的解释（二）》；2011 年“两高”、公安部、司法部联合发布的《关于办理侵犯知识产权刑事案件适用法律若干问题的意见》。2009 年，最高院发布了具有指导性意义的《关于贯彻实施国家知识产权战略问题若干问题的意见》，该《意见》第 4 条规定：“……依法严惩各类侵犯知识产权犯罪，综合运用各种刑事制裁措施，充分发挥刑事审判惩治和预防知识产权犯罪的功能……” 第 21 条规定：“加大知识产权刑事司法保护力度，依法严厉制裁侵犯知识产权犯罪行为，充分体现惩罚和震慑犯罪功能。依法受理知识产权刑事案件并及时作出裁判，切实加大对假冒注册商标和侵犯著作权犯罪行为的打击力度，在依法适用主刑的同时，加大罚金刑的适用与执行力度……从经济上剥夺侵权人的再犯罪能力和条件……统一和规范侵犯知识产权犯罪案件适用刑罚的条件和标准，准确把握宽严相济的刑事政策……”

（二）刑事司法政策

1. 国家宏观刑事司法政策

2014 年出台的《深入实施国家知识产权战略行动计划（2012—2020 年）》提出要加强知识产权刑事执法和司法保护。加大对侵犯知识产权犯罪

① 莫宏宪、贺志军：《多维视角下我国知识产权的刑事保护研究》，中国人民公安大学出版社 2009 年版，第 178 页。

案件的侦办力度，对重点案件挂牌督办。坚持打防结合，将专项打击逐步纳入常态化执法轨道。加强知识产权行政执法与刑事司法衔接，加大涉嫌犯罪案件移交工作力度。依法加强对侵犯知识产权刑事案件的审判工作，加大罚金刑适用力度，剥夺侵权人再犯罪能力和条件。2015 年，中共中央、国务院在《关于深化体制机制改革加快实施创新驱动发展战略的若干意见》中再次提出健全知识产权侵权查处机制，强化行政执法与司法衔接，研究降低侵权行为追究刑事责任门槛。可见，在知识产权保护刑事立法初步完善后，我国已将知识产权的刑事司法保护提高到国家战略的高度。

2. 设立刑事司法机构、建设队伍

自 2008 年《国家知识产权战略纲要》实施以来，知识产权刑事司法部门加强了执法能力建设，一是增加人员编制，扩大了执法队伍；二是组织业务培训，提高执法人员业务能力。最高人民法院对完善知识产权审判机制和优化审判资源配置作了专题调研。一些法院尝试采用扩大合议庭组成或者由知识产权民事法官参与知识产权刑事、行政案件等形式来优化审判资源配置，部分开展了由一个审判庭统一受理知识产权案件的试点工作。2012 年，最高人民检察院在侦查监督厅设立立案监督处（保护知识产权处），上海、北京等地检察机关也设立了专门机构。① 我国公安部早在 1998 年就在经济犯罪侦查局设立了扰乱市场秩序和侵犯知识产权犯罪侦查处，在治安管理局设立了打击侵犯著作权的机构。2006 年，公安部在经济犯罪侦察局设立了专门的打击知识产权犯罪机构——知识产权处。同时，在公安部和全国地市级以上公安机关成立打击侵犯知识产权犯罪工作协调领导小组，并在经济犯罪侦查部门设立领导小组办公室，统一开展对内对外工作。② 此外，最高院、最高检和公安部多次组织知识产权刑事司法人员的培训和经验交流，不断提高执法队伍素质。2015 年，中共中央、国务院在《关于深化体制机制改革加快实施创新驱动发展战略的若干意见》中提出要完善知识产权审判工作机制，推进知识产权民事、行政、刑事案件“三审合一”，积极发挥知识产权法院的作用，探索跨地区知识产权案件异地审理

---

① 《国家知识产权战略纲要》实施五年评估组编：《〈国家知识产权战略纲要〉实施五年评估报告》，知识产权出版社 2014 年版，第 60－63 页。

② 王志广：《中国知识产权刑事保护（理论卷）》，中国人民公安大学出版社 2007 年版，第 207－209 页。

机制，打破对侵权行为的地方保护，目前，这些措施已经基本落到实处。

3. 加强刑事司法协作

我国《刑法》目前对于侵犯知识产权犯罪采取的是定性又定量的方法，即《刑法》既规定知识产权犯罪的具体罪名，又规定追究刑事责任的个罪具体标准。例如，侵犯著作权罪，法律规定的定罪起点标准之一是以营利为目的而非法复制他人享有著作权的光盘500张。非法复制他人光盘在500张以上的，归刑事司法机关处理；不到500张的，归行政机关处理。这样对知识产权违法犯罪的处理就形成了刑事、行政二元模式。实践中，对侵犯知识产权行为的行政处理远远多于刑事处罚，已经形成以行政处罚为主、刑事处罚为辅的格局。① 由于行政刑事司法衔接的问题，中国大量的侵犯知识产权案件都被行政处罚机制解决，司法移送率很低。更多的知识产权案件进入行政保护程序，而非刑事司法程序。② 为了克服这一弊端，加强行政执法与刑事司法的衔接，相关部门对于这一问题高度重视。如国务院于2012年9月曾发布《关于做好打击侵犯知识产权和制售假冒伪劣商品工作中行政执法和刑事司法衔接的意见》；2012年12月，最高检、公安部和国家工商行政管理总局联合颁布《关于加强工商行政执法与刑事司法衔接配合工作若干问题的意见》等文件，要求加强知识产权保护领域行政执法和刑事司法的衔接，明确规定行政机关发现违法事实涉嫌犯罪时应将案件移送公安机关和报送检察机关，公安机关应作出是否立案的决定，公安机关和行政执法机构应建立信息共享、信息通报、联席会议和案件咨询等相互合作机制，检察机关应加强对案件移送过程的监督等。③

4. 开展刑事司法专项行动

为了更好地打击侵犯知识产权犯罪活动，维护知识产权权利人的合法权益，并履行中国加入世贸组织的承诺，服务于建立创新型国家的需要，我国公安机关自2004年以来，连续开展“山鹰”和“山鹰二号”专项行

---

① 张心向：《徘徊在行政执法与刑事司法之间》，载于赵秉志主编：《国际化背景下知识产权的刑事法保护》，中国人民公安大学出版社2011年版，第52页。

② 刘守芬、牛广济：《我国知识产权刑事保护的新思考》，《学术论坛》2005年第2期。

③ 储国樑、叶青主编：《知识产权犯罪立案定罪量刑问题研究）》，上海社会科学出版社2014年版，第115－119页。

动，有力打击侵犯商标专用权、盗版等侵犯知识产权犯罪。[①] 自《国家知识产权战略纲要》颁布以来，我国知识产权相关部门开展密集的严厉打击侵犯知识产权违法犯罪专项行动，如公安部会同国家版权局、工业和信息化部开展打击盗版侵权的“剑网”行动；公安部会同国家烟草专卖局、国家质检总局等部门开展了打击假冒卷烟和规范烟草专卖市场整治行动；国家工商行政管理总局开展打击傍名牌专项任务。[②]

5. 强化刑事审判

侵犯知识产权犯罪刑事司法政策在审判阶段主要体现在相关刑事司法解释制定活动及其内容中。如上文所述，我国加入世界贸易组织组织后，出台打击侵犯知识产权犯罪的司法解释明显加快。一系列司法解释主要体现了以下执法精神：其一，明确并不断降低侵犯知识产权犯罪的立案标准。[③] 其二，明确证据规则。[④] 其三，明确知识产权犯罪的管辖。[⑤] 其四，明确法院直接受理的案件范围。[⑥] 其五，明确内涵模糊的法律术语。[⑦] 其

---

① 王志广：《中国知识产权刑事保护（理论卷）》，中国人民公安大学出版社 2007 年版，第 208－210 页。

② 《国家知识产权战略纲要》实施五年评估组编：《〈国家知识产权战略纲要〉实施五年评估报告》，知识产权出版社 2014 年版，第 67 页。

③ 以个人犯侵犯著作权罪为例，1998 年最高人民法院《关于审理非法出版物刑事案件具体应用法律若干问题的解释》规定，个人非法经营数额在 20 万元以上的，为侵犯著作权罪的定罪标准；而《关于办理侵犯知识产权刑事案件具体应用法律若干问题的解释（一）》将该标准降低为 5 万元。再如，《关于办理侵犯知识产权刑事案件具体应用法律若干问题的解释（一）》规定未经许可复制发行他人文字、计算机软件、音乐等作品 1000 张（份）为定罪标准，而《关于办理侵犯知识产权刑事案件具体应用法律若干问题的解释（二）》将此标准降低为 500 张（份）。两个司法解释还对假冒商标罪、假冒专利罪、侵犯商业秘密罪等个罪的标准作了进一步明确。

④ 《关于办理侵犯知识产权刑事案件具体应用法律若干问题的解释（一）》规定知道自己销售的商品上的注册商标被涂改、调换或者覆盖、伪造、涂改商标注册人证明文件或者知道该文件被伪造、涂改等情形的，应当被认定为销售假冒注册商标罪罪状中的“明知”，系运用推定证据规则减轻侵犯知识产权犯罪刑事司法证明负担；《关于办理侵犯知识产权刑事案件适用法律若干问题的意见》还规定对于知识产权自诉案件，若当事人因客观原因不能提供，经申请，法院应当依法调取，也可减轻当事人的举证负担。

⑤ 《关于办理侵犯知识产权刑事案件具体应用法律若干问题的解释（二）》规定被害人有证据证明的侵犯知识产权刑事案件，直接向法院起诉的，法院应当受理；严重危害社会秩序和国家利益的侵犯知识产权刑事案件，由检察院提起公诉。

⑥ 《关于办理侵犯知识产权刑事案件适用法律若干问题的意见》还规定对于知识产权犯罪涉及多个犯罪地的，由最初受理的公安机关或者主要犯罪地公安机关管辖，一定程度排除了地方保护主义的影响。

⑦ 对于司法实务中理解容易分歧的“同一种商品”“与注册商标相同的商标”“以营利为目的”“发行”等法律术语，前述司法解释均作了进一步阐释，这有利于统一执法尺度。

六，规定对于知识产权犯罪处理时的宽严相济政策。①

二、知识产权保护刑事政策的价值追求

就知识产权保护的刑事政策而言，其价值取向应是保护权利与增进公益并行，它们是包括刑法在内的任何法律的基本价值追求。但是，要在二者间寻得平衡却是知识产权刑法保护立法与司法问题的“二律背反”。② 不同种类的侵犯知识产权犯罪行为，其社会危害程度存在差别，相应的防治措施当然也得宽严有别。宽严相济刑事政策的核心是“区别对待”，这与西方国家在经济犯罪领域盛行的“重重轻轻”政策是同样的道理。为更好地保护知识产权，发挥其应有效用，我们要转换思路，从本质上贯彻宽严相济的刑事政策。

在选择知识产权法律保护的战略上，南北半球的模式截然不同。对于这种现象，有观点认为，“利益平衡是知识产权保护存在限度的根本原因”③；折中的观点认为，我国知识产权的刑法保护，应“采取形式的强保护和实质的弱保护”④；笔者认为，对于整个知识产权刑法保护的态度，并不能一而概之，还是需要在宽严相济的思路下具体分析。强与弱是相对的，防治犯罪的策略科学合理、适时适度才是我们应该坚持的方向，这种策略也是依法治国的良好体现，反映了我国的法制水平。如同侵犯知识产权犯罪短期内甚至会造成知识产品虚假繁荣的景象一样，针对该类犯罪的特定时期专项整治，会在一定程度上达到打击犯罪的效果，“但仅凭单一刑罚手段，是不可能达到防治目的的”⑤。

如前所述，笔者认为刑事政策是一种理念，也是“一种体系”⑥，其中包含着丰富的内容。研究如何防治侵犯知识产权犯罪，我们都应该秉持刑

---

① 《关于办理侵犯知识产权刑事案件具体应用法律若干问题的解释（二）》明确规定，侵犯知识产权犯罪，符合《刑法》规定的缓刑条件的，依法适用缓刑。有拒不悔罪、拒不交出违法所得，或有知识产权违法犯罪前科等情形的，一般不适用缓刑。

② 二律背反（antinomies）是18世纪德国古典哲学家康德提出的哲学基本概念，指双方各自依据普遍承认的原则建立起来的、公认的两个命题之间的矛盾冲突。

③ 王志祥、何恒攀：《论知识产权刑法保护的适度性》，《山东警察学院学报》2010年第1期。

④ 赵秉志、田宏杰：《侵犯知识产权犯罪比较研究》，法律出版社2004年版，第82－83页。

⑤ 张文：《刑事人格化——21世纪的抉择》，《中外法学》2004年第5期。

⑥ 刘仁文：《论刑事政策的概念与范围》，《中国人民公安大学学报》2005年第1期。

法的基本原则，如罪刑法定、谦抑性等，因此，针对知识产权的保护的刑事政策，宽严相济是必须坚持的方向。力争做到“该严则严，当宽则宽；严中有宽，宽中有严；宽严有度，宽严审时。切实做到宽以济严，严以济宽”①。这一刑事政策遵循了司法规律，蕴含科学性与合理性。

三、知识产权保护刑事政策的评析

通过梳理我国知识产权保护的刑事政策，我们发现还存在以下需要改进的方面：

首先，1997 年《刑法》实际上是将之前分散在 1979 年《刑法》、1993 年之后的单行刑法及相应附属性规范加以“刑法”的外衣而集中放置，除了新设侵犯商业秘密罪以外，“并未再设实质意义上的知识产权刑法规范”。② 而这一时期，其他国家尤其是知识产权发达国家并未停下相关立法活动，针对数字化时代的到来，美、英、法、德、日、澳等纷纷修订法律重点打击侵犯知识产权的犯罪。目前，国际知识产权刑事保护已经呈现出“TRIPS +”趋势，过去一段时间美国与其他国家签订的双边或多边贸易协议（FTA)，大多包含知识产权刑事保护条款。2007 年 4 月美国提出的“WTO 中美知识产权争端”在一定程度上折射出：我国现有的知识产权刑法规范已经存在一定程度的滞后性。③ 这些事实表明，被动型回应的立法政策已经不能适应侵犯知识产权犯罪的防控，实际生活的需求促使我们必须认真研究知识产权保护的刑事政策，在刑事立法政策上变被动为主动。

其次，我国现有的知识产权刑法立法，采取的是集中型立法模式。对于侵犯知识产权犯罪，一般性知识产权法律中只有“构成犯罪的，依法追究刑事责任”之类的照应性规定。这种统一立法模式给防治侵犯知识产权犯罪带来了重大的障碍：由于知识产权内容的丰富性及易变性，相应的犯罪活动也是“日新月异”地出现，而在罪刑法定原则的大背景下，刑法修订的滞后性已经满足不了现实生活的需要。这些问题将在本文第五章当中给予详细解答，此处不一一赘述。

---

① 马克昌：《宽严相济刑事政策刍议》，《人民检察》2006 年第 10 期。

② 莫宏宪、贺志军：《多维视角下我国知识产权的刑事保护研究》，中国人民公安大学出版社 2009 年版，第 179 页。

③ 莫宏宪、贺志军：《多维视角下我国知识产权的刑事保护研究》，中国人民公安大学出版社 2009 年版，第 179 页。

最后，与知识产权保护发达国家相比，与我国社会公众的要求和期待相比，我国知识产权刑事司法政策还存在很多不足。第一，执法效果有待进一步提升。我国的知识产权保护状况尚未根本改善，侵权现象整体上还多有发生，少数地区、部分行业存在大规模侵权行为，且侵权行为呈现链条化、网络化和复杂化的新特点。2012 年度，全社会知识产权保护满意度调查显示，社会各界对“侵权现象严重程度”最为不满，总体满意度仅为 42.93%。这说明知识产权保护（包括刑事保护）的实际效果与社会期待还有一定的差距。第二，知识产权刑事司法常态化管理有待加强。目前知识产权行政执法中行政执法与民事司法衔接较多，与刑事司法衔接较少，入刑案件比例比较低。对知识产权违法犯罪的执法存在运动式执法现象，忽紧忽热，时松时冷，未形成法治化、常态化的打击机制。第三，刑事审判效果不尽如人意。在刑事司法解释上，存在跟随式解释、过度能动式解释和缺乏协调性解释现象，① 发挥法官解释作用不够，亟须加强刑事司法解释的科学性。第四，刑事司法改革亟须推进。在侵犯知识产权犯罪刑事司法机构、人员配备和培训上需要进一步改革，在侵犯知识产权犯罪的管辖、证据适用上需要进一步科学化，在知识产权刑事案件和解、附带民事诉讼和被害人保护上需要进一步修改完善相关立法。②

第二节　我国知识产权保护刑事政策的完善

一、考量背景：我国整体的知识产权政策分析

通过前文的分析，我们可以得出的结论是，每个制度在每个国家的不同时期呈现出不同特点，甚至是截然相反的。尤其是经济发展的快速阶段，天然地制约着制度的发展。知识产权制度，本身就由经济发展与法律变革结合而来。以西方发达国家主导建立的现代知识产权制度，对于广大发展中国家来说必然会有一个适应的过程。对于这样的新型制度，我们的初衷

① 莫宏宪、贺志军：《多维视角下我国知识产权的刑事保护研究》，中国人民公安大学出版社 2009 年版，第 181－182 页。

② 王宗光：《我国知识产权犯罪刑事司法政策论》，《东方法学》2016 年第 6 期。

绝不会是坦然接受，排除自我发展的需求因素，我们宁愿长时期地等待那个构建类似制度的最佳时机。回到现实中来，面对充斥西方法律文化与伦理价值的现代化知识产权制度，我们要做的就是趋利避害、因地制宜地构建本国的相应制度，推进经济、科技和文化的发展。

出于历史原因的限定，中国与之前的几次科技革命要么完全错失，要么擦肩而过，要么参与度不高。面对第六次科技革命的来袭，我们应适时地调整国家战略，做好迎接时代挑战的各项准备。得益于第五次信息科技革命的推动，第六次科技革命在物质科学、生命科学等学科及其交叉领域极可能开辟出新的空间。正是注意到这些动向，早在 2012 年 11 月份，党的十八大已经明确提出坚持走中国特色自主创新道路、实施“创新驱动发展战略”，并将其上升为国家战略。① 由此可见，创新驱动发展战略的重要组成部分自然包含知识产权战略。当今社会正处于知识经济时代，而知识经济的核心就是知识产权。正因为如此，在当代社会科技发展和经济发展中，知识经济的重要性日趋明显。所以，对于以知识经济为核心内容的知识产权来说，我国的整体战略、政策是积极的。但是，究竟如何设计科学合理的适合国情的知识产权制度，仍是一项尚未解决但又不得不解决的重大命题。具体到当前的知识产权政策，笔者认为，应当包含以下三个方面的要素。

1. 确立知识产权制度应有的地位

现代知识产权制度即便是发达国家所主导建立的，我们也需要理性冷静的态度，绝不能因为一时的感情冲动而采取极端措施。知识产权是一种新型的财产性权利，从社会发展进程和民事法律的基本原理看，对于物权的确立一直起到推动社会发展的作用。知识产权制度合理性的一面，恰恰就在于它通过这种“确权”去保障权利主体的权益，激发更多创造者的激情，由此产生更多的知识产品，增进整个社会福祉。如前所述，在知识经济的发展过程中，各国包括发达国家均经历了特定的历史时期，即知识经济水平低下时期。现代知识产权制度是发达国家为了维护自身利益而量身打造的，当前的整个国际经济秩序又何尝不是如此。就事论事，这不应该成为我们“拉仇恨”的理由，一味地怨天尤人只会反复体会“落后就要挨

① 参见胡锦涛同志在中共十八次全国代表大会上的报告《坚定不移地沿着中国特色社会主义道路前进　为全面建成小康社会而奋斗》之四（加快完善社会主义市场经济体制和加快转变经济发展方式）之（二）（实施创新驱动发展战略）。

打”的感觉。我们只有积极加入这种残酷的竞争环境，多拿出一些自己创造知识产品去参与国际竞争，如此才能争得国际话语权，有朝一日也可以制定合乎自身利益的相关制度。因此，对于知识产权制度，我们务必理性看待，尽量发掘其有利一面。

2. 各项政策措施的协调化运作

知识产权的作用只有与一国的经济技术基础、市场发达程度、人力资源状况和法律制度建设水准等诸多条件相匹配，才能实现知识经济的巨大推动作用，促进社会经济发展。如果单纯地依靠知识产权制度，幻想着如何坐享其成，以为这项制度本身就可以给我们带来巨大的收益，那显然是痴人说梦。知识产权制度必须与有关经济和技术发展的一系列政策措施协调配套，才能实现该制度的本体目标。① 这些配套设施具体来说有：真正的开放型市场、丰富的人力资源、良好的竞争性体制、宽松的投资环境和科学合理的法制环境等。以法制环境为例，光有静态的制度还不够，要与知识产权相关的各部门法律协调运行，互为补充。

3. 培育社会创新意识

创新是一个国家、一个民族的灵魂。但长期以来，我国传统社会都倡导个人本位必须让位于国家本位，缺少个人意识培育的土壤，更不用说个人权利的主张了。在经济领域，长期推行的计划经济体制更是压抑着知识经济的权利意识。因此，要培育创新意识，我们需要在思想文化背景的调整上下工夫。文化背景的影响是深远的，在国人传统的意识里，对于知识产品拿来就用似乎已经成为习惯。② “山寨”成为流行词汇，甚至是政府相关主管部门对于此类事件也是睁一只眼闭一只眼。实际上，这种观念会带来严重的后果。如前文所言，特定历史时期的模仿之路是国际通例，但发达国家在那个阶段所做的事情除了“拿来就用”以外，他们的主要精力放在学习和转化吸收上面。我们如果忽略了这个本质，就只会一直落后于别人。强调知识产权的法律保护，这是一个工具性的手段，其价值目标在于让公众看清楚知识产权所蕴含的巨大推动力。如此，才能在全社会树立创

---

① 王志广：《中国知识产权刑事保护研究》（理论卷），中国人民公安大学出版社 2007 年版，第 109 页。

② 非常典型的例子有比亚迪汽车，该品牌汽车最成功的案例便是“山寨”版本的丰田汽车“卡罗拉”，其命名是“F3”；随后，比亚迪的商务车 MPV（型号 M6）又高度“克隆”了丰田汽车风靡一时的“子弹头”（普瑞维亚）。

新理念，增进科技、文化知识的更新，并创造出更多有价值的知识产品，推动社会进步。

此外，还有调整经济结构、扶持传统产业发展、建立科研创新机制与成果转化机制等多项具体化配套政策，不一一赘述。

二、入罪审慎化、刑罚合理化

对于侵犯知识产权行为的犯罪化应当审慎，鉴于知识产权既属私人权利同时又关系公共利益的属性，侵犯知识产权的行为不是纯粹的私权侵犯，更关系到社会发展和公共秩序这一重要命题。相应地，对于知识产权的保护也就不限于民事法律的范围，对一些严重侵犯知识产权的行为，行政干预乃至刑事干预就有必要介入。但是，侵犯知识产权行为犯罪化必须考虑两方面的问题：一是前述的知识产权的刑法保护与社会发展进步之间的关系，特别是二者冲突与矛盾之处。因为刑法是禁止性规范，一旦将某种侵犯知识产权的行为纳入罪刑规范，就意味着对该行为的绝对性否定，其对社会发展进步的消极影响也会随之放大。二是刑法的谦抑性，刑法并非调整社会行为的最佳选择，刑法的触角不是积极扩张的，应是被动限缩的。特别是对于行政犯而言，刑事干预应保持审慎态度，干预的范围与强度应有所控制，不能激进。

在解决侵犯知识产权行为的入罪问题之后，还应设置合理的侵犯知识产权犯罪刑罚制度，合理配置自由刑与财产刑，辅之以适当的资格刑。综合考量当今世界欧美主要国家对于侵犯知识产权犯罪的刑罚设置，以短期自由刑为主，并规定自由刑和财产刑之间的易科，即犯罪人在不缴纳罚金的情况下才适用自由刑，对此类犯罪突出经济制裁性质。本文认为，这些做法对于我们具有一定的参考作用，但自由刑与罚金刑毕竟本质属性应有所区分，目前《刑法》规定的侵犯知识产权犯罪的自由刑上限为 7 年，审判实践中是以自由刑为主，单处罚金为例外。考虑到侵犯知识产权犯罪的逐利性，结合保护社会主义市场经济秩序的初衷，我们在立法上可以适度降低法定自由刑的上限，同时在实践中加大罚金刑的适用力度。①

① 这种罚金刑的适用方式区别于欧美国家的自由刑与罚金刑的易科。

三、坚持宽严相济：区分对待不同犯罪类型

关于宽严相济的内涵，最高检2006年发布的《关于在检察工作中贯彻宽严相济刑事政策的若干意见》有很好的说明。该《意见》第2点规定："……注重宽与严的有机统一，该严则严，当宽则宽，宽严互补，宽严有度，对严重犯罪依法从严打击，对轻微犯罪依法从宽处理，对严重犯罪中的从宽情节和轻微犯罪中的从严情节也要依法分别予以宽严体现，对犯罪的实体处理和适用诉讼程序都要体现宽严相济的精神。"第4点规定："……宽严相济的核心是实行区别对待。应当综合考虑犯罪的社会危害性（包括犯罪侵害的客体、情节、手段、后果等）、犯罪人的主观恶性（包括犯罪时的主观方面、犯罪后的态度、平时表现等）以及案件的社会影响，根据不同时期、不同地区犯罪与社会治安的形势，具体情况具体分析，依法予以从宽或者从严处理。"第5点规定："依法严厉打击严重危害社会治安的犯罪和严重破坏市场经济秩序等犯罪……依法严厉惩治严重破坏金融秩序、侵犯知识产权、制售严重危害人身安全和人体健康的伪劣商品等严重破坏社会主义市场经济秩序的犯罪……"由此可以看出，当时对于侵犯知识产权犯罪采取的是从严治理。

综合考量，现在对于侵犯知识产权犯罪的防治，应继续坚持宽严相济的刑事政策。这是因为，宽严相济政策的"背后有着积极的时代意义和实务价值"。所谓"严"，是指法网严密，犯罪人不能轻易逃离刑事处罚。最高检2006年12月颁布的《关于在检察工作中贯彻宽严相济刑事政策的若干意见》，强调的是严格与严肃，我国现阶段对于侵犯知识产权犯罪刑事政策的从严，必须注重"济之以宽"，做到"宽严有度"，争取将宽严相济刑事政策的核心精神——"区别对待"最大限度地体现出来。

面对全球化和数字化的挑战，我们的知识产权保护刑法立法须主动回应。针对这种立法滞后的情况，很多学者提出了立法建议，指出应增设反向假冒注册商标等犯罪，取消侵犯著作权中的"以营利为目的"的主观要件；有学者提出建立轻罪体系，侵犯知识产权犯罪就是轻罪，因为司法程序比行政程序能更好保护权利人权益。①

---

① 李慧敏：《将恢复性司法引入侵犯知识产权犯罪的处罚机制》，《犯罪研究》2007年第2期。

我国对于侵犯知识产权行为的打击是“两条途径，并行运作”，这与国外的犯罪体系设置明显不同。我国实行二元主义，将侵权行为分为一般侵权行为与严重侵权行为（犯罪）；美国等国实行一元主义，统一将侵权行为纳入犯罪治理体系，分为轻罪与重罪，且有多种法规规定刑事处罚。轻罪大体相当于我国的一般违法行为。如果将一些轻微的侵犯知识产权行为也纳入到犯罪体系，明显地与我国国情不符，实际生活中，很多打击侵犯知识产权违法犯罪活动不到位的情况，其原因在于行政保护不到位，这其中可能是由于地方保护主义等原因。所以，有的地方问题不是出在刑法保护领域，我们对此问题应认真调研，绝不要让刑法来为行政执法的不到位“埋单”，这样做太得不偿失。

对不同种类的具体的侵犯知识产权犯罪，之所以实行区别对待，是为了能“真实”地贯彻宽严相济刑事政策的核心思想。面对日益扩大的知识产权客体范围，学者间有大范围增大侵犯知识产权犯罪圈的呼声，对此，我们应冷静看待，不能一味强调“从严”，要充分考虑犯罪化与非犯罪化之间的界限，而且这个界限必须清晰化。概括而言，现阶段，我国刑法应从严治理侵犯商标权犯罪和侵犯著作权犯罪；从宽处理侵犯专利权犯罪和侵犯商业秘密犯罪。进一步而言，对于个罪当中的具体行为也须贯彻“区别对待”精神①，这才是对宽严相济形势政策最好的诠释。

（一）从严治理侵犯商标权犯罪和侵犯著作权犯罪

现行刑法规范逐步降低二者的入罪门槛，体现出从严治理的趋势。

第一，对于假冒注册商标罪，“两高”2004 年发布的《关于办理侵犯知识产权刑事案件具体应用法律若干问题的解释（一）》第 1 条第 1 款第（一）项规定：“非法经营数额在五万元以上或者违法所得数额在三万元以上的……”对于销售假冒注册商标罪，“两高”2004 年发布的《关于办理侵犯知识产权刑事案件具体应用法律若干问题的解释（一）》第 2 条第 1 款规定：“销售明知是假冒注册商标的商品，销售金额在五万元以上的，属于刑法第二百一十四条规定的‘数额较大’……”对于非法制造、销售非法

① 如本文第五章第四节在研究侵犯商业秘密罪的疑难问题时，就侵犯知识产权的具体犯罪类型来说，对于侵犯商业秘密犯罪从宽治理。但对于该罪当中的“为境外窃取、刺探、收买或者非法提供商业秘密的行为”，笔者建议从重处罚。同时，对为什么是“从重”而不是“加重”也作了详细说明。综上，在不同的个罪以及个罪的不同行为上实施“区别对待”，这是对宽严相济刑事政策的最高程度贯彻。

制造的注册商标标识罪，“两高”2004 年发布的《关于办理侵犯知识产权刑事案件具体应用法律若干问题的解释（一）》第 3 条规定：“伪造、擅自制造他人注册商标标识或者销售伪造、擅自制造的注册商标标识，具有下列情形之一的，数以刑法第二百一十五条规定的‘情节严重’……（一）伪造、擅自制造或者销售伪造、擅自制造的注册商标标识数量在二万件以上，或者非法经营数额在五万元以上，或者违法所得数额在三万元以上的。”这就将三项具体侵犯商标权具体犯罪的入罪标准由非法经营数额（销售金额）“二十万元”降为“五万元”，违法所得数额从“五万元”降为“三万元”。

对于侵犯著作权罪，“两高”2004 年发布的《关于办理侵犯知识产权刑事案件具体应用法律若干问题的解释（一）》第 5 条规定：“以营利为目的，实施刑法第二百一十七条所列侵犯著作权行为之一，违法所得数额在三万元以上的，属于‘违法所得数额较大’；具有下列情形之一的，属于‘有其他严重情节’……（一）非法经营数额五万元以上的……”这就将侵犯著作权罪的入罪标准由非法经营数额“十万元”降为“五万元”，违法所得数额从“五万元”降为“三万元”。同时，对于侵犯著作权犯罪，我国现行《刑法》并未对“侵权产品数量”问题作出任何规定。为了延伸侵犯著作权犯罪的外延，司法解释开创性地确立了“侵权产品数量”标准。“两高”2004 年发布的《关于办理侵犯知识产权刑事案件具体应用法律若干问题的解释（一）》第 5 条规定：“以营利为目的，实施刑法第二百一十七条所列侵犯著作权行为之一，违法所得数额在三万元以上的，属于‘违法所得数额较大’；具有下列情形之一的，属于‘有其他严重情节’……（二）未经著作权人许可，复制发行其文字作品、音乐、电影、电视、录像作品、计算机软件及其他作品，复制品数量合计在一千张（份）以上的……”也就是说，“一千张（份）以上”是《关于办理侵犯知识产权刑事案件具体应用法律若干问题的解释（一）》确定的认定侵犯著作权罪的“其他严重情节”。到了“两高”2007 年发布的《关于办理侵犯知识产权刑事案件具体应用法律若干问题的解释（二）》第 1 条，这一标准降为“五百张（份）以上”。对此，学界提到了其不足之处：一是没有明确侵害行为的持续时间；二是只考虑违法复制品的发行数量而不考虑最低金额标准有失公允。①

① 许美：《知识产权刑法保护调查研究》，《特区经济》2005 年第 11 期。

此外，对于单位犯罪，“两高”2004 年发布的《关于办理侵犯知识产权刑事案件具体应用法律若干问题的解释（一）》第 15 条规定：“单位实施刑法第二百一十三条至第二百一十九条规定的行为，按照本解释规定的相应个人犯罪的定罪量刑标准的三倍定罪处罚。”这就将单位犯罪与自然人犯罪的数额倍数标准由 5 倍降为 3 倍。

第二，明确犯罪构成要件的具体含义。知识产权刑法司法解释对“以营利为目的”“销售金额”“非法经营数额”“相同的商标”“未经著作权人许可”“使用”“明知”“复制发行”等均作出了详尽的解释，有利于司法统一，增强了实践操作性，便于更好地打击侵犯商标权犯罪和侵犯著作权犯罪。例如，将计算机网络技术发展所引发的网络发布行为视同为“复制发行”等。

（二）对假冒专利罪和侵犯商业秘密罪相对从宽

第一，入罪数额标准变化不大。对于假冒专利罪的入罪数额标准，最高检、公安部 2001 年联合发布的《关于经济犯罪案件追诉标准的规定》第 64 条规定：“假冒他人专利，涉嫌下列情形之一的，应予追诉：1. 违法所得数额在十万元以上的；2. 给专利权人造成直接经济损失数额在五十万元以上的；3. 虽未达到上述数额标准，但因假冒他人专利，受过行政处罚二次以上，又假冒他人专利的；4. 造成恶劣影响的。”对于侵犯商业秘密罪的入罪数额标准，《关于经济犯罪案件追诉标准的规定》第 64 条规定：“侵犯商业秘密，涉嫌下列情形之一的，应予追诉：1. 给商业秘密权利人造成直接经济损失数额在五十万元以上的；2. 致使权利人破产或者造成其他严重后果的。”对此，“两高”2004 年发布的《关于办理侵犯知识产权刑事案件具体应用法律若干问题的解释（一）》第 4 条规定：“假冒他人专利，具有下列情形之一的，属于刑法第二百一十六条规定的‘情节严重’……（一）非法经营数额在二十万元以上或者违法所得数额在十万元以上的；（二）给专利权人造成直接经济损失五十万元以上的；（三）假冒两项以上他人专利，非法经营数额在十万元以上或者违法所得数额在五万元以上的；（四）其他情节严重的情形。”对侵犯商业秘密罪，《关于办理侵犯知识产权刑事案件具体应用法律若干问题的解释（一）》第 7 条规定：“实施刑法第二百一十九条规定的行为之一，给商业秘密的权利人造成损失数额在五十万元以上的，属于‘给商业秘密的权利人造成重大损失’……给商业秘密的权利人造成损失数额在二百五十万元以上的，属于刑法第二百一十九条规定的‘造成特别严重后果’……”

第二，规定了限制性的构成要件。对于侵犯专利权犯罪的客观行为具体表现形式这个问题，理论界和实务界一直争论很大，现行《刑法》颁布后的第一例假冒专利罪，就将这种争论推向了最高潮。①

案例：1995年3月，卢恩光就其“双层艺术玻璃容器”发明设计向国家专利局申请专利，次年9月，被授予实用新型专利，专利保护期限10年。1997年5月，阳谷县玻璃工艺制品厂取得该专利的实施权，生产专利产品“诺亚”牌双层艺术玻璃口杯。2000年4月，被告人周小波成立的乐凯保温制品厂，假冒已具备相当知名度的“诺亚”牌双层艺术玻璃口杯，所用商标名称为“乐凯”牌。1999年9月16日，周小波在江西省南昌市公开非法

① 2000年山东聊城的周小波假冒专利一案。参见程水顺主编：《专利侵权判定实务》，法律出版社2002年版，第347至352页；又见刘树德著：《空白罪状：界定追问解读》，人民法院出版社2002年版，第182页。本案最新进展：此案中的卢恩光，即为2016年年底落马的司法部前政治部主任卢恩光，号称“五假干部”，其一面在仕途上不断攫取政治资本，另一面则在商海中大杀四方。根据2017年6月28日新京报报道，20世纪90年代末，卢恩光旗下方舟集团凭借诺亚牌口杯（即双层玻璃杯）赚得盆满钵满。1997年，方舟集团便创下1.5亿元销售额。而另一个事实是，跟方舟集团的双层玻璃杯有竞争关系的商业对手多被其起诉，并有人最终获刑。当年，四川商人周小波和河北商人李树增，因假冒专利罪被判有期徒刑两年，彻底离开了双层口杯市场。时隔多年，周小波和李树增仍认为当年卢恩光使用了非正常竞争手段。他们的理由是，双层口杯专利最早发明人系吉林人董玉杰，周李都据此认为他们并未侵权，并认为卢恩光的专利无效。6月19日，周小波对新京报记者称，他生产乐凯口杯使用的是董玉杰的专利，而董玉杰的专利在1997年已经失效。“失效的专利就是公知技术，大家都可以合理利用的。”周小波说。1993年3月，吉林人董玉杰申请了“双壁式口杯”专利，该专利于1994年6月公开。国家知识产权局对董玉杰“双壁式口杯”专利的介绍为：本实用新型公开了一种既有内壁又有外壁的双壁式饮水用口杯，口杯的内壁外边附着各种图案，外壁以透明为主要特征。卢恩光的多项关于双层口杯的专利中，最早一项名为“一种双体玻璃瓶”的专利，申请于1995年12月，比董玉杰专利的公开时间晚了1年半。卢恩光的专利与董玉杰的专利是否有所区别，两个专利是否存在重复授权的问题，目前尚难定论。率先发明双层玻璃杯专利的吉林农民董玉杰，也在与卢恩光扯上干系后被判入狱。这位因敲诈勒索罪入狱的民间发明人，至今仍认为卢恩光模仿了他的专利。董玉杰服刑期间写就的申诉状，叙述了他入狱的经过。申诉状称，他在1994年获得“双壁式口杯”专利授权后，因无厂家与他联系生产，认为自己的专利与市场不对路，遂停止交年费，专利在1997年4月失效。专利失效后，董玉杰得知方舟集团在他的专利有效期内已开始生产双层口杯，遂到方舟集团找相关领导，希望得到一些专利使用费。2000年5月，董玉杰找到方舟集团，表示要发表声明，认定卢恩光的专利无效。方舟集团相关负责人问董玉杰想要多少钱。随后，经与方舟集团商量，董玉杰和同伴写下拿到四百万元后不做伤害方舟之事的保证书。之后，方舟集团相关负责人以先给20万元为由，领着董玉杰去取钱，并开车将其送到邮局汇款。未料，董玉杰刚走进邮局大门，即被刑警队抓捕。该案随后经由阳谷县法院一审，判处董玉杰有期徒刑七年。董玉杰不服判决上诉，聊城中院二审改判有期徒刑四年。

销售“乐凯”牌口杯时被警方拘留，同年10月5日被依法逮捕，后移送山东省阳谷县人民检察院提起公诉。为逃避法律制裁，周小波于2000年5月向国家专利局申请宣告“双层艺术玻璃容器”实用新型专利无效。国家专利局对周小波的申请报告审查后，做出了维持卢恩光专利有效的决定。2000年5月23日，阳谷县人民法院经审理认为，被告人周小波假冒专利罪成立，对其判处其有期徒刑2年，并处罚金5万元。同时，判决周小波赔偿附带民事诉讼原告山东阳谷县玻璃工艺制品厂经济损失7．6万元。宣判后，周小波不服，提起上诉。聊城市中级法院经过审理，认为一审判决认定事实清楚，证据充分，定罪准确，量刑、赔偿数额适当，审判程序合法，故依法裁定维持原判。这是我国1997年新《刑法》颁布以来判决的全国首例假冒专利罪案。

“两高”2004年发布的《关于办理侵犯知识产权刑事案件具体应用法律若干问题的解释（一）》第10条将“假冒他人专利”的行为明确为四类，这也与2001年修订的《专利法实施细则》第82条一一对应，之前二者的不一致一直饱受诟病。如此，非法使用他人专利的行为不属于犯罪，这体现了罪刑法定原则，也体现了宽严相济当中的从“宽”。实际上，在学术界和实务界仍有很多人坚持将“假冒他人专利”行为理解为“未经专利权人许可，实施其专利且情节严重的行为”①。司法解释的限制性解释，充分体现了刑法的谦抑性。

（三）区分对待的原因分析

对不同的侵犯知识产权犯罪类型进行区别对待，是宽严相济刑事政策的要义。

首先，侵犯知识产权犯罪圈的划定，都“与定义主体的价值追求密切相关”②。任何人的行为，都是由其“具有涉他性才会引发法律的规范或控制”③，具体到侵犯知识产权的犯罪行为，其“涉他性”往往兼具损他性与利他性：行为人侵权的直接后果是侵害权利人的权益，但同时也让公众获取通过普通途径无法获取的知识产品。如前所述，个体权利保护与增进社会公益之间的平衡，其本身就是刑事立法和司法的难题。具体的侵犯知识

① 蒋言斌著：《知识产权制度反思与法律调适》，知识产权出版社2007年版，第185页。
② 白建军：《关系犯罪学》，中国人民大学出版社2004年版，第303－321页。
③ 张恒山：《法理要论》，北京大学出版社2002年版，第2页。

产权犯罪行为，其“损他”性和“利他”性程度不一。也就是说，具体的侵犯知识产权犯罪行为在增进社会公益和保护个体权利之间的增加和损耗各不相同。所以，对不同犯罪行为的规制也应区别对待。

其次，从严打击侵犯商标权和侵犯著作权犯罪，是立足我国国情履行国际公约义务的现实需要。TRIPS 协定第 61 条就成员国打击侵犯知识产权犯罪规定两项义务：最低义务，即对“蓄意的具有商业规模的假冒商标或盗版案件”予以刑罚处罚；任意性义务，即对“其他知识产权侵权案件”特别是“蓄意的具有商业规模的侵犯知识产权的案件”予以刑罚处罚。① 就司法实践来看，侵犯商标权犯罪和侵犯著作权犯罪这两种犯罪出现频率最高，社会危害性较大，并呈日益猖獗之势，不但妨害社会经济秩序，影响政府税收，还会给公众健康造成侵害和威胁。

最后，对于侵犯专利权犯罪，有必要从实际出发慎刑慎罚。侵犯专利权的犯罪，实际情形极为复杂，贸然扩大侵犯专利权犯罪的犯罪圈，于刑事法律制度不利，也不符合我国国情。在国际经济贸易中，专利权开始成为主要贸易壁垒，我国企业在国际贸易中因专利问题遭受审查乃至处罚的情况比较常见。如果我们对侵犯专利行为实施严刑峻法，超出 TRIPS 协定第 61 条的最低刑事保护义务，那就是自讨苦吃。此外，专利效力的不确定性②与刑事法律的稳定性与权威性不能平衡地架构。以我国台湾地区为例，从 2003 年 1 月开始，侵犯专利权案件完全回归民事程序解决，刑事检察官不再受理侵犯专利权案件③，这意味着台湾地区的侵犯专利权经历了“从犯罪化到非犯罪化的全过程”④。2007 年 4 月 25 日，欧洲议会通过的《欧洲议会和欧盟理事会关于旨在确保执行知识产权的刑事措施指令（草案）》，对之前的建议稿做了部分修改，最重要的内容就是将之前的专利权排除在指令的刑事保护之外。一直以来，欧盟国家无论是政府层面还是学术界、产业界，都强烈要求阻止侵犯专利权行为的犯罪化，主张将犯罪限制在故

---

① 贺志军：《TRIPS 协议与侵犯知识产权犯罪研究》，载于马长生主编：《国际公约与刑法若干问题研究》，北京大学出版社 2004 年版，第 208 页。

② 参见韩俊杰：《专利技术十几年后突然被宣布失效，谁在拿国家专利金奖开玩笑》，《中国青年报》2007 年 6 月 6 日。据报道，一项由国家知识产权局授予最高荣誉“中国专利金奖”的专利，其核心技术已经被保护了十余年，可恰恰在专利权人因某项侵权案件即将获得 2980 万元巨额赔偿的时候，国家知识产权局专利复审委员会却认定该专利全部无效。

③ 郑中人：《智慧财产权法导读》（增订三版），台湾五南图书出版公司 2003 年版，第 62 页。

④ 郑成思：《知识产权法：新世纪初的若干研究重点》，法律出版社 2003 年版，第 46 页。

意的假冒和盗版行为。

四、加强知识产权刑事司法协作

知识产权刑事司法的要点在于执法必严、违法必究。除了公安机关建立健全案件发现机制、依法加大侦破侵犯知识产权犯罪的力度、检察机关依法提起公诉和不轻易适用酌量不起诉制度、法院依法适用登记立案制积极受理知识产权刑事自诉案件外，应当加强知识产权刑事司法协作，进一步提高知识产权违法犯罪的发现比例。

1. 要完善行政执法机构和刑事司法机构之间的案件移送机制

在知识产权保护实践中，我国形成了行政保护和刑事保护“两条腿走路”的保护模式。对于一般侵犯知识产权行为，未达到刑事处罚标准的，可依照行政法规予以处罚；对社会危害性严重，侵权数额或给被害人造成损失数额达到法律规定的追诉标准的，才能够予以刑事处罚。综观当今世界各国，知识产权行政执法是我国的独有做法，行政机关向刑事司法机关已送侵犯知识产权案件现象也只存在于我国知识产权的刑事保护中。行政执法有着独特的优势，比如执法成本较低、执法效率较高，但也存在着弊端，主要是对于“高回报”的侵犯知识产权行为威慑力不足。从我国实践看，知识产权案件“行政处理较多、刑事处理较少”的现象比较明显，这造成了一个尴尬局面，那就是知识产权刑事案件办理与刑事立法规范不成比例。

为解决这一问题，明确行政执法机关对查获的涉嫌构成犯罪的行政违反案件向司法机关移送，2001 年国务院发布《行政执法机关移送涉嫌犯罪案件的规定》，该《规定》第三条明确指出：“行政执法机关在依法查处违法行为过程中，发现违法事实涉及的金额、违法事实的情节、违法事实造成的后果等，根据刑法关于破坏社会主义市场经济秩序罪、妨害社会管理秩序罪等罪的规定和最高人民法院、最高人民检察院关于破坏社会主义市场经济秩序罪、妨害社会管理秩序罪等罪的司法解释以及最高人民检察院、公安部关于经济犯罪案件的追诉标准等规定，涉嫌构成犯罪，依法需要追究刑事责任的，必须依照本规定向公安机关移送。”2004 年，最高检与全国整顿和规范市场经济秩序领导小组办公室、公安部联合下发《关于加强行政执法机关与公安机关、人民检察院工作联系的意见》，序言中指出：“国务院制定的《行政执法机关移送涉嫌犯罪案件的规定》和最高人民检察院制定的《人民检察院办理行政执法机关移送涉嫌犯罪案件的规定》颁布后，行政执法机关与公安机关、人民检察院积极配合，推动了向司法机关移送涉嫌犯罪案件的工作，增强了打击破坏社会主义市场经济秩序犯罪的合力，并在实践中取得了明显的成效。但是，目前行政执法与刑事执法相衔接的工作机制还不够完善，工作中还存在信息沟通不畅、案件移送不及时、协作配合不规范等问题，影响了对破坏社会主义市场经济秩序犯罪的打击力度和效果。近年来，破坏社会主义市场经济秩序的违法犯罪案件不断增多，行政执法机关查处的案件也逐年增长，但移送司法机关追究刑事责任的案件较少，移送后最终追究刑事责任的案件也较少。为了解决工作中存在的问题，建立起行政执法机关与公安机关、人民检察院相互配合的长效工作机制，根据国务院和最高人民检察院上述两个规定的精神，现就加强行政执法机关与公安机关、人民检察院的工作联系提出如下意见。”2005 年，最高检与全国整顿和规范市场经济秩序领导小组办公室、公安部、监察部联合发布《关于在行政执法中及时移送涉嫌犯罪案件的意见》，序言中指出：“为了完善行政执法与刑事司法相衔接工作机制，加大对破坏社会主义市场经济秩序犯罪、妨害社会管理秩序犯罪以及其他犯罪的打击力度，根据《中华人民共和国刑事诉讼法》、国务院《行政执法机关移送涉嫌犯罪案件的规定》等有关规定，现就在行政执法中及时移送涉嫌犯罪案件提出如下意见。”

由此可见，相关部门也早就认识到行政处罚与刑事处罚的衔接问题，不断出台各种举措，并在一定范围内产生积极作用，但侵犯知识产权犯罪案件的行政处罚与刑事处罚不平衡状况依然是一个比较突出的现实性问题。造成这一局面的原因主要有以下几个方面：地方保护、利益部门保护影响；定罪标准比较模糊；司法鉴定工作混乱、滞后；行政执法与刑事司法衔接工作的相关部门信息沟通不畅。那么，首先必然要求在工行政执法机构和公安机关、监察机关之间建立起更加稳定、高效的常规性合作机制。如公安机关在工商行政管理等行政执法部门派驻联络员、建立公安机关和行政执法机构案件查处信息联网等信息通报机制，召开联席会议机制、信息通报机制解决证据收集、数额计算等有争议问题。① 其次要发挥法律监督职

① 刘科：《〈与贸易有关的知识产权协定〉刑事措施义务研究》，中国人民公安大学出版社 2011 年版，第 327－329 页。

能，并且是相互监督、交叉监督：对于达到刑事追诉标准需要追究刑事责任的侵犯知识产权犯罪案件，行政执法机关必须将行政处罚书抄送同级检察机关，将案件移送同级公安机关。行政机关在处理情况复杂、可能涉及犯罪的重大案件时，应邀请公安机关提前介入。行政执法机关对公安机关不予立案决定有异议的，可提请复议，也可以建议检察机关进行立案监督。明确检察机关的全程监督权能，对应当移送不移送、应当立案不立案的，或者干预、阻挠追究刑事责任的，检察机关可提出处理建议直至追究相关机构、人员刑事责任。最后，对于长期困扰司法实务的司法鉴定问题、证据认定问题，应在实证研究的基础上出台细致性司法解释和指导性意见。

2. 要完善法院民事审判机构依法移送知识产权刑事案件机制

知识产权民事审判庭等法院民事审判机构发现知识产权违法犯罪线索，要依照最高人民法院《关于在审理经济纠纷案件中涉及经济犯罪嫌疑若干问题的规定》的规定和知识产权案件公诉与自诉相结合的管辖体制的要求，将案件移送公安机关处理或者在首先征询被害人的是否自诉的意见后移送公安机关处理。但是经过实证研究，我们发现实践中几乎没有将审理中的知识产权民事侵权案件作为刑事案件移送的情况，因此本书对此不做详细讨论。

3. 要加强我国侵犯知识产权案件的区际、国际刑事司法协助

区际司法协助是指同一主权国家内部不同法域的职能机关之间在司法领域的协作和互助及一法域的职能机关应其他法域职能机关的请求，代为进行某些司法行为，如送达文书、调查取证及承认和执行法院判决等，在刑事领域还包括移交逃犯和被判刑人移管等内容。① 我国区际刑事司法协助的合作关系建立在“一国两制”的基础上，是一种有独立特性的区际合作关系。由于香港、澳门两个特别行政区保留了原有的法律体系和司法系统，享有独立司法权，所以基于法律制度上的差异和冲突，我国内地与特别行政区之间在处理跨境侵犯知识产权犯罪案件时必然会出现刑事司法协助需求。另外，台湾省的情况更为特殊，大陆与台湾之间也存在着区际刑事司法协助问题。近年来，我国内地与港澳台地区的刑事司法协助已经取得了一些成功案例，积累了一定的实践经验。国际刑事司法协助和其他复合法

① 吕岩峰、李海滢：《中国区际刑事司法协助初探》，吉林人民出版社 2007 年版，第 18 页。

域国家的经验也为我们提供了借鉴与参考，这都有助于我们在打击侵犯知识产权犯罪案件上加强区际刑事司法协助。根据主权、民族感情基础和法律基础，我国侵犯知识产权犯罪案件刑事司法协助模式以签订区际协议为最佳，该模式认为中国的区际刑事司法协助应当由各个法域之间相互签订区际司法协助协议的模式来进行。① 该模式严格遵从基本法的规定，而且港澳回归后，因为文化、法律意识、法律规定的差别，通过平等协商将比较成熟的区际刑事司法协助问题在区际取得一致性意见后，再以区际司法协议的形式来规范我国区际刑事司法协助的开展是比较妥当的。区际侵犯知识产权刑事司法协助的主要内容有：犯罪情报交流；缉捕犯罪嫌疑人；文书的送达和调查取证；遣（移）送犯罪嫌疑人；② 刑事案件诉讼管辖移交；已决犯的移交；赃款赃物的追缴和移交。③

对于国际刑事司法协助，我们需要积极探索与国外相应执法机构建立一种长期、全面、便捷、高效和切实可行的合作机制，建立类似机制的重要方式就是要签订双边或多边司法协助协定，将司法协助的具体形式与要求明确化。截止到2007年，我国已与57个国家缔结了90多项保护司法合作内容的多边条约（协定），其中涉及刑事司法协助的条约40项，引渡条约31项，移管被判刑人条约5项。④ 通过这些条约，司法协助的范围从传统的送达司法文书、听取当事人、嫌疑人陈述、询问证人等司法协助形式扩展到刑事诉讼的转移管辖这类新形式的司法协助。再如通过签订双边或多边司法协助协议来解决制约涉外侵犯知识产权犯罪案件办理的障碍。以涉外取证为例，根据司法主权原则和刑事案件管辖权的规定，未经一国允许，别国司法人员不得在该国领域内从事相关职务活动。在各国有关刑侦

---

① 黄进、黄风主编：《区及司法协助研究》，中国政法大学出版社1993年版，第51页。

② 2019年2月15日，为弥补现有法律的漏洞，香港特区政府保安局于向立法会提交建议，修订《逃犯条例》及《刑事事宜相互法律协助条例》。然而，此次修法不但在香港社会掀起轩然大波、引发反对派的密集炒作和攻击抹黑，“台独”势力也积极参与其中、遥相呼应，美国、欧盟等在港外交机构更以多种形式予以“关注”、进行干涉。原本是简单的法律问题，就此演变成了一场激烈的政治斗争“大剧”。3月15日，香港反对派组织“香港众志”多人强闯特区政府总部，声称要政府撤回《逃犯条例》，并与维持秩序的保安产生冲突，致使1名女保安受伤。警方接警后以“强行进入罪”拘捕9名示威者。这一事件表明，修改《逃犯条例》很可能将面临着暴力阻挠的现实危险，即便一国之内的区际刑事司法协助也是任重道远的。

③ 赵秉志：《外向型刑法问题研究》（上卷），中国法制出版社1997年版，第644-648页。

④ 黄风：《国际刑事司法合作的规则与实践》，北京大学出版社2008年版，第1页。

司法协助的条约中，大多不会规定别国司法人员到本国调查取证和行使刑侦权等。这就使得不少案件因无法取证或取证成本太高而无法得到妥善处理。如果本着平等互利原则，两国或多国之间达成专门协议，使一国在别国允许前提下到别国境内进行侦查、调查取证或与别国合作侦查，无疑对客服境外取证难这一涉外侵犯知识产权犯罪案件办理中的障碍大有裨益。①

第三节　积极寻求社会补充政策

德国著名刑法学家、刑事社会学派创始人李斯特有一句名言，“最好的社会政策是最好的刑事政策”。李斯特的这种见解与他的学术思想有关，这都源于他的“整体刑法学”理念，这种观点对我们的“刑事一体化”具有启发作用。就知识产权保护的刑事政策而言，由于知识产权这种新型财产权利的独特属性（兼具私权、人权和政策工具属性），所以这类刑事政策变革的重点就在于寻求社会补充政策。这样的补充措施或者说补充制度，是为了弥补整个知识产权法律制度的不足，以此形成保护知识产权的制度体系。更有甚者，打击侵犯知识产权犯罪，除了设计严密的法网和合理的刑罚之外，良好的社会补充政策可以起到“治本”的作用，根除侵犯知识产权犯罪的土壤。正如有的学者所言，加强对盗版软件犯罪的根本之策不在于研究如何“降低刑事门槛”，而是应当研究“如何在降低正品价格的情况下加大对盗版的刑事打击力度”②。

一、公共领域保留

知识产品的公共领域是与知识产品的专有领域并存的概念，公共领域是典型的“知识共有物”，是需要保留给公众的区间。早在 1623 年英国的《垄断法》（Statute of Monopolies）和世界上第一部版权法——1709 年的《安娜女王法令》（Statute of Anne）中，这一制度便适用于知识产权法律制度。两部法令具有内容相似的规定，即一旦著作权或专利权保护期限届满，原本受到法律保护的相关知识产权便进入公共领域，成为公众共享资源。

① 雷山漫：《中国知识产权刑法保护》，法律出版社 2014 年版，第 181 页。

② 贺小勇：《中美知识产权“刑事门槛”争端的法律问题》，《现代法学》2008 年第 2 期。

1787 年，美国联邦宪法单独为知识产权出台了三项基本政策，即著名的"3P"：推广知识传播政策（the promotion of learning）、公共领域保留政策（the preservation of public domain）和保护创造者权利政策（the preservation of the author），将知识产权限制在一定期间和范围之内。① 公共领域保留是区分知识产权领域个人利益与社会公共利益的"分水岭"。笔者认为，知识产权权利属性之一确为私权，但从工具理性与价值理性的关系看，知识产权法律的最终目的不是为了保护知识产权本身或者说知识产权权利人的利益，它是通过工具性的保护去实现"社会公共利益"这个终极价值目标。因此，知识产权立法的天然基础就是个人利益与公共利益的价值二元，这也是公共领域保留制度存在的理论基础。在我国，公共领域保留制度同样存在，体现在以下几个方面：保护期限已满的知识产品；缺乏实质要件的知识产品；人类共有知识，如"思想"、科学等理论知识。但是，我们也应该看到，社会发展至今，无论国内外都存在着私人财产性权利扩张的趋势，这样势必导致个人权利与社会公益的摩擦。所以有学者指出，"知识产权成为一种将循环使用的公共信息变成私有垄断信息的工具"②。这就是制度化风险的具体体现，"对受保护领域的强调导致对公共领域的忽视"③。要想解决这一问题，防范决策带来的风险，就应当好好利用公共领域保留制度，使其成为限制私权过度扩张并兼顾公共利益的"利器"之一。具体而言，公共领域保留的基本途径是限制知识产权的权利。权利限制会根据具体的知识产权权利类型而有不同表现，如"基于知识产品流通的限制、基于知识产品使用的限制、基于先用权的限制和基于公有素材的限制等"④。

二、开放存取与知识共享许可

知识产权制度本身存在一个两难的命题，那就是权利专有与公共利益的冲突。知识的过度产权经济化，就好像过度掠夺自然资源，经济资源越

① L. Ray Patterson, Stanley W. Lindbery, The Nature of Copyright: A Law of Users' Right, the University of Georgia Press, 1991, pp. 49 – 55.

② ［澳］彼得·达沃豪斯、约翰·布雷思韦特：《信息封建主义》，刘雪涛译，知识产权出版社 2005 年版，第 192 页。

③ 冯晓青：《著作权法中的公共领域理论》，《湘潭大学学报》（哲学社会科学版）2006 年第 1 期。

④ 吴汉东、胡开忠：《无形财产权制度研究》，法律出版社 2005 年版，第 112 – 122 页。

来越集中在少数权利人手中，给社会公共领域所留份额已经非常有限。所以，“必须对知识不断集中化、私有化的趋势进行遏制，通过知识共享来维持知识生态系统的良性循环”①。为了争取社会公共领域的知识资源，“亚政治”运动②应运而生并蓬勃发展，“开放存取与知识共享”便是其最典型的代表。开放存取的初衷是国际文化界、出版界等行业为了推动人类科学文化知识的正常传播而提倡的主张。根据2001年的“布达佩斯开放存取协议”，“‘开放存取’，是指人们可以在全球网络范围这个公共领域里免费使用特定的文献资料，包括下载、复制、传播等”③。但是，这样的使用一般会被作者限定用途（教学、科研等），因为开放存取的初衷是为了推动科学文化知识的传播。通过对开放存取的了解，我们可以发现它有着完全不同于传统知识产权制度的一面，这里强调更多的是社会公众对人类智慧的共享。“知识共享许可”，是2001年由“知识共享组织”创制的一种著作权许可方式，反著作权是其思想基础。这种许可最初以开源软件许可证的方式出现，并且迅速地由权健行业扩展到其他文化行业。在知识共享模式下，著作权权利人可以选定某种具体方式让人们免费使用其作品，所以使用者必须在权利人限定的方式内使用其作品，遵循这些限制性条件。④ 因此，开放存取运动与知识共享许可是对传统知识产权制度的革新，“它为作品的自由、广泛传播以及作品的再创作提供了一个崭新的机制”⑤。

---

① Henry C. Mitchell, The Intellectual Commons: Toward an Ecology of Intellectual Property, Maryland Lexington Books, 2005, pp. 67 – 173.

② 在贝克风险社会理论中，以“社会理性拥护者”为基础的全球“亚政治”，是指“外在于并超越国家——政府政治体制的代表性制度的政治”，是应对风险社会的“知识行动”（笔者更愿称其为“高知行动”）。转引自吴汉东：《知识产权的制度风险与法律控制》，《法学研究》2012年第4期。

③ 刘海霞等：《开放存取研究进度述评》，《图书与情报》2006年第1期。

④ 2014年1月9日，中国工程院院士、中南大学校长张尧学及其团队以“网络计算的模式及基础理论研究项目”获得空缺多年的国家自然科学一等奖。而2月2日，网名为KraneSun的IT工程师在知名开源代码软件（由散布在全世界的编程者队伍所开发，其源码可以被公众使用的软件）平台Github发帖质疑张尧学及其团队的“远程桌面项目”涉嫌抄袭国外IT工程师上传的开源代码软件。张尧学此前在接受媒体采访时公布了“透明计算”成果演示视频。视频中，第四、第五部分均注明“透明计算知识产权归中南大学、清华大学透明计算实验室所有”。正是这份视频被指“涉嫌抄袭开源代码软件”。众所周知，所有的软件都用源码编写，并通过编译最终生成系统或应用。开放源码软件就是保证所有人可以得到这些代码，这意味着没有任何个人或者群体可以完全独占它。开放源码意味着自由选择的权利，而自由选择意味着激发更多创新的能量。对于开源代码，任何人都可使用，但不能注明是自己的知识产权。

⑤ 杨红军：《版权许可制度论》，中南财经政法大学2007年博士论文。

三、知识创新奖励

专利制度的弊端越来越多地呈现在世人面前，如滥用专利诉讼等。面对这样的局面，出于良好利用专利这一饱含人类智慧之物的需要，在现有的专利法律制度框架之外，需要考虑其他的辅助机制作为专利法的补充。知识创新奖励制度被提出以后，发展到现今的两种选择类型：其一，专利奖赏制度。在这种制度下，专利人创造出专利产品以后，“由国家给予物质奖励，专利收归国家所有，进入公有领域”①。该制度主要适用于与社会生活具有紧密联系的重大科学技术领域，例如，与公众健康密切相关的生物制药行业。其二，专利奖励制度。在专利奖励制度下，国家对专利发明人给予物质奖励与精神奖励②，专利权名誉上属于国家，但对公众开放使用。相对于专利奖赏制度，这其实就是一种非市场机制的奖励制度。

知识产权法律制度，需要在保护私人权利和公共利益之间找到平衡，这是其担负的时代使命。知识产品本身就是人类的智慧展现，我们有责任构建更好的制度，去让这种智慧之光更加耀眼。

① 刘友华：《专利制度的未来模式：替代、革新抑或全球化》，《华南师范大学学报》（社会科学版）2011 年第 4 期。

② 知识创新制度不仅仅是关注知识产权的经济利益，更体现对创造者的人文关怀。这也正好弥补了功利论的缺陷。

第四章
我国知识产权刑法立法模式的调整

第一节　域外知识产权刑法立法模式

一、“强”保护的立法模式

（一）美国的立法模式

美国自1790年批准第1项联邦版权法以来，知识产权保护工作主要由权利人通过民事救济程序来解决，刑法立法从1897年才开始，1982年由轻罪变为重罪。

对于侵犯商标权的行为，美国只有假冒商标罪一项罪名，对其刑事制裁始于1984年的《商标假冒条例》①，1994年为加重处罚修订了该法案，1996年克林顿总统签署《反假冒消费者保护法》，将假冒商标和服务的非法贸易作为RICO（《诈骗和腐败组织法案》）类型犯罪，从而使其处罚更加严厉。对于个人假冒商标的，应处5年监禁或者25万美元罚金或者两者并处；如果不是个人，应处100万美元的罚金。②

美国的专利法是根据《美国宪法》第1章第8节第8点有关“国会有权制定和保护发明”的法律部分的有关精神制定的。1836年制订了俗称的“1836年专利法”，经过1870年和1952年的修改，收录到《美国法典》第

① 美国现行的《商标法》（又称《兰哈姆法》）并无侵犯商标权犯罪的规定。

② 赵秉志主编：《侵犯知识产权犯罪研究》，中国方正出版社1999年版，第7页。

35 章，“里面有两个侵犯专利权的罪名，即虚假专利标记罪和伪造专利特许证罪”。①

美国联邦法律对于商业秘密并无一般性的刑事禁止规定，由各州司法机关负责。1996 年，美国国会颁布《经济间谍法》（EEA），第一次在联邦层面明确侵犯商业秘密的犯罪，并设定经济间谍罪、侵夺商业秘密罪。两罪犯罪目的不一（经济间谍罪为了外国利益，侵夺商业秘密罪是为商业秘密所有权人以外人的利益）；犯罪行为表现形式一致；处罚力度有别，体现了美国对于本国商业秘密保护的重视。

美国是当今世界科技、文化大国，在自身地位巩固以后，为保持其霸主地位，制定了周密的知识产权法律制度，其“特别重视版权产业”②。1897 年，美国就享有著作权的戏剧和音乐作品实施刑事保护；1909 年，保护对象扩大至所有著作权作品；1976 年，全面修正 1909《版权法》并将其归入《美国法典》第 17 编，侵犯版权行为的刑罚依据为《美国法典》第 18 编第 2318 条；1982 年，根据 97 - 180 号公法，对《美国法典》第 2318 条进行修改，并新增加第 2319 条。至此，美国关于侵犯著作权犯罪的刑事责任集中规定在《美国法典》第 2318 条和第 2319 条。近几十年来，美国对著作权刑法保护的规定经历了重大变化，整体趋势是力度不断加强。

进入 21 世纪以来，美国的知识产权刑事法律不断发展。2008 年生效的《2008 优化知识产权资源与组织法案》（the Prioritizing Resources and Organization for Intellectual Property Act of 2008），是美国知识产权刑事法律的最新发展。该法在多个方面修改了此前的相关规定，实现政府在知识产权保护观念上由“民法中心”到“刑法中心”的转变。③ 从立法模式上看，美国知识产权刑事法律的发展是从单一型向结合型综合立法模式转变，其保护范围也不断扩大。刑罚设置方面最初倚重自由刑，后来监禁刑与罚金刑并重，再发展到现在的以罚金刑为主，总体趋势是不断加重。

（二）德国的立法模式

德国的商标权保护较为全面周到，非法使用他人注册商标等三类行为

---

① 赵秉志、田宏杰：《侵犯知识产权犯罪比较研究》，法律出版社 2004 年版，第 146 页。

② 聂洪勇：《知识产权的刑法保护》，方正出版社 2000 年版，第 12 页。

③ 赵赤：《知识产权刑事法保护专论》，中国检察出版社 2011 年版，第 109 页。

都被规定为犯罪。① 德国《商标法》制定于1968年，后经历1979、1987和1990年多次修改，直到1994年被《标记法》所替代，有关商标和识别性标记权的刑法保护集中规定在该法第143节、第143a节和第144节。根据第143节的规定，非法的、以营利为目的的使用商标的行为是侵权行为；在不同的侵犯商标权的行为下，具体侵权行为应参考民事法律的相关规定。值得注意的是，该法第145条还规定了违反标记管理秩序的犯罪，罪过形式包括故意和过失。

我国的"发明专利"在德国对应的是"专利"一词，至于实用新型、外观设计则是通过《实用新型法》和《外观设计作品法》予以保护。依据德国《专利法》第49条的规定②，侵犯专利权罪的行为指的就是非法使用他人专利的行为，而不包括假冒他人专利的行为，更不用说冒充专利以及使用虚假手段获得专利等行为。德国《实用新型法》第25节规定："对于注册的实用新型有意和非法的使用将会受到法律制裁。"和侵犯专利犯罪的刑事责任不同，德国刑事法院的法官有一项重要职责，那就是必须认定侵权过程中这种实用新型是否存在。此外，德国《半导体保护法》第10节有关于侵犯集成电路的犯罪，刑罚措施为自由刑。

对于商业秘密的保护，《德国民法典》、《反不正当竞争法》和《德国刑法典》构成严密法律体系，刑法保护规定在后二者里。《德国刑法典》第202a条规定探知数据罪；第203条规定了侵害他人秘密罪；第204条规定了使用他人秘密罪；第206条规定侵害邮政、电信秘密罪。《反不正当竞争法》第17、18、20条规定泄露业务或者营业秘密罪、使用样品罪和引诱和自愿泄露罪。为国外刺探本国商业秘密的行为，同样依《反不正当竞争》第17条处理。且处罚力度较大，体现德国对本国商业秘密的重点保护态度。尤其值得注意的是，《德国刑法典》第203条规定的侵害他人秘密罪的犯罪主体是特定的，是指那些因业务或职务而接触并知悉商业秘密的人。③

德国关于侵犯著作权犯罪的规定，主要在1965年的《著作权法》和1990年的《反盗版法》中，后者将前者规定的最长刑期由1年提高为3年，

---

① 其他两类行为是非法使用他人的姓名或者商号；非法使用商品的外部标志。参见刘科：《中国知识产权刑法保护国际化研究》，中国人民公安大学出版社2009年版，第43页。

② 德国《专利法》第49条规定："凡在法定许可的情况之外，任何人，如果没有经过专利权人的许可而使用其专利者，即构成非法使用他人专利罪。"

③ 此时对保密义务的违反即是对特定甚至是法定义务的违反，属于刑事法律调整的范围。

保护范围和惩罚力度大为加强。对于著作权的刑法保护，德国的《著作权法》共规定了4个罪名，分别是第106条的不法使用罪、第107条规定的不经许可显示著作人名称罪①、第108条的对有关权利的不法侵害罪和第109条的不法营业使用罪。在德国，任何对著作权法保护的作品的不法使用都有可能构成犯罪，并且已经用刑法保护著作人身权。② 总体而言，德国对于著作权的刑法保护规格较高。

《植物多样性保护法》第39节规定，行为人有下列行为之一——制造受保护植物的衍生产品，或是受保护植物的部分或全部、或是以制造衍生产品为目的，销售、进口、出口、储存相关材料，应负法律责任。

《设计注册法》第51节规定，故意侵犯设计将会受到法律制裁。第40章和第41节有排除刑事责任的特别规定。

需要指出的是，德国的上述法律都是基于1990年4月7日通过的《加强知识产权保护和打击盗版的法令》构建的。其初衷是先动用民法保护知识产权，其次才考虑刑法的使用。

（三）日本的立法模式

日本保护知识产权的法律制度主要是二战之后建立起来的。

日本对商标权的刑法保护体现在《商标法》中，第36条、第37条和第38条对侵犯商标权的行为作出了具体规定，指明上述行为可能因其侵权行为承担刑事责任；第78条规定，侵犯商标权以及专用使用权者，处5年以下有期徒刑及50万日元以下罚金。对于具体的犯罪行为，《商标法》共规定了四种侵犯商标权的犯罪：侵害之罪；诈骗行为罪；假冒罪；伪证罪。

对于“发明”的刑法保护，见于《专利法》，该法是1952年公布、1999年最后修订、2001年实施的。根据《专利法》第2条规定，发明是指利用自然规律所进行的具有一定难度的技术性创造。《专利法》第十一章“罚则”中专门规定了如下几种犯罪：侵害罪、欺诈行为罪、虚假表示罪、伪证罪和泄密罪。与《专利法》一样，日本的《实用新型法》《外观设计法》也都是1999年最后修订、2001年实施的。《实用新型法》保护的“实用新型”是“与物品的形状、构造或者物品结合相关的设计”，这种“设

① 这也是唯一以刑法威慑侵犯著作人身权的刑法条款。

② 刘宪权、吴允锋：《侵犯知识产权犯罪理论与实务》，北京大学出版社2007年版，第75页。

计”是指“利用自然法则进行的技术思想的创作”。《外观设计法》保护的“外观设计”是指“由物品（含物品的构造部分）的形状、图案、色彩或其结合构成的，能够引起视觉上美感的设计”。对于二者的刑法保护，与专利的刑法保护一样，也分别规定侵害罪、欺诈行为罪、虚假表示罪、伪证罪和泄密罪。

1970年，日本制定了《著作权法》，之后数次修订，最新版本是1994年修订的。该法第119条至第124条规定了6种侵犯著作权的犯罪。此外，日本《著作权法》还规定，雇员侵犯著作权犯罪的，行为人本人、作为雇主的个人或法人均要处以罚金。

对于商业秘密、商号、货源标记和原产地名等，日本也给予刑法保护，这体现在1990年颁布、1993年修订的《反不正当竞争法》中。该法第13条规定以其他不正当手段获取商业秘密等6种侵犯商业秘密的犯罪，并规定自由刑与罚金刑。

（四）法国的立法模式

法国有重视知识产权保护的传统，有统一的知识产权法典，在刑法典中也规定部分侵犯知识产权犯罪，对知识产权予以全面刑法保护，并颁布一系列单行法令对现有法律进行完善。

在全球范围内，法国首先建立商标注册制。在法国，与商标有关的罪名有3个，分别见于《法国刑法典》第422条、第423条和《知识产权法》第L.716－9～L.716－11条：假冒他人商业标记、注册商标罪；非法持有、买卖、提供他人标记、注册商标的商品及服务罪；违章使用证明商标、工会商标罪。其中，《法国刑法典》第422条、第422－2条对三大类侵犯商标权犯罪行为进行梯度式区分。对于上述犯罪的累犯者，从重加倍处罚。

依照法国《知识产权法典》的规定，法国所称的“专利”是指具有创造性和工业实用性的新发明。侵犯专利的罪名主要有：专利申报欺诈罪；侵害专利权罪；申请期间泄露专利秘密罪，这些犯罪依据《发明专利法》第60条、61条的规定处罚。《法国知识产权法典》第6卷第1编第5章第2节则专门规定了侵犯专利权犯罪的刑事责任。对于外观设计的保护，《法国知识产权法》第L.521－4单独规定侵害外观设计罪。与对侵犯商标权的犯罪所施以的刑罚相似，法国对于侵害专利权的犯罪也特别热衷资格刑的适用。与我国的做法类似，法国规定“只有冒充他人专利的行为才构成侵犯专利权犯罪（假冒专利罪）”①。

对于商业秘密的保护，法国主要通过民事诉讼的途径进行。法国1810年刑法典第418条曾规定侵犯商业秘密罪，1992年的《法国知识产权法典》吸收了这一规定，因此1994年的刑法典不再对此予以规定。对于商业秘密的刑法保护，主要体现在《法国刑法典》第418条规定的一个罪名，即泄漏工厂秘密罪，内容包括向在法国居住之法国人泄露秘密、向外国人或在外国居住之法国人泄露本国商业秘密。

法国对于著作权的保护采取传统方式，即将著作权和邻接权统一规定为文学艺术产权。相关内容集中规定在法国《知识产权法典》第3卷“关于著作权、邻接权及数据库制作者的通则”第3编第5章的第335条。2004年，法国修改著作权刑法的相关规定，加重刑事处罚力度。《法国刑法典》对于犯罪设置三类阶梯：由警察法院审理的轻微犯罪；由大区法院轻罪法庭审理的轻罪，即刑期为6个月以上10年以下或判处3750欧元以上罚金的犯罪；由大区法院重罪法庭审理的重罪，即刑期在10年以上的严重犯罪。《知识产权法》第335条第1项规定，对侵犯著作权及邻接权的犯罪由司法警察进行查处，所以，这类犯罪属于轻罪范围。但是，法国在侵犯著作权的犯罪司法实践中，举证责任由被告负担。行为人一旦进行侵权行为，首先推定为明知，除非举出不知情证据。

另外，《法国知识产权法》对植物新品种的刑法保护也进行相应规定，有两个相关罪名：侵犯植物新品种所有人权利罪；冒充植物新品种证书所有人罪。

二、“弱”保护的立法模式

（一）欧盟的立法模式

欧盟②关于知识产权刑法立法的进程和内容，具体体现在下表：

---

① 刘科：《中国知识产权刑法保护国际化研究》，中国人民公安大学出版社2009年版，第49页。

② 欧盟（EU）是欧洲联盟（European Union）的简称，由欧洲共同体发展而来。1991年2月，当时的欧洲共同体在荷兰的马斯特里赫特首脑会议通过《欧洲联盟条约》，1993年11月，该条约生效，宣告欧盟的诞生。

表 4－1　欧盟的知识产权刑法立法进程

1998 年 10 月	欧洲委员会出台《反对侵权行为及非法复制行为的绿皮书》	欧洲范围内知识产权保护立法的起点，没有刑事制裁内容
2004 年 4 月	欧盟议会和理事会通过《关于执行知识产权的指令》	协调各国立法，在欧洲境内进一步打击假冒商标犯罪与盗版犯罪；草案稿最初包含一小部分刑事制裁的内容，主要内容还是集中在民事法和行政法方面；有成员国对该部分刑事制裁内容提出争议，使得欧盟最终舍弃该部分刑事制裁内容
2005 年 7 月	欧盟委员会出台《欧洲议会和欧盟理事会关于旨在确保执行知识产权的刑事措施指令（建议稿）》和《欧盟理事会关于打击知识产权犯罪加强刑事法律的框架决定（建议稿）》	
2005 年 9 月	欧盟理事会撤回《框架决定（建议稿）》，并将相关内容纳入到《指令（建议稿）》	欧盟法院在"欧盟委员会诉欧盟理事会"一案判决中指出，欧盟具备提出刑事制裁议案的权利
2006 年 4 月	欧盟理事会提出《欧洲议会和欧盟理事会关于旨在确保执行知识产权的刑事措施指令（修改建议稿）》	这部指令在欧洲各国反响强烈
2006 年 11—12 月	欧洲议会①下设的法律事务委员会、工业、研究与能源委员会、公民自由、正义和内部事务委员会分别提出各自的意见书	
2007 年 4 月	欧洲议会通过《欧洲议会和欧盟理事会关于旨在确保执行知识产权的刑事措施指令（草案）》	在充分考虑法律事务委员会等委员会的意见之后，欧洲议会表决通过《欧洲议会和欧盟理事会关于旨在确保执行知识产权的刑事措施指令（草案）》

① 欧盟有三大机构（欧盟理事会、欧盟委员会、欧洲议会），欧洲议会是欧盟的立法、监督、预算和咨询机构。

依照欧盟议会的“联合决策程序”，《指令（草案)》需要“三读”程序多数通过。① 《指令（草案)》对刑法保护知识产权的范围、刑罚种类和诉讼程序进行集中规定，呈现出以下特点：扩大侵犯知识产权犯罪圈的划定；加大经济刑、资格刑力度；强化执法部门侦查积极性，强化执法部门与知识产权权利人的互动。

《指令（草案)》相对于《指令（修改建议稿)》已经作出较大幅度的修改，《指令（修改建议稿)》共 11 条，序言和第 9、10、11 条是关于过渡、生效和收受人的内容，其余 8 条的内容主要涉及为“适用范围、罪、刑与刑事程序”等，《指令（草案)》对这 8 条均作出了较大程度的修改。需要重点关注的有以下几项。②

（1）《指令（草案)》第 1 条明确指出，刑事措施适用范围为共同体法律规定的除专利权以外的知识产权，即该指令在知识产权领域仅仅不适用于专利权。

（2）明确知识产权的定义及范围。③

（3）对于存在很大争议的“商业规模的侵权”，《指令（草案)》做出解释：“商业规模的侵权”，指“为取得直接或间接的经济或商业优势而实施的对某一知识产权的侵权行为，在正常情况下，私人用户为个人和非商业目的而实施的行为不包括在内”。

（4）关于“罪行”的含义，《指令（草案)》第 3 条规定：“成员国应当确保，对所有具有商业规模的故意侵犯知识产权行为和对实际侵权起帮助、教唆和煽动作用的行为，作为刑事犯罪处理。即只有故意侵权行为才有入罪的可能。”可见，这一规定已经明显超出 TRIPS 协定第 61 条的最低刑事保护要求。

（二）英国的立法模式

英国 1938 年的《商标法》对世界产生过重大影响，1994 年制定的现行

---

① 依据笔者所能查阅到的资料，最新的显示是2008 年 3 月底，《指令（草案)》尚未进行一读。参见莫洪宪、贺志军：《欧盟〈知识产权刑事措施指令（草案)〉研究》，《政治与法律》2008年第 7 期。

② 莫洪宪、贺志军：《多维视角下我国知识产权的刑事保护研究》，中国人民公安大学出版社2009 年版，第 231 页。

③ 莫洪宪、贺志军：《多维视角下我国知识产权的刑事保护研究》，中国人民公安大学出版社2009 年版，第 231 页。

《商标法》规定，可以在英国注册的商标有 5 类。[①]《商标法》规定商标侵权的刑法责任，涉及罪名有三个，即侵犯注册商标罪、假冒注册商标罪和假冒未注册的驰名商标罪。

作为一系列国际专利公约[②]的成员国，英国现行《专利法》第 106 条至第 109 条作出相关规定，并设置四个侵犯专利权的罪名。[③]

作为世界上保护著作权方面的先驱，英国的著作权保护水平一直是处于世界领先地位。关于保护著作权的刑法规定基本在《联合王国 1988 年版权、外观设计与专利法》第一编“著作权法”第 107 条中。该条前三项规定总计 9 种侵犯著作权与邻接权的罪名[④]，所以，英国对于著作权的保护是相当周密的，其中的 6 项罪名是我国刑法没有的。[⑤]

在商业秘密的刑法保护方面，英国的做法比较谨慎，至今还没有相关法案出台。究其原因，实务界一直以来都不认为秘密信息是财产或具有所有权，“侵占商业秘密不能适用传统的盗窃财产犯罪”[⑥]。

（三）我国台湾地区的立法模式

对于商标、商号、原产地标志等，我国台湾地区均分别在“刑法”、“商标法”和“公平交易法”中给予“刑法”保护。但三部法律的相关规定之间存在一定程度的重合，并且，“刑法”与“商标法”对于同样的犯罪行为，其所规定的刑事制裁力度不一，这就造成司法实践中法律适用上的窘境。

对于侵犯专利权的犯罪，我国台湾地区的相关规定没有直接体现在“刑法”当中，而是规定在“专利法”里面。近几年，对于专利权的刑法保护，在台湾地区发生了巨大变化，侵犯专利权的行为经历了“从无罪到有罪、又从有罪到无罪”的全过程，即侵犯专利行为已经去犯罪化。实际上，

---

① 这 5 类商标是商品商标、服务商标、集体商标、系列商标、证明商标。

② 《保护工业产权巴黎公约》《欧洲专利公约》《专利合作条约》。

③ 分别是伪造专利记录罪、假冒专利罪、假冒已申请专利罪和滥用专利局名义罪。

④ 分别是：制作侵权复制品罪；占有侵权复制品罪；进口侵权复制品罪；出售、出租侵权复制品罪；散发侵权复制品罪；公开展览侵权复制品罪；未经授权播放录音、影片罪；未经授权表演作品罪；制作、占有侵权物品罪。

⑤ 刘宪权、吴允锋：《侵犯知识产权犯罪理论与实务》，北京大学出版社 2007 年版，第 75 页。

⑥ 孔祥俊：《商业秘密保护法原理》，中国法制出版社 1999 年版，第 248 – 249 页。

台湾地区对于侵犯专利权行为的入罪规定由来已久：1911 年的“奖励工艺品暂行章程”和 1932 年的“奖励工业技术暂行条例”，对非法实施他人专利行为都有入罪规定，2001 年修改的“专利法”，删除了原“专利法”第 123、124 和 127 条规定的侵犯发明专利权的犯罪，规定了四种侵犯专利权的犯罪：第 125 条的非法制造新型专利物品罪；第 126 条的非法制造新式样专利物品罪；此外，第 130 条还有扰乱专利管理秩序罪。2004 年，最新修改的现行“专利法”锋头急转，全部废除了所有侵犯专利权犯罪的条文。至此，在台湾地区，侵害专利已完全回归到民事救济程序。

台湾地区的“著作权法”，历经 13 次修改，最近版本是 2007 年公布的。区别于以前的规定，该法大幅度扩大知识产权的刑法保护范围，加重刑罚力度，相关罪状比较周密。第七章集中规定侵犯著作权犯罪的刑事责任，罪名有：第 91 条第 1 款的擅自重制他人之著作罪；第 91 条第 2 款的以营利为目的擅自重制他人之著作罪；第 92 条侵害著作财产权罪；第 93 条第 1 项的侵害著作权人人格权罪；第 93 条第 2 项的非法出口罪；第 93 条第 3 项的视为侵害著作权罪；第 95 条第 1 项的侵害已亡作者著作人格权罪；第 95 条第 2 项的侵害制版权罪；第 95 条第 3 项的视为侵害制版权罪；第 96 条的拒不销毁修改、重制的电脑程序罪；第 96 条的不履行注明义务罪；第 91 条之一的破坏管理电子秩序罪。此外，第 101 条还规定单位犯罪。

我国台湾地区将营业性秘密分为工业秘密与商业秘密，工业秘密又分为专门技术和其他不对外公开的知识、技术等。“商业秘密”大致对应于大陆的“经营信息”，“工业秘密”大致对应于大陆的“技术信息”。而其法律术语中的“工商秘密”则对应大陆的“商业秘密”。① 台湾地区关于侵犯商业秘密犯罪行为的规定主要见于 1991 年颁布的“公平交易法”和“刑法”关于侵犯商业秘密犯罪的规定：（1）刺探营业秘密罪。（2）泄露业务上工商秘密罪或者泄漏职务上工商秘密罪。对于其他的侵犯商业秘密行为，还可以盗窃罪；侵占罪；背信罪予以处罚。②“公平交易法”规定的犯罪。

---

① 聂洪勇：《知识产权的刑法保护》，方正出版社 2000 年版，第 65 页。

② 赵永红：《知识产权犯罪研究》，中国法制出版社 2004 年版，第 78 页。

三、域外立法模式的一般性结论

通过对上述不同法系国家（地区）对知识产权进行不同程度刑法保护的立法模式进行分析，可以看出：美国对于知识产权的刑事保护，具体体现在《美国法典》[①]《版权法》《商标假冒条例》《反假冒消费者保护法》《经济间谍法》等法律中。美国对于知识产权的保护制定了周密的刑事法律体系，而且整体趋势是进一步加强；英国是典型的判例法国家，对于知识产权的刑法保护，具体的成文法律规范分别体现在《商标法》《联合王国1988年版权、外观设计与专利法》等当中。英国的知识产权刑法保护水平一直居于世界前列，但是从其对于商业秘密采取的“弱”保护甚至是不予刑法保护的态度，可以看出整体趋势是呈缓和趋势的。德国对于知识产权的刑法保护构筑了严密的法网，如对于商业秘密的保护，就有《德国民法典》《反不正当竞争法》《德国刑法典》三部法律，其中刑法保护规定在后二者中。还有一系列知识产权法律对知识产权进行刑法保护，像《商标法》《实用新型法》《专利法》《外观设计作品法》《著作权法》《植物多样性保护法》等。日本对于知识产权的刑法保护，主要体现在《商标法》《专利法》《实用新型法》《著作权法》《反不正当竞争法》中。可见，德国、日本对于知识产权的刑法保护整体规格较高。法国有统一的《知识产权法典》，在《法国刑法典》中也规定了一些侵犯知识产权犯罪。此外，法国还有一系列单行法令对知识产权进行刑法保护，如《发明专利法》等。因此，法国对于知识产权的刑法保护类似于德国、日本，规格也比较高。我国台湾地区对于商标等权利的“刑法”保护，由“刑法”“商标法”“公平交易法”予以调整。对于侵犯专利权的犯罪经历了“从无到有、又从有到无”的过程，其中短暂地由“奖励工艺品暂行章程”和“奖励工业技术暂行条例”对专利进行刑法保护。对于著作权的刑法保护则由“著作权法”进行。此外，还由“刑法”和“公平交易法”对商业秘密进行刑法保护，大体趋势也是缓和的。这其中，欧盟的知识产权刑事立法特别值得我们引起注意，

① 《美国法典》是一部书。美国任何一部法律的产生程序是：首先由美国国会议员提出法案，当这个法案获得国会通过后，将被提交给美国总统给予批准，一旦该法案被总统批准（有可能被否决）就成为法律（Act）。当一部法律通过后，国会众议院就把法律的内容公布在《美国法典》上。

在知识产权诞生地的欧洲，如德国、法国对于知识产权的刑法保护都是高强度的。但是，整个欧盟层面对此却采取非常谨慎的态度，纵观欧盟相关刑事立法，尤其是《欧洲议会和欧盟理事会关于旨在确保执行知识产权的刑事措施指令（草案）》立法进程的一波三折便可见一斑。时至今日，上述立法尚未得到有效进展的主要原因是欧洲国家有很多反对的声音。如，2006年7月3日荷兰议会就曾致信欧盟委员会主席并认为，2006年4月26日欧盟委员会提出的《欧洲议会和欧盟理事会关于旨在确保执行知识产权的刑事措施指令（修改建议稿）》违背了派生原则和比例原则，超出了共同体的权力范围。有的组织还建立了专业网站，将所有修正建议列表公布，征求公众意见，并以此影响欧盟议会的立法决策。① 盗版党的兴起更是这种反对声音的最好体现。②

综上，域外两大法系具有代表性国家的知识产权刑法立法，无论采取的是高强度的保护还是缓和的甚至是低水平的保护，其立法模式均采取普通结合型或分散型。也就是说，通观当今世界对于知识产权刑法立法体例的通行做法，基本上没有哪个国家采取的是刑法典统一集中规定模式。这应该可以对我国的立法模式起到一定的启发作用。

---

① 莫洪宪、贺志军：《多维视角下我国知识产权的刑事保护研究》，中国人民公安大学出版社2009年版，第230页。

② 盗版党（The Pirate Party）是在欧美如瑞典、德国、法国、美国等兴起的为争取盗版权利正当的一个组织。其宗旨是从根本上改革版权法，废除专利制度，确保公民的隐私权。他们认为现有的，1790年以来的版权制度，不适应数字时代的文化健康发展，不应该限制知识被自由地用于非商业的创造性工作。这就是说，在盗版党看来，知识被装在了笼子里，每个笼子的上面，还都有一个价钱，他们想要不花一分钱就捣毁这个笼子。盗版党是在瑞典发扬光大的一个概念，瑞典文是Piratpatiet。盗版党是一个团队，他们提供免费的网络资源下载，为网友们打造了一个网络下载界的"谷歌"。盗版党的前身，是一个叫海盗湾（也译作盗版港）的搜索式网站。从网络下载用于个人使用的文件，在瑞典曾经是合法的。迫于国际压力，2005年6月瑞典政府修定了新条例，引入了欧盟版权保护协定，未经版权人许可，复制、分发、上传及下载版权材料成为非法。

第二节　我国知识产权刑法立法模式的选择

一、不同立法模式的考察

（一）统一型模式

统一型（集中型）立法模式，是指仅以刑法典或单行刑法规定所有侵犯知识产权犯罪的模式。大陆法系的部分国家，如瑞典、巴西等采用这种体例。实际上，在刑法中对侵犯知识产权犯罪集中规定的国家甚少，我国采取的便是这种模式。1997 年《刑法》修订时，以“制定一部统一的、比较完备的刑法典”的思想为指导，集中将侵犯知识产权犯罪以专章专节的方式规定，即第三章“破坏社会主义市场经济秩序罪”的第七节，共计 7 个罪名。至于有学者提到的“以附属刑法模式保护专利权”这一说法是站不住脚的。① 理由如下：1979 年《刑法》没有规定侵犯专利权罪，1984 年《专利法》第 63 条规定：“假冒他人专利的，依照本法第六十条的规定处理（行政救济或民事救济）；情节严重的，对直接责任人员比照刑法第一百二十七条的规定（假冒注册商标罪）追究刑事责任。”有学者据此得出结论，认为我国是以附属刑法保护专利权。但从严格意义来说，一个法律条文如果没有明确的罪状描述及法定刑内容，是不能称为刑法条文的。②

（二）分散型模式

分散型（散在型、附属型）立法模式，指的是在刑法典中完全不作侵犯知识产权犯罪的任何规定，而是在一般性知识产权法律中设置侵犯知识产权犯罪的具体刑法规范。如前所述，在普通法系，多数国家是采用此类模式，即便是有着成文刑法典的大陆法系代表性国家日本也是如此，这也是当今大多数国家通用的模式。以日本为例，对商标权的刑法保护体现在《商标法》第 36 条、37 条、38 条和第 78 条，《商标法》共规定四种侵犯商

---

① 李希慧、黄洪波：《我国知识产权刑法保护立法模式的选择》，《国家检察官学院学报》2010 年第 6 期，第 85 页。

② 此类规范可以使用“附属刑事罚则”为表述。

标权的犯罪：侵害之罪；诈骗行为罪；假冒罪；伪证罪。《专利法》第2条规定对于“发明”的刑法保护，《专利法》第十一章“罚则”中专门规定如下几种侵犯专利权的犯罪：侵害罪、欺诈行为罪、虚假表示罪、伪证罪和泄密罪。对于实用新型和外观设计的刑法保护，《实用新型法》、《外观设计法》也分别规定侵害罪、欺诈行为罪、虚假表示罪、伪证罪和泄密罪。日本的《著作权法》第119条至第124条规定侵权罪等6类侵犯著作权犯罪。此外，日本《著作权法》还规定，雇员侵犯著作权犯罪的，除了行为人本人外，作为雇主的个人或法人也处以相应的罚金。对于商业秘密、商号、货源标记和原产地名等，日本的《反不正当竞争法》给予刑法保护，该法第13条规定以其他不正当手段获取商业秘密等6种侵犯商业秘密的犯罪，并规定自由刑与罚金刑。

（三）普通结合型模式

普通结合型模式，指的是有关侵犯知识产权犯罪的刑事法律规范分别分布于刑法典和一般性的知识产权法律中。这种结合，又有“对应式结合”和“补充式结合”两种方式：“对应式结合”，指的是刑法典和知识产权法律中关于侵犯知识产权犯罪的规定互成映衬，如《法国刑法典》第422条和第423条规定了关于侵犯商标权犯罪的原则性内容，《法国制造业、商业和服务业商标法》第27条至第34条又援引上述内容对相关犯罪做出了具体规定；“补充式结合”，是指刑法典和知识产权法律中关于侵犯知识产权犯罪的规定相互补充，如我国台湾地区的“刑法”第253条规定了伪造、仿造商标罪，同时，在“商标法”第81条还规定了侵犯商标权的犯罪。① 再如法国的侵犯商业秘密犯罪，对于向国内人员或机构泄露商业秘密犯罪的由《知识产权法》相关刑事规定调整；“而对于向境外人员泄露本国商业秘密的，则由刑法典予以规制”②，《法国刑法典》第418条对对此做了详细规定。

二、我国立法模式的选择

（一）对几种立法模式的评析

对我国知识产权刑法保护立法模式的路径选择，目前主要有分散型、

---

① 高铭暄、赵秉志、王俊平：《海峡两岸商标犯罪比较研究》，《湖南大学学报》（社会科学版）2005年第6期，第122－123页。

② 雷山漫：《中国知识产权刑法保护》，法律出版社2014年版，第67页。

普通结合型与集中型三种观点针锋相对。

1. 对集中型模式的评析

集中型模式的优势在于，它与我国刑法的修改和完善相适应，尤其是和1997年刑法将侵犯知识产权犯罪纳入专章专节相一致。集中型模式维持刑法典的权威，集中规定侵犯知识产权犯罪是类罪的集中体现，反映其共同特征，便于综合比较分析其联系与区别，协调“具体个罪的犯罪构成及刑罚设置，增强罪名、罪刑系统的协调性，对行为的定性也简单易行”①。

集中型模式的缺点也同样明显，该模式是以1997年《刑法》修订时的“统一完备”立法指导思为指引的，事实证明这一思想有违刑事立法原理，终究难以实现。源于大陆法系的思辨性思维传统，可能我们一直愿意相信理性思维的力量，可以归纳概括所有社会关系。立法者的初衷是为了凸显刑法典的权威性，试图一劳永逸地制定一部能穷尽生活所有角落的刑事法律。可是，自现行《刑法》颁行二十多年来的情况看，随着社会生活的急剧复杂化，一部单行刑法和9个刑法修正案的出现②，充分说明了单靠一部刑法典囊括世上所有的犯罪是不现实的。

单一的刑法典立法模式，确实在过去一段时期内保证了刑法的体系性和完整性，便于对刑法的研究和适用。但随着社会的不断发展，犯罪形式呈现出多样化和复杂化，若一味坚持以单一的刑法典为主的刑事立法模式，通过刑法修正案的不断修改和补正来强化刑法典对社会变化的适应，容易对刑法的统一性、完备性、稳定性和常态法治造成严重冲击，而且无法完全保证刑法典和行政刑法、经济刑法有效无缝衔接。同时，“集中型立法模式容易造成罪状规定的简单和粗疏，不可避免地使刑法规范与其依托的相

---

① 孙万怀：《侵犯知识产权犯罪刑事责任基础构造比较》，《华东政法学院学报》1999年第2期，第78页。

② 分别是1998年12月29日颁行的《关于惩治骗购外汇、逃汇和非法买卖外汇犯罪的决定》和如下9个刑法修正案：1999年12月25日实施的《中华人民共和国刑法修正案》、2001年8月31日实施的《中华人民共和国刑法修正案（二）》、2001年12月29日实施的《中华人民共和国刑法修正案（三）》、2002年12月28日实施的《中华人民共和国刑法修正案（四）》、2005年2月28日实施的《中华人民共和国刑法修正案（五）》、2006年6月29日实施的《中华人民共和国刑法修正案（六）》、2009年2月28日实施的《中华人民共和国刑法修正案（七）》、2011年5月1日实施的《中华人民共和国刑法修正案（八）》、2015年11月1日实施的《中华人民共和国刑法修正案（九）》。

关法律形成毛与皮分离的现象”①。

2. 对分散型模式的评析

一方面，分散型立法模式具有许多优点：其一，具有灵活性优点，立法者能根据社会实际情况的变化及时、有针对性地制定（包括修改、修订）法律。其二，分散型立法模式把民事责任、行政责任和刑事责任规定在同一部法律中，形成完备的法律责任体系，体现了法律的严肃性。同时，由于刑事罪状的细致化规定，司法实践操作更易于掌控。其三，不仅对于侵犯知识产权的犯罪行为有详细规定，对于知识产权的权利行使也有相应规定，增加了权利义务的对应性，具有法制宣传的作用。其四，“这种模式既体现了侵犯知识产权犯罪的行政犯属性，又能充分适应知识产权制度的开放性特征”②。

分散型立法模式，最受诟病的缺陷在于它严重削弱了刑法典的集中性、体系性，造成刑事法律规范处处可见，影响了刑法典的中心位置与权威性。

3. 对普通结合型模式的评析

普通结合型模式的优点在于能够充分发挥附属刑法的作用，能够很好地协调刑法典的稳定性与调整对象（知识产权）易变性之间的矛盾。③

对于普通结合型模式的缺陷，有学者认为这种立法模式不利于实现法律之间的协调统一。普通结合型立法模式要求刑事法律和知识产权法律的修改或修订必须保持同步，特别当一国法制建设尚不完备的阶段，立法活动相对而言比较频繁。在这种情况下，采取普通结合型模式更会增加相关立法的难度，往往造成事倍功半的结果，浪费本已有限的立法资源，又难以实现集中型模式的立法指导思想，④ 将立法效果置于尴尬状态。

（二）改良式结合型立法模式的选择

关于立法模式的选择，我们不妨用“排除法”来探讨。

首先，刑法典的首要特征与基本价值是稳定性，“朝令夕改”会直接削

---

① 储槐植：《刑事一体化》，法律出版社 2004 年版，第 53 页。

② 李希慧、黄洪波：《我国知识产权刑法保护立法模式的选择》，《国家检察官学院学报》2010 年第 6 期，第 88 页。

③ 赵秉志、田宏杰：《侵犯知识产权犯罪比较研究》，法律出版社 2004 年版，第 89 页。

④ 李希慧、黄洪波：《我国知识产权刑法保护立法模式的选择》，《国家检察官学院学报》2010 年第 6 期。

弱法律在公众心中的威信。笔者认为，刑法典囊括世间一切犯罪的目标与其说是一种目标，还不如说是一种“理想”。既然这是一种难以企及的目标，我们就应该将注意力放在刑法典的稳定性上，因为“刑法典是规范基本生活秩序的法律，直接关系到国民基本生活的安定，属于司法法，司法法最重要的指导原理是法的安定性”①。刑法的“安定性”首先就要求刑法的稳定性，如果对刑法的改动过于频繁的话，虽然其有时的初衷是为了防止国家权力对公民权益的侵蚀，但无形中影响了国民的基本行动自由，使其处于意识担忧状态。所以，为了维护刑法典的稳定性和权威性，知识产权刑法立法就不应当考虑集中型立法模式。

其次，呼声较高的分散型立法模式，主张将属于行政刑法或经济刑法的内容，如知识产权犯罪，从刑法典中独立出来。较具代表性的观点如李希慧教授所言，“在刑法典之外，通过附属刑法规定知识产权犯罪”，认为“完善附属刑法是分散型立法的有效方式”。② 实际上，这与传统的结合型立法模式仅存在一处差别：分散型立法模式主张在经济、行政法规中设置附属刑法规范，并不排斥刑法典中完全不能有类似规范；传统的结合型立法模式主张二者皆应有关于侵犯知识产权犯罪的刑法规范，可以是“对应型”，也可以是“互补型”。

如此一来，问题就变得简单了。综合各方面情况来看，在传统的结合型立法模式与分散型立法模式的基础上进行改良，不失为我国知识产权刑法立法模式的最佳选择。

其一，附属刑法规范合法、合理。任何立法活动，符合《立法法》规定是其首要之义。首先，在一般性知识产权法律中出现刑法规范，并不违背我国《立法法》规定。而一般性知识产权法律本身就属法律范畴，在其中出现刑法规范并不违背《立法法》规定。其次，在一般性知识产权法律中出现刑法规范，并不违背罪刑法定原则。我国《刑法》第3条规定“法律明文规定为犯罪行为的，依照法律定罪处刑；法律没有明文规定为犯罪行为的，不得定罪处刑”，但是该条倡导的罪刑法定化，并不意味着刑法是

① ［日］大塚仁：《刑法概说（总论）》（第三版），冯军译，中国人民大学出版社2003年版，第2页。

② 李希慧、黄洪波：《我国知识产权刑法保护立法模式的选择》，《国家检察官学院学报》2010年第6期。

规定罪刑的唯一法律，“《刑法》第3条本身的规定也是强调‘法律’规定犯罪而不是‘本法’（刑法）规定犯罪”①。因此，上述一般性知识产权法律也是由我国立法机关制定的法律，在其中出现刑法规范并非不合理。此外，我国《刑法》第101条规定：“本法总则适用于其他有刑罚规定的法律，但是其他法律有特别规定的除外。”所以，其他法律规定刑事法律规范的内容是不存在立法障碍的。如此，《刑法》本身都允许可以通过附属刑法规范进行刑事立法，那就没有必要“再排斥附属刑法规范的创制性立法”。②

其二，如前所述，结合型立法模式克服了刑法典和单行刑法的不足。刑法典集中立法模式，已经明显与时代发展格格不入，大量新兴侵犯知识产权犯罪类型的出现，使得司法实践无法可依，造成了实践层面的各种乱象，这样下去对于维护刑法典的权威实际上是起反作用的。对于某类社会危害性极大的犯罪行为，单行刑法因其针对性明确，可弥补刑法对此领域没有规定或规定不完善的缺陷。但是，单行刑法对于所有新出现的犯罪类型，尤其是一些社会危害性一般的犯罪，是不宜使用的。于是，改良式的结合型立法模式可以很好地解决这一问题，既能维护刑法典的稳定性、弥补刑法典的缺陷与不足，又能克服单行刑法的弊端。

最后，分散型立法模式并不天然排斥刑法典当中知识产权刑法规范的存在。那么，改良式结合型立法模式需要努力的方向就在于刑法典中应当有知识产权刑法保护的原则性规定，这是体现刑法权威性、稳定性的要求所在。如林山田教授所言：“将经济犯罪行为规定在刑法典之中，使经济刑法具有刑法之外形，自然较易产生一般预防作用而且具有吓阻经济犯罪之功能。”③ 刑法典中规定有关侵犯知识产权犯罪的原则性内容，能够充分揭露侵犯知识产权犯罪的共性，便于对一般性知识产权法律中的刑事法律规范进行指导。再加上我国的法律文化传统，所以不能完全排除刑法典中的相关规定。在坚持上述原则的前提下④，刑法典中还需规定相关的空白罪状或者简单罪状⑤，至于其他具体的罪状描述、犯罪构成和刑罚设置等则由一

① 雷山漫：《中国知识产权刑法保护》，法律出版社2014年版，第69页。

② 卢勤忠：《中国金融刑法国际化研究》，中国人民公安大学出版社2004年版，第188页。

③ 林山田：《经济犯罪与经济刑法》，台湾三民书局1981年版，第99页。

④ 刑法规范内容不得与刑法基本原则相抵触。

⑤ 但仅仅限于空白罪状或者简单罪状。

般性知识产权法中的附属刑法规范作细致规定。此处与分散型立法模式要做区分的是，附属型刑法规范只能存在于单行的知识产权法律中，而不能将范围扩大至保护知识产权的所有行政、经济法规中，毕竟，我们的改良是温和的、循序渐进的。①

（三）司法解释、立法解释的补充运用

首先，通过司法解释，增强知识产权刑法保护的司法操作性。随着时间的流逝，法律必须应用于各种不同的状况中，司法参与者始终面临一个两难的局面，即在法律固定的含义与暗地里加以修改使之符合时代需要之间的纠结。这也就是人们时常所假定的陈旧法规会出现的进退两难的局面，即在已经死亡但仍合法的过去势力与显然非法的进步的魅力之间，法官们必须作出选择。② 虽然在我国不存在法官造法，我国司法界同样面临如此的困境，这也是法律解释在具有成文法传统的大陆法系国家发达的原因。“目光在事实与法律规范间‘来回穿梭’是法律适用的普遍特征。法律适用由根据规范标准对生活事实所进行的比较性观察和评价组成。”③ 然而，法律是高度概括和抽象的现实，需要司法解释对法律、法规作补充与说明。所以，实现刑法的明确性不仅是立法者的任务，也是解释者的任务。“通晓正义的诸方面，或者如果人们愿意……是解释法律的一个必要的基础；解释犹如法律本身一样，也服务于正义，正义的各种原则表现在实在法的解释里。”④ 司法解释是指由司法机关对刑法条文含义所做的解释。有权进行司法解释的机关有且仅有最高人民法院和最高人民检察院，司法解释通常表现为解释、通知、批复、规定、意见的形式。由于“刑事立法规定的概括性、立法语言的歧义性、立法规定的漏洞性等因素的存在”，即成文刑法的局限性决定了司法解释存在的必然性，刑法的司法解释在审判实践中是大量存在的，其作用也是有目共睹的。我们认为，现阶段可以首先通过司法解释的方式更好地实现知识产权刑法保护制度的价值。最高人民法院、最

---

① 至于有学者提出的普通结合型立法模式下可能造成刑法典与知识产权法律中的刑事法律规范在修订问题上的不同步这一点，笔者认为：即使以提倡普通结合型模式为前提，也大可不必因此“因噎废食”。这个问题完全可以得到化解，所需要的只是立法工作的充分调研以及立法者的执行力罢了。最关键的是，在改良式结合型立法模式中，上述担忧已经不存在了。

② ［美］德沃金：《法律帝国》，李常青译，中国大百科全书出版社 1996 年版，第 310 页。

③ ［德］魏德士：《法理学》，丁晓春、吴越译，法律出版社 2005 年版，第 288 页。

④ ［德］H. 科殷：《法哲学》，林荣远译，华夏出版社 2002 年版，第 213 页。

高人民检察院已经公布并实施的关于办理侵犯知识产权刑事案件具体应用法律若干问题的系列解释，明确了司法实践中审理侵犯知识产权刑事案件的标准，推动了刑事司法的发展。但是，刑法中关于商业秘密的判断标准、数额的计算方法、网络知识产权刑法保护等问题尚需司法解释继续完善；在刑事程序法方面，知识产权案件的证据审查、认定以及鉴定结论等问题亦需明确。

其次，通过立法解释，提升知识产权刑法保护解释体系的缜密性。刑法的立法解释作为刑法解释的一个分支，带有明显的中国特色标签，它是最高立法机关对法律条文和法律事实所作的有权解释。其法律依据是《中华人民共和国宪法》第六十七条第（四）项的规定，解释法律是属于全国人大常委会行使的职权之一。立法解释一直活跃于应然的刑法理论研究之中而逊于实然的刑法实践，“刑法的立法解释权则是对立法机关所形成的法律文本的一种阐释和说明，目的在于刑法规范的正确适用，重心在于关注共性的法律与事实间的互动关系，相对法律文本而言，刑法的立法解释是一种事后行为。所以，不能抹杀刑法的立法解释的独立性，而将其归入立法权。刑法的立法解释的独立性不仅仅是与刑法的立法权相比较的结果，而且是法律规范自身和社会境况赋予了其独立性。我们可以从成文法不能自足、立法语言的空缺性和模糊性及法律依据等方面论证刑法的立法解释存在的法理基础”，“刑法的立法解释必须遵循合目的性原则，刑法的立法解释者一定弘扬合目的性原则。合目的性原则从宏观上讲就是符合刑法所保护的法益，从微观上讲，就是对立法文义射程的追问”。① 按照这样的解释原则与解释方法，我们认为，也可以对“知识产权”进行单独的立法解释从而实现刑法保护。例如，关于商业秘密的范围等问题就可以通过立法解释的形式予以明确。从法的效力位阶上来看，立法解释的效力要高于司法解释的效力，有利于在司法实践中得到较好的贯彻与执行，有利于法益的刑法保护，有利于实现法律的人文关怀。

---

① 徐岱：《刑法的立法解释论》，《吉林大学社会科学学报》2003 年第 6 期。

第五章
我国知识产权刑法的立法完善

第一节　我国知识产权刑法“罪”的完善

一、“以营利为目的”的规定现在不宜取消

依据我国《刑法》第217条规定，“以营利为目的”是侵犯著作权犯罪的主观要素。[①] 在侵犯著作权犯罪案件中，令司法实务感到困扰的往往不是社会危害程度和因果关系认定等问题，而是侵害著作权的犯罪行为如何认定的问题。根据对《刑法》第217条进行文义解释，在认定侵犯著作权犯罪责任的加害行为之构成要件符合性判断上，有一个特殊的标准，即行为人须“以营利为目的”。这一主观构成要素，在《刑法》对于侵犯知识产权犯罪以第3章第7节专章专节形式与颁布之初相比得到了较多支持。如今，虽然学术界出现了很多的不同声音，认为它不应成为判断侵犯著作权犯罪成立与否的依据[②]；但在实务中仍得到了诸多支持，认为其应作为认定侵犯著作权犯罪构成的构成要件要素之一。由此可见，在“以营利为目的”和侵

---

① 我国《刑法》第217条规定：以营利为目的，有下列侵犯著作权情形之一，违法所得数额较大或者有其他严重情节的，处三年以下有期徒刑或者拘役，并处或者单处罚金；违法所得数额巨大或者有其他特别严重情节的，处三年以上七年以下有期徒刑，并处罚金：（一）未经著作权人许可，复制发行其文字作品、音乐、电影、电视、录像作品、计算机软件及其他作品的；（二）出版他人享有专有出版权的图书的；（三）未经录音录像制作者许可，复制发行其制作的录音录像的；（四）制作、出售假冒他人署名的美术作品的。

② 高铭暄、莫开勤：《论侵犯著作权罪犯罪》，载《法制与社会发展》1996年第2期（开始提出疑问，未展开论述）；朱继良、雷东生：《对侵犯著作权罪的探讨》，载《法学评论》1995年第3期；田宏杰：《论我国知识产权的刑事法律保护》，载《中国法学》2003年第3期；王文华：《侵犯著作权罪新问题探讨》，载《人民司法》2004年第8期；卢建平：《在宽严和轻重之间寻求平衡——我国侵犯著作权犯罪刑事立法完善的方向》，载《深圳大学学报》（人文社会科学版）2006年第5期；赵秉志：《刑法应取消侵犯著作权犯罪中“以营利为目的”的主观要素》，载《中国版权》2007年第5期。

犯著作犯罪认定这一问题上，理论与实务存在严重脱节和很大程度的不一致。

持赞同说的主要理由如下："以营利为目的"主观要素的存在，体现了刑法的谦抑性价值取向，这种目的犯的设立缩小了犯罪圈；至于普通的侵犯著作权行为，完全可以通过民事侵权法来调整；著作权有其特殊性，包含丰富的思想、精神内容，与人类思想传播联系紧密，合理使用及利益共享是其深厚的理论基础。持废除说的理由有：取消"以营利为目的"是适应社会发展需要，加强对著作权的保护。因为越来越多的侵犯著作权行为（网络行为为代表）不以营利为目的，但是造成的损害后果却是巨大的。取消"以营利为目的"弥补了侵犯著作权罪构成要件的不足，减轻了司法机关查处侵犯著作权罪的难度。取消"以营利为目的"是适应 TRIPS 协定相关规定之需要，更能体现我国刑法的国际化，尤其能体现国际担当。为了更全面展现这一争议性问题，笔者收集了中国裁判文书网发布的 2012—2018 年关于侵犯著作权犯罪的"推荐裁判文书"总计 28 例，作为本文分析样本。其中，起诉检察院和审理法院明确将"以营利为目的"作为认定侵犯著作权犯罪构成要件要素的案件有 20 例；① 起诉检察院或审理法院对于

① （1）南京市六合区人民检察院诉朱晓俊案，南京市鼓楼区人民法院刑事判决书〔2012〕鼓知刑初字第 15 号。（2）浙江省兰溪市人民检察院诉滕某甲案，浙江省兰溪市人民法院刑事判决书〔2012〕金兰初字第 511 号。（3）上海市徐汇区人民检察院诉汪某案，上海市徐汇区人民法院刑事判决书〔2013〕徐刑（知）初字第 20 号。（4）郑州市人民检察院诉陈迎春案，河南省高级人民法院刑事裁定书〔2013〕豫法知刑终字第 00004 号。（5）青岛市城阳区人民检察院宁某案，山东省青岛市城阳区人民法院刑事判决书〔2013〕城刑初字第 485 号。（6）江苏省徐州市人民检察院诉刘怀勤，江苏省徐州市中级人民法院刑事判决书〔2013〕徐知初字第 8 号。（7）青岛市城阳区人民检察院诉于某案，青岛市城阳区人民法院刑事判决书〔2013〕城刑初字第 410 号。（8）东阳市人民检察院诉广东新飞仕激光科技有限公司，浙江省东阳市人民检察院刑事判决书〔2014〕东刑重字第 3 号。（9）浙江省兰溪市人民检察院诉胡某案，浙江省兰溪市人民法院刑事判决书〔2014〕金兰刑初字第 528 号。（10）广西壮族自治区南宁市青秀区人民检察院诉康某案，广西壮族自治区南宁市青秀区人民法院刑事判决书〔2014〕青刑初字第 400 号。（11）张家港市人民检察院诉李后林，江苏省张家港市人民法院刑事判决书〔2014〕张知初字第 003 号。（12）封丘县人民检察院诉李某某案，河南省封丘县人民法院刑事判决书〔2014〕封刑初字第 268 号。（13）长春汽车经济技术开发区人民检察院诉孙某某案，长春汽车经济技术开发区人民法院刑事判决书〔2014〕长汽开刑初字第 39 号。（14）浙江省兰溪市人民检察院诉陈某案，浙江省兰溪市人民法院刑事判决书〔2015〕金兰初字第 359 号。（15）浙江省东阳市人民检察院诉李某甲案，浙江省金华市中级人民法院刑事裁定书〔2015〕浙金知刑终字第 1 号。（16）北京市海淀区人民检察院诉许某案，北京市海淀区人民法院刑事判决书〔2015〕海刑初字第 32 号。（17）河南省平舆县人民检察院诉王某某案，河南省平舆县人民法院刑事判决书〔2015〕平刑初字第 418 号。（18）上海市普陀区人民检察院诉吴华刚案，上海市第三中级人民法院刑事裁定书〔2015〕沪三中刑终字第 6 号。（19）开远铁路运输检察院诉钱二林案，开远铁路运输法院刑事判决书〔2016〕云 7102 刑初 3 号。（20）浙江省兰溪市人民检察院诉刘某案，浙江省兰溪市人民法院刑事判决书〔2016〕浙 0781 刑初 157 号。

“以营利目的”是否影响侵犯著作权犯罪认定不予明确的案件各有1例；①而剩余的6例，有的是检察院对于“以营利为目的”未有提及，有的是审理法院在裁判文书中表述不一。②

笔者认为，赞同与取消“以营利为目的”这一主观要素的纷争，首先要明确以下几个问题：

其一，刑法的谦抑性是刑法在自然法层面所要坚持的价值追求之一，这一点不会随着时代的改变而有较大波动。

这对于保护知识产权权利人和侵权行为人的利益具有极大意义，也正是刑法保护机能与保障机能的集中体现。该原则的贯彻以民事和行政法律不足以保护知识产权为前提。反对“以营利为目的”主观要素的观点持有者，理由之一就是从现实角度看，我国虽然先后颁行了一系列著作权保护的民事、行政法律法规，公安、工商等行政执法机关也开展了多次著作权专项整治活动，但实践中侵犯著作权的犯罪行为日益猖獗，并没有得到有效遏制。由此得出的结论就是民事与行政法律不足以保护著作权，所以此处的“以营利为目的”与刑法谦抑性并无必然的联系。对此，笔者的观点是：首先，侵犯著作权犯罪行为没有得到有效遏制且日益猖獗，其原因是多方面的，将其他的原因都归结于“第一次法”的保护不力是不正确的；其次，在实践生活中，我国的著作权法律保护制度已经在立法层面做得相当到位，造成保护不力的原因主要在于一些地方保护主义的阻碍，是人为的司法操作不当所致，而不是立法的问题。

其二，著作权在知识产权体系中有着极其特殊的地位，该项权利蕴含

① （1）周口市川汇区人民检察院诉周口市龙图印刷有限公司案，周口市川汇区人民法院刑事判决书〔2013〕川刑初字第00257号。（2）河南省郑州市人民检察院诉张某某案，河南省郑州市中级人民法院刑事判决书（2014）郑知刑初字第3号。

② 如开远铁路运输法院（2016）云7102刑初3号判决书中，使用的是“……经审理查明，被告人余高吉为‘获取利益’……”这类的表述。具体案例有：（1）洛阳市涧西区人民检察院诉王某某案，河南省洛阳市涧西区人民法院刑事判决书〔2012〕涧刑初字第226号。（2）浙江省东阳市人民检察院诉肖某案，浙江省金华市中级人民法院刑事裁定书〔2013〕浙金知刑终字第6号。（3）江苏省徐州市人民检察院诉谢某甲案，江苏省徐州市中级人民法院刑事判决书〔2014〕徐知刑初字第26号。（4）蚌埠市禹会区人民检察院诉汪某案，安徽省蚌埠市禹会区人民法院刑事判决书〔2014〕禹知刑初字第00019号。（5）浙江省兰溪市人民检察院诉冯某案，浙江省兰溪市人民法院辛巳年裁决书〔2014〕金兰刑初字第527号。（6）上海市长宁区人民检察院诉何超案，上海市第三中级人民法院刑事裁定书〔2016〕沪03刑终1号。

着巨大的思想、精神价值，关乎人类社会的思想文明发展。

著作权法对于著作权的“合理使用”有着比其他知识产权更为具体的限制，这就可见一斑。所以，综合各方面情况，目前对于侵犯著作权犯罪中的“以营利为目的”主观要素，尚不具备完全否定的条件。2004 年的《关于办理侵犯知识产权刑事案件具体应用法律若干问题的解释（一）》第 5 条、第 6 条仍然对“以营利为目的”进行规定。对于这一问题，我们应循序渐进，在合适的历史时机做到最大化的改良。笔者认为，即使今后“以营利为目的”不再是侵犯著作权犯罪的构成要件，但可以而且应当成为认定侵犯著作权犯罪刑事责任大小的重要依据，司法实务工作者在认定犯罪所涉及的数额时应结合具体情况审查行为人是否具有营利目的这一主观要素。“两高”2004 年发布的《关于办理侵犯知识产权刑事案件具体应用法律若干问题的解释（一）》第 5 条，“两高”、公安部、司法部 2011 年联合发布的《关于办理侵犯知识产权刑事案件适用法律若干问题的意见》第 13 条对“违法所得数额”“非法经营数额”的具体规定中，将其与侵犯著作权犯罪的刑事责任联系起来，对于刑事责任大小的确定是根据行为人的过错程度（具体情节）。① 据此，侵犯著作权犯罪刑事责任大小的确定应当综合考虑行为人的“违法所得数额”“非法经营数额”等因素。行为人的“违法所得数额”“非法经营数额”虽然不能等同于“以营利为目的”，前者强调的是侵害行为的结果，后者强调的是行为人的主观因素，两者也并不必然具有因果关系，“以营利为目的”不必然出现“非法所得”和“非法经营”，“非法所得”和“非法经营”也并非必须具有“以营为利目的”这一主观要件，但是大多数的情况下，行为人都是在谋取非法利益的动机下而实施侵害著作权的行为。既然行为人的“违法所得”和“非法经营”应当作为认定刑事责任大小而非刑事责任构成的要件，那同时也就不得不考虑“以营利为目的”这一主观因素。如此，“以营利为目的”在侵犯著作权犯罪制

---

① 据“两高”2004 年发布的《关于办理侵犯知识产权刑事案件具体应用法律若干问题的解释（一）》，违法所得数额在 3 万元以上的，属于“违法所得数额较大”；非法经营数额在 5 万元以上的，属于“有其他严重情节”。据“两高”、公安部、司法部 2011 年联合发布的《关于办理侵犯知识产权刑事案件适用法律若干问题的意见》，以营利为目的，未经著作权人许可，通过信息网络向公众传播他人文字作品、音乐、电影、电视、美术、摄影、录像作品、录音录像制品、计算机软件及其他作品，非法经营数额在 5 万元以上的，属于刑法第 217 条规定的“其他严重情节”。

度中的应然地位应当是刑事责任范围大小确定依据，而非刑事责任构成要件要素。由此，在否定"以营利为目的"作为侵犯著作权犯罪主观要件的同时，肯定它作为确定侵犯著作权犯罪刑事责任范围的重要地位，这就脱离了以往对于"以营利为目的"的"存"、"废"之争，尝试用一种温和改良的思维缓解刑法规范与社会现实之间的摩擦。

二、"非法出租侵权复制品行为"不宜入罪

司法实践中，有一种普遍的现象：在我们的日常生活当中，行为人以营利为目的，大量出租明知是侵权复制品的行为，往往不受刑法调整。刑法理论上对于"销售"侵权复制品的行为是否包括"出租"侵权复制品的行为，一直争议较大。有人认为，出租侵权复制品，其目的与出售相同，均为非法牟利；从著作权利人角度看，出售和出租行为都是侵权行为，都造成了"侵权复制品的传播和扩散"①，其"社会危害性及其严重程度、行为人的主观恶性大小等具有相当性"②。因此，出租侵权复制品的行为即使不单独定罪，也应"比照销售侵权复制品罪处罚"③。

对上述观点，笔者不敢苟同，"出售"究其本质而言就是纯粹的出卖行为，根据罪刑法定原则④，"出租"的行为不构成本罪。"两高"、公安部与司法部2011年联合发布的《关于办理侵犯知识产权刑事案件适用法律若干问题的意见》第12条第1款规定"'发行'，包括总发行、批发、零售、通过信息网络传播以及出租、展销等活动"，这就是将出租行为纳入了发行行为的范畴。由此可见，出租行为仅仅是发行行为的方式之一，出租行为完全可以以《刑法》第217条规定的侵犯著作权中的"发行"行为定性。所以，尽管发行行为包含出租行为，"但是销售行为从来就没有将出租行为纳入进来"⑤。根据罪刑法定原则，只能将出租他人侵权复制品的行为视为违

---

① 赵秉志主编：《侵犯知识产权罪疑难问题司法对策》，吉林人民出版社2000年版，第119页。

② 王志广：《中国知识产权刑事保护研究》（理论卷），中国人民公安大学出版社2007年版，第312页。

③ 王作富主编：《经济活动中罪与非罪的界限》，中国政法大学出版社1996年版，第372页。

④ 无论是其形式化要求还是实质化要求。

⑤ 王志广：《中国知识产权刑事保护研究》（理论卷），中国人民公安大学出版社2007年版，第300页。

法行为，而不能入罪。笔者以为，按照正当的逻辑，即使有一天要将此种行为入罪，刑法对出租他人侵权复制品的行为也只能是单独设定罪名，既然销售与出租在法律性质上有本质区别，那么由此造成的社会危害性后果上也就有着本质区分，就必须明确反对从刑法解释论扩大化角度将出租侵权复制品行为纳入到销售侵权复制品罪当中。①

三、“冒充专利”行为不宜入罪

在研究侵犯专利权的犯罪时，还要注意与假冒专利行为相近的另一违法行为，即冒充专利行为。所谓冒充专利，是指以非专利产品冒充专利产品，以非专利方法冒充专利方法的行为。对于冒充专利行为的具体表现形式，《专利法实施细则》第 85 条规定：“下列行为属于以非专利产品冒充专利产品、以非专利方法冒充专利方法的行为：（一）制造或者销售标有专利标记的非专利产品；（二）专利权被宣告无效后，继续在制造或者销售的产品上标注专利标记；（三）在广告或者其他宣传材料中将非专利技术称为专利技术；（四）在合同中将非专利技术称为专利技术；（五）伪造或者变造专利证书、专利文件或者专利申请文件。”从上述规定可以看出，冒充专利行为有一个共同特点，那就是行为人所冒充的专利内容，要么是伪造的专利号；要么是已经被驳回、视为撤回或者撤回的专利号；要么是无效的专利号。也就是说，行为人所使用的所谓“专利”根本就不存在。② 因此，究其属性而言，冒充专利的行为并不发生对他人专利权的侵犯，它是对消费者的欺骗行为，是一种不正当竞争行为。对于该行为，有观点认为，从社会危害性角度看，“假冒他人专利行为”和“冒充专利行为”没有任何区别，由于专利号本身并未起到区别产品来源的作用，行为人在非专利产品、产品的包装上标注“专利”等字样或者虚假的专利号来冒充专利，也完全能达到欺骗消费者夸大宣传效果的目的，都侵犯了社会经济秩序和消费者

---

① 在我国《著作权法》第 10 条第 6 项和第 7 项分别规定了发行权与出租权，可见“销售”和“出租”在著作权法律中是呈并列关系的，将“出租”纳入到“销售”会造成民事、行政法律关系的混乱。要理顺这一问题，其实并不难，刑法完全可以对出租侵权复制品的行为单独入罪，列为侵犯著作权的犯罪之一。英国的做法为我们提供了蓝本，在其《著作权法》第 107 条就分别规定了出售侵权复制品罪和出租侵权复制品罪。

② 即使是《专利法实施细则》第 85 条第（二）项的行为，也不会侵犯专利权人的专利权，因为该权利已经终止或无效。

合法权益。其次，从实践看，单纯的假冒专利罪形同虚设，假冒专利罪的立案数量几乎为零，得以起诉、判决的案件更是凤毛麟角。不法分子选择冒充行为，不但可以“达到假冒行为才能达到的目的”，还可以规避实施假冒行为可能承担的刑事责任①，这极度削弱了假冒专利罪的“存在感”。对此，笔者表示一定程度的赞同。假冒专利罪的客体之一是专利权人的权益，但这并不足以反映整个专利制度的核心内涵。假冒他人专利行为与冒充专利行为，在客观上都会误导、欺骗消费者，所以很多国家对这两种行为都规定了刑事责任。因此，“基于主要对国家的专利管理制度和消费者合法权益的保护，应当将严重的假冒他人专利行为和冒充专利行为都作为犯罪的客观表现，统一规定相应的刑事责任”。但从罪刑法定原则的角度看，既然相关法律规范已经明确了侵犯专利权犯罪只有假冒专利罪一罪，暂时就不宜再将“冒充专利的行为”按照假冒专利罪论处。② 如果以后确实需要将假冒专利的行为入罪，对其可以采取两种刑法调整途径：其一，直接增设冒充专利罪；其二，将刑法第 216 条修改为“冒充专利，情节严重的，处三年以下有期徒刑或者拘役，并处或单处罚金”，赋予“假冒”以“假冒他人”和“冒充”的含义，如此假冒专利罪便涵盖了假冒他人专利的行为与冒充专利的行为。

四、“给权利人造成重大损失”不应成为结果性要件

侵犯商业秘密罪在我国是结果犯，只有给商业秘密权利人造成重大损失的，才有可能构成犯罪。《刑法》第 219 条第 1 款的规定，即“给商业秘密的权利人造成重大损失”是刑罚处罚泄露商业秘密行为的法理基础。对此规定，有学者持积极肯定态度，理由有二：一是“重大损失”可以比较准确地反映犯罪行为的社会危害性及其严重程度，尤其是有关犯罪行为涉及到经济利益或者财产数额时；二是“重大损失”含义明确，具有司法上的可操作性。对此，笔者不敢苟同，笔者认为“重大损失”并非没有使用界限。

---

① 王志广：《中国知识产权刑事保护研究》（理论卷），中国人民公安大学出版社 2007 年版，第 302 页。

② “两高”2004 年的《关于办理侵犯知识产权刑事案件具体应用法律若干问题的解释（一）》在第 10 条对“假冒他人专利”的行为进行了界定，所有的司法解释对于冒充专利行为并无提及。

其一，将“重大损失”作为入罪的结果性要件，违背了刑法谦抑性以及刑法基础理论尤其是过失犯罪基础理论。

权利人与行为人在涉及商业秘密的事项上一般会进行合同约定，而订立合同的各方对于他方今后违反合同的可能性也都有一定程度的心理预期，对于违约行为，受害方完全可以通过违约之诉进行民事救济，既可以恢复原状（损害赔偿），又可以惩罚违约方（违约金），这是契约精神的根本体现。仅以“重大损失”的存在说明不了刑法介入的合理性：依据刑法相关理论，规制某种犯罪所采取的犯罪构成模式最终取决于该行为的社会危害性。犯罪构成模式的内涵，便包括了过失犯罪、目的犯和结果犯等内容。对于侵犯商业秘密罪，现行刑法采取的是“过失犯＋结果犯”立法模式。依据这个思路，极可能导致“侵犯商业秘密”外延的不当扩张。

其二，就“重大损失”这一结果性内容本身而言，其计算方法就充满了诸多问题。

司法实践中，不同地方的计算方法大相径庭，相同的行为在不同地方定性不一的情况时有发生，这导致犯罪圈划定混乱，严重破坏了我国刑事法制的统一。关于“重大损失”的计算，有成本说、价值说、损失说和获利说。① 但是，不论按照哪种标准计算“重大损失”，都有不合理或不全面之处，有的只是相对合理，有的可能连相对合埋也达不到。可能是出于这些原因，最高检、公安部2001年联合发布的《关于经济犯罪案件追诉标准的规定》只是规定“重大损失”的认定问题，而对如何计算却没有作出解释，学术界对此问题也一直是争论不休。笔者认为，对于“重大损失”的计算，目前还难以找到一个完全合理的方法，或许这个方法并不存在。有一个切实可行的做法，那就是法律不对此作出具体规定，在司法实务中由各地司法机关根据案件具体情况予以认定，所秉持的标准是相对合理主义。

---

① 成本说，又称投入说，即根据权利人研究该商业秘密所投入的开发费用、保密费用等成本来计算损失。例如，权利人开发该商业秘密投入了100万元，就按照100万元计算损失。价值说，即根据商业秘密的经济价值计算权利人的损失，假如该商业秘密的经济价值是200万元，被他人侵犯后。就按照该数额计算损失。损失说，即根据商业秘密被侵犯后权利人失去的利润来计算损失。例如，权利人损失了一个地区的市场份额，为此使权利人损失了百万利润，就按照该利润的数额计算损失。获利说，即根据行为人侵犯商业秘密后实际获得的违法所得数额计算权利人的损失。例如行为人把他人的商业秘密转让给他人，得到了50万元的转让费，或者自己进行生产，获得了可观的利润，该转让费或利润就属于权利人的损失。

例如，行为人盗窃他人商业秘密再转卖的，获利100万元。由于该行为被及时发现，因此并没有给权利人造成实际损失，但由于行为人具有非法获利的情节，就可以根据这一情节的数额追究其刑事责任；另一方面，如果行为人盗窃他人商业秘密后即被发现，这样行为人没有获利，该行为也没有给权利人造成实际损失，就可以参照价值说。① 又如，行为人侵犯他人商业秘密后造成权利人利润损失巨大，就可以按照该利润损失额计算重大损失的数额。再如，权利人研发商业秘密的过程投入了大量人力、财力，行为人的侵犯行为使得该商业秘密变成了公共信息，失去了其应有的经济价值，权利人因此“血本无归”，这时类似的前期投入也可以认定为重大损失。因此，“鉴于重大损失计算方法的多样性和复杂性，司法解释不确定某一种计算方法，而是由司法人员根据立法的精神和案件的具体情况确定或许是更为明智的”②。

其三，“重大损失”的数额标准缺乏合理性。

如果“重大损失”的认定及计算标准即便取得统一的话，现有的关于“重大损失”的数额标准也存在问题。“两高”2004年发布的《关于办理侵犯知识产权刑事案件具体应用法律若干问题的解释（一）》第7条和最高检、公安部2001年联合发布的《关于经济犯罪案件追诉标准的规定》第65条都将“重大损失”的标准限定为“50万元以上”③，而我国2005年新修订的《公司法》第26条第2款规定：“有限责任公司注册资本的最低限额为人币三万元。法律、行政法规对有限责任公司注册资本的最低限额有较高规定的，从其规定。”那么，我们可以设想一下，一个注册资本只有3万元的小公司，要让其因为商业秘密的被侵犯而遭受50万元以上的损失，这几乎是个天方夜谭的故事。如果这个情况不可能出现的话，“现行刑法的规定几乎将一个尚可以正常运转的小型公司的商业秘密排除于刑法的保护范围”④。

---

① 依笔者之见，该行为似乎并无入罪的必要。

② 胡云腾、刘科：《知识产权刑事司法解释若干问题研究》，《中国法学》，2004年第6期。

③ 根据最高院参与起草《关于办理侵犯知识产权刑事案件具体应用法律若干问题的解释（一）》的工作人员的说明，之所以仍然维持《追诉标准》中的“50万元以上”这一标准，主要是基于以下原因：侵犯商业秘密的案件较少；商业秘密的界定比较困难；给商业秘密权利人造成重大损失的计算范围目前尚无定论，论证一个成熟的计算方法还需进一步的调查研究。

④ 齐文远、唐子艳：《德国商业秘密刑法保护及其启示》，《中南民族大学学报》2013年第4期。

五、《刑法》第219条第1款第（三）项的修正

根据《刑法》第219条第1款第（三）项的规定①，从法理上理解的话，泄露商业秘密行为的主体是因业务关系等正当原因而知悉商业秘密的，这些主体一般与权利人订有保密约定。因此，这类行为的刑事可罚性是违反契约上的保密义务。笔者认为，此项规定存在明显的缺陷，在刑事法网设计上显得"'严'不足，'厉'过头"。

其一，刑法调整违反契约义务的行为有违谦抑性原则。

如上所述，行为人知悉商业秘密的前提在于正常的商业行为、业务关系等，一旦违反约定披露、使用或者允许他人使用其所掌握的商业秘密，本质上是对契约义务的违背，是一种不诚信的行为。这种情况中，行为人与权利人存在契约约定（保密义务），在社会生活的民事领域，合同履行过程中的可能违约行为是合同主体预见能力之内的。对于违约行为，合同主体完全可以通过民事救济的方式进行追偿，所以即使存在所谓的重大损失也不能成为刑法介入的理由，否则有违刑法的谦抑性原则。

其二，刑法调整违反法定义务的行为是合理的。

---

① 我国《刑法》第219条规定："有下列侵犯商业秘密行为之一的……（一）以盗窃、利诱、胁迫或其他不正当手段获取权利人的商业秘密的行为；（二）披露、使用或允许他人使用以前项手段获取的权利人的商业秘密；（三）违反约定或者违反权利人有关保守商业秘密的要求，披露、使用或者允许他人使用其所掌握的商业秘密的。明知或者应知前款所列行为，获取、使用或者披露他人的商业秘密的，以侵犯商业秘密论……"所以，侵犯商业秘密的行为可以归纳为以下三类：1. 商业间谍行为。这类行为涵盖了第（一）、（二）项的内容，行为人对商业秘密的知悉源于不正当手段。2. 泄露商业秘密的行为。即第（三）项内容，此处的商业秘密是行为人通过正当途径所知悉。3. 间接侵犯商业秘密的行为（参见马克昌：《经济犯罪新论——破坏社会主义市场经济秩序罪研究》，武汉大学出版社1998年版，第546页。）。即《刑法》第219条第2款的内容，这里的商业秘密源于间接获取，即由前两类侵权人向行为人提供商业秘密。1979年《刑法》对于侵犯商业秘密犯罪没有提及，但规定对于泄露涉及国家经济建设和建设发展的重要技术秘密的行为，可按泄露国家秘密罪定罪处罚。后来，随着侵犯商业秘密行为的日益猖獗，"两高"又相继发布规范性文件，对于窃取技术秘密（重要技术成果）的行为，以盗窃罪追究刑事责任（1994年6月17日，最高检和国家科技委联合发布的《关于办理科技活动中经济犯罪案件的意见》第5条规定："对于非法窃取技术秘密，情节严重的，以盗窃罪追究刑事责任"；1994年9月29日最高院发布的《关于进一步加强知识产权司法保护的通知》第3条第2款规定："对于盗窃重要技术成果的，应当以盗窃罪依法追究刑事责任。"）1997年《刑法》第219条专门规定侵犯商业秘密罪，列举了具体犯罪情形，并设置了相应的法定刑。2001年最高检和公安部联合发布《关于经济犯罪案件追诉标准的规定》、2004年"两高"发布《关于办理侵犯知识产权刑事案件具体应用法律若干问题的解释（一）》等司法文件和司法解释，进一步明确侵犯商业秘密罪的定罪量刑内容。

对于一些纯粹的违反法定义务的行为，如偷税罪、交通肇事罪等，可以进行刑法规制。原因在于，这些“法定”义务都是源于法律的明确规定，这些规定的针对对象往往是那些具有特殊身份的群体。而《刑法》第 219 条第 1 款第（三）项的内容对此似乎是毫不关心，完全没有提及。如此，在罪刑法定铁则的光环下，现有刑法将一部分本应定罪处罚的违法行为排斥在刑法调整范围之外，凸显着刑事法网的稀疏。现实生活中，我国存在一些因为特殊身份原因而知悉商业秘密的主体，如税务官员、证券市场监管官员、律师和会计师等。这些主体一般没有和商业秘密权利人约定保密义务，所以一旦泄露所获悉的商业秘密，商业秘密权利人无法通过违约之诉去追究对方的责任，其损失更是难以追偿。而限于现有的法律规范框架，无法找到“法定”义务的支撑，刑事法律对此也是显得无能为力。笔者认为，这些特定的群体由于其业务关系、工作关系比常人易于知悉权利人的商业秘密，这样的职业基础就要求他们负有保守商业秘密的义务。并且，这样的义务不仅仅来自于职业道德的束缚，更应该源于法律的明文规定。通过查阅相关法规，笔者发现，我国《律师法》第 33 条、《商业银行法》第 53 条和 84 条、《证券法》第 169 条、《税收征收管理法》第 36 条等，明确规定了律师等相关主体负有保密义务。刑法第 219 条第 1 款第（三）项规定的一般违约行为，其刑事可罚性明显弱于对这类义务的违反。域外刑法对泄露秘密行为的刑事处罚，体现了这一原理。如《德国反不正当竞争法》第 18 条将盗用样品行为列入刑罚处罚对象，盗用样品罪的前提必须是有委托行为，委托对象包括生意上的伙伴，也包括专业人士，如律师、会计师、税务顾问和立法机构所属调查委员会的成员等。其他国家如《法国刑法典》第 226 条，《瑞士刑法典》第 320 条、第 321 条，《日本刑法典》第 134 条、《日本改正刑法草案》第 134 条、第 317 条、第 318 条，《俄罗斯刑法典》第 183 条等均有类似规定。而我们却做出了截然不同的规定。

六、“应知”的合理性思考

《刑法》第 219 条第 2 款规定：“明知或者应知前款所列行为，获取、使用或者披露他人的商业秘密的行为，以侵犯商业秘密论。”这就是所谓的“第三人侵犯商业秘密罪”（理论界也称间接侵犯商业秘密罪）。从《刑法》第 219 条第 2 款的字面意思看，这里的“应知”指的是行为人有“应知”

的义务，但未能知道“前款所列行为”，行为人“应知”而未知的，属于疏忽大意的过失，很多学者都是持这种观点。① 然而，这一规定却遭到了众多的反对意见，笔者也赞同这样的反对意见，理由如下。

第一，近代以来，各国从罪刑法定的实质正当化和刑法的谦抑性出发，在考量刑事可罚性时，一般要求过失行为本身需要具备与故意行为相当的刑事可罚性。因此有处罚故意犯为主、处罚过失犯为辅的通例。还有一个立法通例，那就是经济犯罪几乎就等同于故意犯罪。作为经济犯罪的一种，侵犯知识产权犯罪又属于典型的法定犯（行政犯）。通过研究知识产权制度产生的历史，我们可以知道该制度的产生源于人们的功利化需求，无关于人类伦理道德。侵犯知识产权的行为之所以需要刑法规制，是社会政策调控的需要。从过失犯罪的基础理论来看，日常生活是过失犯罪关注的主要领域，过失的评判标准的公众的一般性注意义务，“它们大多是与日常生活有关的社会共同生活准则”②。过失犯罪的刑事可罚性往往基于对一般性注意义务的违反，且这种违反有着较明显的伦理道德可谴责性。所以，从刑法的实质化（正当性）出发，一般情况下，行为人的故意心态才具备刑事可罚性，而过失行为宜定性为一般违法行为。因此，侵犯商业秘密罪是典型的法定犯，缺乏设立普通过失犯罪的刑事可罚性基础。

第二，我国现行《刑法》对100多种经济犯罪的规定中，只有两个过失犯罪名，即《刑法》第168条规定的“国有公司、企业、事业单位人员失职罪”、第229条第3款规定的“出具证明文件重大失实罪”。但是，上述两罪都是对特定业务的过失犯罪，其刑事可罚性是基于行为人对特殊注意义务的违反。因此，将过失侵犯商业秘密的行为入罪将会打破我国刑法关于经济犯罪基本上仅限于故意犯罪立法格局的平衡。③ 可见，对于过失型的经济犯罪，现行刑法的设置是慎之又慎，这是立法者基本态度的体现，

---

① 赵秉志主编：《当代刑法学》，中国政法大学出版社2009年版，第547页；党建军主编：《侵犯知识产权罪》，中国公安大学出版社2003年版，第179页；李富友：《侵犯商业秘密罪的罪过形式探讨》，《时代法学》2003年第2期。

② 姜伟：《论普通过失与业务过失》，《中国人民大学学报》，1994年第3期。

③ 如果将过失侵犯商业秘密行为入罪的话，意味着过失销售伪劣产品等诸多的过失经济违法行为都要入罪。如此一来，《刑法》就得进行大的修改。有违国内外通行的处罚故意犯为主、处罚过失犯为例外的通例。参见赵秉志、刘志伟、刘科：《中国侵犯商业秘密罪立法完善研究》，赵秉志主编：《国际化背景下知识产权的刑事法保护》，中国人民公安大学出版社2011年版，第422页。

是遵循刑罚补充性和符合过失犯罪的基本理论的。过失侵犯商业秘密行为的入罪实在是这一正确立法取向中的“美中不足”。

第三，将第三人过失侵犯商业秘密行为入罪，妨碍了科技信息的传播。现行刑法的这般规定，说明行为人承担刑事责任的可罚性基础在于对危害结果的发生负有预见的义务。但是，由于商业秘密的秘密性一般人无从得知，有时接触到了也很难判断哪些是商业秘密。如果让第三人处在这种时时担心自己受到刑事处罚的惶恐之中，势必导致人们在科技交流活动中顾虑重重，不利于科技信息交流，而科技信息的特点决定它只有被广泛传播运用才能发挥效应。所以，对一般的过失侵权行为，宜本着刑法的谦抑性原则，不轻易入罪，给科技信息的交流“创造更加宽松的环境”①。

最后，《刑法》第219条第1款规定的直接侵犯商业秘密犯罪的规定与第2款规定的过失侵犯商业秘密犯罪的规定相矛盾。按照第1款的规定，行为人出于故意才能够成本罪，而过失不能入罪；而第2款的规定却导致第三人的间接过失行为可以入罪。如此规定给人造成的感觉就是：直接侵权行为的“过失”反而轻于间接侵权行为的“过失”，而这样的逻辑明显是不妥的，是有违刑法基本原理的。其实，在日常生活中，也存在第二人过失侵犯商业秘密的情况。比如，有的行为人违反保密义务过失泄露了商业秘密。面对如此不协调的立法状况，有的学者认为，这是立法者意图利用刑法的强制性去“规范人才市场的竞争秩序”。② 可是，直接侵权行为人的过失行为，也同样破坏了这种秩序，那为何对此不按犯罪论处？

综上，对于特定行为社会危害性的评估，一般是将行为人的主观恶性作为重要参考依据。因为在刑事法律领域，基于刑法机能的原理③，行为人的主观要素是定罪量刑时必须考量的内容。将过失侵犯商业秘密的行为犯罪化，这或多或少背离了刑法的人权保障机能，有违刑法的谦抑性。与此相对应，在民事法律领域，对侵权行为关注更多的是实际的损害结果是何种状态。理由是，在私法思维中，一旦权利遭到侵害，最通用的救济途径就是赔偿损害，让当事人的法律关系恢复到最初状态。因此，笔者认为，

① 赵永红：《侵犯知识产权犯罪研究》，中国法制出版社2004年版，第429页。

② 游伟、张本勇：《侵犯商业秘密罪研究》，陈兴良主编：《刑事法判解》（第2卷），法律出版社2000年版，第106页。

③ 尤其是刑法的人权保障机能。

对于过失侵犯商业秘密的行为，民事救济足矣；对于故意侵犯商业秘密的行为，刑法予以规制才是合情合理的选择。即便立法者的初衷是善意的（规范人才市场的竞争秩序），要用刑法规制第三人的过失侵权行为，也“应当将故意犯罪和过失犯罪分开，再设立一个新的罪名”。①

七、对跨境商业间谍行为定罪处罚

如前所述，我国刑法规定的侵犯商业秘密罪的行为主要表现为三种类型，即商业间谍行为、泄露商业秘密行为、间接侵犯商业秘密行为。这三类行为虽然在犯罪对象、侵害客体等方面相同，但各自的社会危害性及其程度是有明显区别的。在知识产权领域，商业秘密独特性明显，其所涵盖的内容往往是不公开的，正是这种“秘密”状态才能给权利人带来经济效益。当前的国际经济竞争已呈白热化状态，各类情报刺探行为层出不穷、屡出新招。境外有关机构和个人对我国商业秘密的窃取更是变本加厉，给我国的相关行业和国家经济带来极大损失。“力拓案”便是其中的典型代表：

案例：2009 年 7 月 5 日，澳大利亚力拓公司②上海办事处胡士泰等 4 人被上海市国安局刑事拘留。2009 年 7 月 9 日，上海市国安局称，上述 4 人采取不正当手段刺探窃取中国国家秘密。2009 年 8 月 11 日，胡士泰等 4 人被正式批捕时的罪名则降格为“涉嫌侵犯商业秘密罪和非国家工作人员受贿罪”。2010 年 3 月 22 日，上海市检察机关以涉嫌侵犯商业秘密罪、非国家工作人员受贿罪，对 4 人作出批准逮捕决定。力拓案牵出铁矿石贿赂链，涉及多方利益。2010 年 3 月 29 日，上海市第一中院作出一审判决，认定胡士泰、王勇、葛民强、刘才魁 4 人犯非国家工作人员受贿罪、侵犯商业秘密罪，分别判处其有期徒刑 7 年到 14 年不等。

2009 年 7 月 13 日，媒体透露，被相关部门带走的力拓公司上海办事处办公室的电脑内存有大量国内钢企重要信息，涉及原料库存、生产经营等。相关人士称，了解原料库存、生产安排、销售情况等细节的人不超过 10 个，

① 赵永红：《侵犯知识产权犯罪研究》，中国法制出版社 2004 年版，第 428 页。

② 澳大利亚的力拓公司、澳大利亚的必和必拓公司和巴西的淡水河谷公司，并称世界铁矿石“三巨头”。

矿山能够掌握这些企业机密，可能已买通相关企业的具体生产经营人士。而据消息人士反映，像力拓这样的大型铁矿公司从区域负责人到具体办事人员，都会定期到国内各个大型钢企“调研”，“宾主”的接待层次更是一一对应，感情沟通是其重点内容。此外，除了派遣内部人员到各地钢企“调研”和收买中国钢企员工以外，力拓公司还专门高薪“聘请”政府人员、相关领域专家等，这些人对中国钢铁市场非常了解，且有熟稔的人脉。有法律专家表示，虽然没有最终授权，但世界铁矿石“三巨头”任何一家进的业务拓展尤其是商务谈判都代表了其余两家。

力拓案牵连甚广，中国20家企业可能被取消铁矿石进口资质。2009年7月，澳大利亚外交部长史蒂芬·史密斯（Stephen Smith）要求中国方面通报更多该案细节，甚至连总理陆克文都就该事表达了希望与中国领导人进行会谈的意愿。

受力拓案的影响，该公司股价跌幅达30%，虽然最终力拓利用中铝之前的195亿美元注资成功化解了公司的财务危机，但公司商誉折算直接损失将近1000亿元。更牵扯出了力拓等一些外企在中国有偷税漏税、商业间谍，与政界腐败等相关问题。相应的，也揭示了中国内部的体制，特别是铁矿石进口资质管理制度科学性合理性不足，中国钢铁业腐败盛行等问题。随着力拓深陷“间谍门”，更引来了中国铁矿石市场要重新洗牌的猜论。另外，该事件引起了中澳两国贸易关系的紧张，也有国际企业对中国投资环境表示担忧的言论传出。而中国国内出现了部分钢企疏离国外企业，高层纷纷“出国公干”的现象。之前在进行的铁矿石谈判也受此影响而暂时中止。事件也引向媒体与社会对中国经济安全方面，甚至相关立法方面的关注。

在很多国家，商业间谍行为尤其是跨境商业间谍行为，危害了一国的特定行业发展乃至国家利益。因其独有的危害性，往往被施以刑事重罚①。如《德国反不正当竞争法》就规定，商业间谍行为的法定刑是3年以下有期徒刑或并处罚金；跨境商业间谍行为的法定刑则为5年以下或并处罚金。韩国2006年制定了防止和保护产业技术泄露的《产业技术泄露防止法》，在此之前，韩国已经有了防止不正当竞争和保护商业秘密的相关法律，对

① 杜国强：《侵犯知识产权犯罪比较研究》，中国人民公安大学出版社2005年版，第336页。

商业间谍乃至经济间谍的犯罪进行防范。《产业技术泄露防止法》不单纯对国内企业间的商业秘密侵害行为，还从国家经济安全出发，规范了对商业秘密的侵害行为，明确了其保护对象不仅是企业的商业秘密，还包括和产业技术开发、普及、应用相关的国家研究机关和高校等各机构的全部产业技术，这一点具有特殊意义。并且，与注重事后控制的《不正当竞争法》不同的是，《产业技术泄露防止法》中还包括事先防范措施，此点亦具有独特意义。①

可是，我国刑法对这种具有严重社会危害性的跨境商业间谍行为却"置之不理"。对于所有的侵犯商业秘密行为，现有的刑法规定设置了相同的犯罪构成模式②和幅度一致的法定刑③，如此稀疏的法网放纵了跨境商业间谍行为，实为刑事立法的缺陷。其实，解决这一问题并不需要在立法上"大动干戈"，我们可以考虑在现行《刑法》第 219 条第 2 款之后增设一款内容，即"为境外非法获取或提供商业秘密的，从重处罚"的规定，如此一来，既弥补了相关刑事立法的不足，也符合刑法的罪责相适原则。此外，之所以将这种经济间谍行为规定为"从重"处罚情节而不是"加重"处罚情节，"是因为我国刑法对于侵犯商业秘密罪的法定刑最高为 7 年有期徒刑，与域外国家相比已经较重，所以，对于经济间谍行为没有必要再加重处罚，从重即可"④。

---

① ［韩］李廷元：《关于韩国产业技术不正当泄露处罚规定的问题点及对策》，赵秉志主编：《国际化背景下知识产权的刑事法保护》，中国人民公安大学出版社 2011 年版，第 245 页。

② 即结果犯模式，都要求有"给商业秘密的权利人造成重大损失"的结果行要件。

③ 《刑法》第二百一十九条对侵犯商业秘密罪设置了两档法定刑：3 年以下有期徒刑或拘役，并处或单处罚金；3 年以上 7 年以下有期徒刑，并处罚金。

④ 赵秉志、刘志伟、刘科：《中国侵犯商业秘密罪立法完善研究》，赵秉志主编：《国际化背景下知识产权的刑事法保护》，中国人民公安大学出版社 2011 年版，第 428 页。如前所述，就侵犯知识产权的具体犯罪类型来说，对于侵犯商业秘密犯罪从宽治理。但对于该罪当中的"为境外窃取、刺探、收买或者非法提供商业秘密的行为"，笔者建议从重处罚。学者对为什么是"从重"而不是"加重"也作了详细说明。综上，在不同的个罪以及个罪的不同行为上实施"区别对待"，是对宽严相济刑事政策的最好诠释。有的学者提出应当设立单独的"经济间谍罪"，如雷山漫：《中国知识产权刑法保护》，法律出版社 2014 年版，第 76 页；赵永红：《知识产权犯罪研究》，中国法制出版社 2004 年版，第 430 页。对此，笔者认为尚无必要。

第二节　我国知识产权刑法“刑”的完善

一、TRIPS 协定中的刑罚措施研究

（一）TRIPS 协定中刑罚措施的解释制度

TRIPS 协定前言部分规定包括刑罚措施在内的知识产权保护措施的“有效、适当”的原则性要求；TRIPS 协定第六十一条规定侵犯知识产权犯罪的刑罚措施：全体成员均应提供刑事程序及刑事惩罚……可以采取的救济应包括处以足够起威慑作用的监禁，或处以罚金，或二者并处，以符合适用于相应严重罪行的惩罚标准为限。而对于“有效、适当”、“足够起威慑作用”以及“符合适用于相应严重罪行的惩罚标准”的理解，目前仍需要借助于 WTO 的解释规则。该解释权仅仅被授予部长级会议和总理事会，且规定对各类协议进行解释的决议应当经成员国四分之三以上多数通过。但在实际操作中，由于 WTO 特有的争端解决机制，专家组和上诉机构在解决因协议产生的争端时，会直接对协议文本做出解释。这种解释虽然不具备英美法上判例的效力，但呈现出越来越强烈的先例遵从效力。因此，原本只有部长级会议和总理事会享有的解释权实际上转移给了专家组和上诉机构。事实上的解释主体确定之后，解释所依据的规则就是关键所在了。根据《关于争端解决规则与程序的谅解》第三条规定，WTO 争端解决机构应该按照国际公法习惯法中关于解释条约的规则澄清相关规定，而关于“国际公法”已经形成的共识就是指《维也纳条约法公约》（VCLT）。VCLT 第三十一条规定解释跳跃的一般性规则：条约的解释应依其用语按照其上下文并参照条约的目的及宗旨所具有的通常意义，善意地进行解释。第三十二条规定不补充解释规则，将其他足以作为解释参考依据的内容作为解释条约的补充资料，例如条约的草案、准备文件以及缔结条约的背景情况等。①

依据上述解释规则，TRIPS 协定的“上下文”中的前言部分第一段指出，成员方期望该协定能减少国际贸易扭曲并促进知识产权的有效及适当

① 白桂梅：《国际法参考资料》，北京大学出版社 2002 年版，第 245 页。

保护；第二段指出相关条款须考虑到成员国法律体系的差异；第五段指出成员方应承认关于知识产权保护的重要公共政策目标；第六段特别指出发展中国家为创造坚实的科技基础，在执行本国法律时享有最大的灵活性。此外，TRIPS 协定第一条第一项明确强调成员国有权决定执行相关条款在其国内的履行方式。因此，根据通行的国际解释制度，对于保护知识产权的刑罚措施的解释，必须充分考虑成员国的诸如国内重要公共政策目标之类的利益，必须综合考量成员国国情。

（二）TRIPS 协定中刑罚措施的具体解释

对于 TRIPS 协定中的刑罚种类，各成员国虽然有不同的理解，但考虑到成员国之间法律体系的差异，这种刑种上的区别并没有引起太大争议。例如，A 国规定罚金是主刑，但并不影响 B 国将罚金认定为附加刑；A 国的保安处分必须加以监禁，与 B 国规定的无监禁的保安处分并不矛盾冲突。但是，在刑罚程度上，对于“足够起威慑作用”、“以符合适用于相应严重罪行的惩罚标准为限”的理解，成员国之间分歧较大。

1. “足够起威慑作用”的具体解释

“足够起威慑作用”，实际上就是指刑罚功能，包括个别预防中对犯罪人的个别威慑作用以及一般预防中对潜在犯罪人的警示及威慑作用。在侵犯知识产权犯罪中，如何判定某种刑罚的威慑力呢？有人以盗版为例，认为可行的标准就是以盗版率来判断，即某种刑罚适用后，如果盗版率下降则视为发挥了威慑作用，反之则不然。① 笔者认为这一标准过于单一，令人难以信服。相对而言，有学者提出的“横向纵向结合”模式值得借鉴。威慑作用本身是一个相对的概念，不可能对其定绝对标准，所谓的横向比较，即把某一成员国侵犯知识产权犯罪的刑罚措施与其他主要成员方进行比较；所谓纵向比较，即把某一成员国侵犯知识产权犯罪的刑罚措施放在其本国刑罚体系中加以考察，将它与严重程度类似的犯罪的刑罚措施相比较。②

吉尔兹认为，法律如同民族意志，都是具有地方性意义的技艺，只有

① 薛景文：《TRIPS 协定执行程序刑事部分解释适用对我国著作权法刑罚章影响之研究》，台湾大学 2005 年硕士论文，第 58 页。

② 刘科：《TRIPS 协定中的刑罚措施研究——兼论中国侵犯知识产权犯罪刑罚措施的立法完善》，《知识产权》2010 年第 6 期。

依靠地方性知识，才能进行法律的运作。[①] 在这一点上，公法体现得尤为明显。但是，基于人类文明的某些共同性，作为人类法律制度的组成部分，刑法同样也包含着体现人类法律文明共同属性的要素，因而在发展过程中也存在相互吸收先进经验以及与国际接轨的问题，从而导致世界各国和地区的侵犯知识产权犯罪刑罚措施具有一定的趋同性。因此，在横向比较某成员国侵犯知识产权犯罪刑罚措施是否“足够起到威慑作用”时，该成员国的刑罚措施是否能做到与世界各主要国家和地区刑罚措施大概一致，是存在操作可能性的。根据横向比较，除了个别国家，目前全球范围内侵犯知识产权犯罪刑罚措施呈现出“刑种多元、刑度轻缓”的总体趋势，除了罚金刑由于各成员方经济发展水平的差异而有较大差别以外，监禁刑都差别不大，其下限基本上在3个月至6个月之间，上限基本上在5年至7年之间。[②]

世界各国和地区刑罚制度存在诸多共同特征的同时，也存在着较多的个性差异。正因为如此，TRIPS协定留给成员方足够的裁量空间。因此，在判断是否“足够起到威慑作用”时，纵向比较某成员国侵犯知识产权犯罪刑罚设置与该国其他类似犯罪刑罚设置是否均衡，也是重点考虑因素之一。在中国，与侵犯知识产权犯罪社会危害相对应的是刑法分则第三章规定的破坏社会主义市场经济秩序罪，尤其是其中的非法经营罪与妨害公司、企业管理秩序罪等。而在世界上其他大部分国家和地区，与侵犯知识产权犯罪社会危害相对应的则是侵犯财产犯罪。经过比较，如果某成员国侵犯知识产权犯罪的刑罚措施明显低于该国其他类似犯罪的刑罚措施，则很难说其刑罚措施足够起到了“威慑作用”；反之，如果某成员国侵犯知识产权犯罪的刑罚措施与该国其他类似犯罪刑罚措施相当，则大体上可以称之为起到了“威慑作用”。[③]

2. “以符合适用于相应严重罪行的惩罚标准为限”的具体解释

“以符合适用于相应严重罪行的惩罚标准为限”，体现的是侵犯知识产权犯罪刑罚措施的上限。也就是说，TRIPS协定对于侵犯知识产权犯罪采取的并非从严打击态度，侵犯知识产权犯罪的刑罚措施要与相应严重罪行的

---

① ［美］克利福德·吉尔兹：《地方性知识：事实与法律的比较透视》，载于梁治平主编：《法律的文化解释》，三联书店1994年版，第73页。

② 详见表5－1。

③ 刘科：《TRIPS协定中的刑罚措施研究——兼论中国侵犯知识产权犯罪刑罚措施的立法完善》，《知识产权》2010年第6期。

社会危害性相适应。贝卡利亚曾指出，刑罚应该是在既定条件下尽量轻微的，应该是恰好能制止犯罪的一种限度。超出制止犯罪的需要的限度的刑罚是不必要的。① 这体现的就是刑罚的谦抑性，因此，TRIPS 协定对侵犯知识产权犯罪刑罚措施的要求符合刑罚的谦抑性原则。在刑罚措施的上限问题上，判断是否“适用于相应严重罪行的惩罚标准”，也需要进行上述的横向与纵向比较。值得注意的是，随着侵犯知识产权犯罪的泛滥和危害的加大，其刑罚措施也日益趋向严厉，尤其是罚金刑最高数额的规定上，呈现出越来越重的趋势。② 对此，在对世界各国和地区侵犯知识产权犯罪刑罚措施上限进行比较时，应密切注意这一变化。

二、域外知识产权刑法保护刑罚设置概况

随着西方发达国家主导的从严打击侵犯知识产权犯罪国际潮流的发展，各国不同程度地加强了对知识产权的刑法保护。这其中，体现最突出的便是知识产权刑事立法的刑罚设置。为便于对域外关于侵犯知识产权犯罪的刑罚设置情况有一个直观的了解，笔者制订了如下表格。③

表 5－1　域外侵犯著作权犯罪的刑罚

国别	最高刑期和最高罚金	最低刑期和最低罚金
日本	3 年或 100 万日元	1 年以下或 10 万日元
德国	5 年或罚金	1 年以下或罚金
法国	3 年和 30 万欧元	
意大利	2000 里拉	500 里拉
巴西	1 年	3 个月以下或罚金
英国	2 年或罚金	6 个月以下或处罚金
美国	10 年或 50 万美元	1 年以下或 2.5 万美元
中国台湾地区	5 年或 200 万新台币	6 个月或 7 万新台币
中国香港地区	8 年或 50 万港元	

① ［意］贝卡利亚：《论犯罪与刑罚》，黄风译，中国大百科全书出版社 1993 年版，第 59 页。
② 赵秉志、刘科：《国际知识产权刑法保护的发展趋势》，《政治与法律》2008 年第 7 期。
③ 表 5－1、表 5－2、表 5－3 部分参考孙万怀：《侵犯知识产权犯罪刑事责任基础构造比较》，《华东政法学院学报》1999 年第 2 期；刘科：《中国知识产权刑法保护国际化研究》，中国人民公安大学出版社 2009 年版，第 85－96 页。另外，所列刑罚均为自然人犯罪的刑罚。

表 5－2　域外侵犯商标权犯罪的刑罚

国别	最高刑期和最高罚金	最低刑期和最低罚金
日本	5 年或 50 万日元	3 以下年或 20 万日元
德国	6 个月或 180 天日额罚金	
法国	2 年或 100 万欧元罚金	还可判处不超过 5 年的资格刑
英国	终身监禁①	6 个月
美国	10 年或 200 万美元	
巴西	1 年	3 个月或罚金
韩国	7 年或 8.4 万美元	
中国台湾地区	3 年或 20 万新台币	
中国香港地区	5 年或 50 万港元	2 年以下或 10 万港元

表 5－3　域外侵犯专利权犯罪的刑罚

国别	最高刑期和最高罚金	最低刑期和最低罚金
日本	5 年或 50 万日元	3 年以下或 20 万日元
德国	5 年或罚金	3 年以下或罚金
法国	5 年或 5 万法郎	3 万法郎（还可判处不超过 5 年的资格刑）
巴西	1 年或 1.5 万克罗赛罗	6 个月或 1 千克罗赛罗
英国	2 年或罚金	200 英镑罚金
美国	10 年或罚金	500 美元
中国台湾地区	无此规定②	

① 该刑罚适用对象为侵犯在英国已享有盛誉的“驰名商标”且情节严重的行为。参见王志广:《中国知识产权刑事保护研究》（理论卷），中国人民公安大学出版社 2007 年版，第 168 页。

② 如前文所述，我国台湾地区对于专利权的刑法保护经历了“从无到有，再从有到无”的过程，从 2003 年 3 月 31 日起，对侵害专利的救济完全回归民事领域。

表 5-4 域外侵犯商业秘密犯罪的刑罚

国别	最高刑期和最高罚金	最低刑期和最低罚金
日本	3 年或 300 万日元	
意大利	2 年或 20000 里拉	1 年以下或 12000 里拉
法国	5 年和 12 万法郎	3 个月和 500 法郎（还可判处不超过 5 年的资格刑）
德国	5 年或罚金	1 年以下或罚金
瑞士	6 个月	
英国	没有相关规定①	
美国	10/15 年②或 50 万美元	10 年以下或 25 万美元
中国台湾地区	2 年或 2000 台币	1 年以下或 1000 台币

三、域外知识产权刑法保护刑罚设置的特征

（一）轻刑化理念凸显

现代刑法逐渐摒弃了古代刑法的报应刑观点，秉持罪刑法定和罪责刑相适的原则，寻求科学合理地设置刑罚，重点考量刑罚的实施效应。边沁将犯罪人的罪刑相适应规则理解为：在两个相关联的罪行中，相比而言较严重的犯罪应适用严厉的刑罚，这样可以威慑罪犯在犯罪初期阶段情节轻微的时候停止犯罪。当某人具备犯两个罪行的主、客观条件时，这两个罪刑是相关联的。犯罪行为人最开始可能只是打算抢劫，但也可能从抢劫转换为谋杀。对谋杀这一罪行的刑事制裁就要厉于抢劫，以起到刑罚的威慑作用。“如果对所犯的每份恶都规定与之相适的刑罚，就等于良好地遵循了这一规则。”③ 侵犯知识产权犯罪固然具有其社会危害性，但相对于一些暴力型自然犯罪，其所受的伦理道德层面的谴责性明显要少很多。因此，各

① 如前文所述，在商业秘密的刑法保护方面，英国的做法比较谨慎，至今还没有相关法案出台。究其原因，实务界一直以来都不认为秘密信息是财产或具有所有权，侵占商业秘密不能适用传统的盗窃财产犯罪。参见孔祥俊：《商业秘密保护法原理》，中国法制出版社 1999 年版，第 248－249 页。

② 分别为跨境经济间谍罪和侵夺商业秘密罪的最高刑。

③ ［英］吉米·边沁：《立法理论——刑法典原理》，孙力等译，中国人民公安大学出版社 1993 年版，第 69 页。

国对该罪的法定刑一般都设置得较轻。美国《商标假冒条例》规定，自然人犯假冒商标罪的，应当判处25万美元的罚金，或者并处5年监禁；非自然人的，应当判处100万美元的罚金。① 英国相关法律规定，犯侵犯商标权罪的，应当判处6个月至10个月的有期徒刑。② 侵犯专利犯罪的，其法定刑以2年有期徒刑为限：对于伪造专利记录罪，应当判处不超过1000英镑的罚金，经过起诉宣判的，判处2年以下有期徒刑或罚金，或判处有期徒刑并处罚金；对于假冒专利罪，应当判处不超过200英镑的罚金；对于假冒已申请专利罪，应当判处不超过200英镑的罚金；对于滥用专利局名义罪，应当判处不超过500英镑的罚金。侵犯著作权犯罪的，其法定刑有两种类型：适用简易程序的，法定刑为6个月以下监禁或不超过法定最高限额的任意罚金，或二者并处；适用陪审裁决程序的，法定刑为2年以下监禁或不超过法定最高限额的任意罚金，或二者并处。③ 德国对侵犯专利权犯罪的法定刑规定为应处3年以下监禁或者罚金，如果是行为人职业性地实施该行为的，处5年以下监禁或者罚金。侵犯商标权犯罪的法定刑规定为应处3年以下监禁或者罚金，如果是行为人职业性地实施该行为的，处5年以下监禁或者罚金。对于侵犯著作权犯罪，德国法律分别规定：对受著作权法保护的著作的不法使用罪，应处1年以内监禁或课以罚款；不经许可显示著作人名称罪，应处1年以内监禁或课以罚款；对有关权利的不法侵犯罪，应处1年以内监禁或课以罚款；不法营业使用罪，应处5年以内监禁或罚款。德国对于侵犯商业秘密犯罪的惩罚规定在《德国刑法典》和《反不正当竞争法》中，是以秘密间谍活动罪论处的。除在特别严重的情况下可以处10年以下监禁外，一般情况都规定1年、3年和5年三档法定刑。④ 日本对于侵犯知识产权犯罪设定的法定刑大多是1年或3年以下有期徒刑，个罪的最高刑期也不得超过5年。法国对于侵犯商标权犯罪的法定刑规定为应处2年监禁及100万法郎的罚金。法国对于侵犯著作权犯罪的法定刑，规定应处2年监禁及100万法郎的罚金。对于冒充专利人罪，规定应处5万法郎罚金，重犯时加倍处罚；侵犯专利罪，规定应处2年监禁及100万法郎的罚金，累犯或者同

---

① 赵秉志主编：《侵犯知识产权犯罪研究》，中国方正出版社1999年版，第7页。

② 陆普舜主编：《各国商标法律与实务》，科学普及出版社1996年版，第407页。

③ 赵永红：《知识产权犯罪研究》，中国法制出版社2004年版，第52－55页。

④ 赵永红：《知识产权犯罪研究》，中国法制出版社2004年版，第55－61页。

受害人有协议的初犯加重处罚。[1] 我国台湾地区对于侵犯知识产权犯罪设定的法定刑大多是1年以下或者最高不超过3年的有期徒刑。[2]

综上，我们不难发现，域外有关侵犯知识产权犯罪法定刑的设定一般比较缓和，并不特别严厉。大多数侵犯知识产权犯罪的刑罚是3年以下有期徒刑（监禁），有些甚至更低，只有某些极为严重的侵犯知识产权犯罪才设置了5年以下有期徒刑（监禁）。据此，我们可以得出结论，对侵犯知识产权犯罪实行“严而不厉”的刑事政策无疑是世界各国和地区刑法发展的基本方向。[3]

（二）普遍规定罚金刑

作为经济犯罪的一种，侵犯知识产权犯罪具有典型的逐利特征。因此，世界各国和地区对于侵犯知识产权犯罪的刑罚设置一般都注重使用罚金刑。通常情况下，在犯罪成本不变的情况下，控制侵犯知识产权犯罪有两种办法。一是减低犯罪行为带来的收益。如降低知识产权的正当交易成本，降低正当产品的市场价格，使得侵权产品的市场丧失。二是通过法制建设来提高犯罪“行为的法律成本”。[4] 对比而言，第二种办法更具效用。提高犯罪行为的法律成本就意味着法定刑设置的高度科学性，对于侵犯知识产权这样基本以逐利为目的的经济犯罪，在法定刑的设置上更加注重经济刑的运用，往往能起到事半功倍的作用，使得侵权行为人在实施侵权行为之前面临“偷鸡不成反蚀把米”的心理困境。另外，侵犯知识产权犯罪属于非自然犯且主要为贪利型的行政犯，过度适用源自于自然犯的自由刑恐怕难以真正体现罪责刑相适应的要求。而且在世界各国和地区刑罚宽缓化的整体趋势下，对侵犯知识产权犯罪过于注重适用自由刑也存在重刑主义之嫌，而对侵犯知识产权犯罪适用经济处罚则相对较能体现对此类犯罪的本质报应。

（三）注重资格刑

侵犯知识产权犯罪中，犯罪人有时利用的往往是其特定的身份关系。

---

① 赵秉志、田宏杰：《侵犯知识产权犯罪比较研究》，法律出版社2004年版，第83页。

② 赵永红：《知识产权犯罪研究》，中国法制出版社2004年版，第71－82页。

③ 刘宪权、吴允锋：《侵犯知识产权犯罪理论与实务》，北京大学出版社2007年版，第200页。

④ 唐稷尧：《侵犯知识产权犯罪：利益背景与刑事控制》，《中国刑事法杂志》2002年第3期。

如《刑法》第二百一十九条第1款第（二）项规定的直接侵犯商业秘密的行为，行为人知悉商业秘密的途径，凭借的就是因为业务、工作关系所具备的特殊身份。因此，各国对于侵犯知识产权犯罪的刑罚设置还有一个显著的特征，那就是注重资格刑的使用。正如有些学者所言，一般而言，在控制人类行为的过程中，“机会比社会目标具有更大的作用”①。剥夺或者限制侵犯知识产权犯罪的行为人相关的资格，既可以消除其再犯机会，起到特殊预防的作用，还可以敦促他人珍惜自己的从业资格，“达到一般预防的目的”②。

第三节　我国知识产权刑法保护的刑罚研究

一、我国知识产权刑法保护刑罚设置概况

我国刑法对于侵犯知识产权犯罪的惩处，可以通过下表进行把握。

表5-5　我国侵犯知识产权犯罪的刑罚

具体犯罪	顶格刑罚	起点刑罚
假冒注册商标罪	7年有期徒刑；并处罚金	拘役；并处或单处罚金
销售假冒注册商标的商品罪	7年有期徒刑；并处罚金	拘役；并处或单处罚金
非法制造、销售非法制造的注册商标标识罪	7年有期徒刑；并处罚金	管制；并处或单处罚金
假冒专利罪	3年有期徒刑；并处或单处罚金	拘役；并处或单处罚金
侵犯著作权罪	7年有期徒刑；并处罚金	拘役；并处或单处罚金
销售侵权复制品罪	3年有期徒刑；并处或单处罚金	拘役；并处或单处罚金
侵犯商业秘密罪	7年有期徒刑；并处罚金	拘役；并处或单处罚金

① 林飞：《经济违法行为的法律经济学分析》，《法学论坛》2001年第6期。

② 赵秉志、田宏杰：《侵犯知识产权犯罪比较研究》，法律出版社2004年版，第83-84页。

二、我国知识产权保护刑罚设置的特征

如表7所示，类似于对一般经济犯罪的刑罚设置，我国刑法对侵犯知识产权犯罪的刑罚设置模式，以“自由刑+罚金刑”相结合为主。如，《刑法》第216条规定：“假冒他人专利，情节严重的，处三年以下有期徒刑或者拘役，并处或者单处罚金。”《刑法》第217条规定：“以营利为目的，有下列侵犯著作权情形之一，违法所得数额较大或者有其他严重情节的，处三年以下有期徒刑或者拘役，并处或者单处罚金；违法所得数额巨大或者有其他特别严重情节的，处三年以上七年以下有期徒刑，并处罚金……”对于单位犯罪，采取的是双罚制，《刑法》第220条规定：“单位犯本节第二百一十三条至第二百一十九条规定之罪的，对单位判处罚金，并对其直接负责的主管人员和其他直接责任人员，依照本节各该条的规定处罚。”

综合而言，我国刑法关于侵犯知识产权犯罪的刑罚设置，体现出以下特征：

（一）自由刑较重

我国刑法整体的刑罚设置，是以自由刑（主刑）为主，附加刑为辅。就侵犯知识产权犯罪的法定刑而言，其自由刑的设置幅度相对于其他经济犯罪相差不大。也就是说，我国刑法对于侵犯知识产权犯罪所设定的自由刑是较重的。知识产权犯罪作为一类经济犯罪，其犯罪目的主要是贪利，因而自由刑对该类犯罪人究竟能起到多大的犯罪遏制作用是有疑问的。同时，同其他国家相比，我国刑法中对于侵犯知识产权犯罪所设定的自由刑最高刑期为7年，这比很多国家对侵犯知识产权犯罪所规定的平均刑期为5年的自由刑多出2年。

（二）注重罚金刑

如上所述，纵观《刑法》第213—219条的规定，采取的刑罚措施都是有期徒刑并处罚金/单处罚金，主刑与附加刑一般是并列而行。这种主刑附加刑“齐头并进”的刑罚设置，立法者的意图在于限制或剥夺经济类犯罪行为人的再犯能力，并在人身自由上限制惩罚犯罪行为人，同时结合二者的使用来威慑其他人，起到一般预防的作用。相较于其他类型的犯罪，我国刑法中有关侵犯知识产权犯罪的法定刑中，罚金刑在立法与适用层面达到了前所未有的高度。侵犯知识产权犯罪作为经济犯罪的一种，带有浓厚

的贪利色彩，因而给予其严厉的经济处罚可以说是遏制其犯罪欲望的最好手段。在此理念的指导之下，我国刑法对于侵犯知识产权犯罪都规定了罚金刑，并且不仅可以单独适用，也可以并处适用。同时，侵犯知识产权犯罪罚金刑的额度也高于其他犯罪尤其是经济犯罪。

笔者认为，罚金刑的广泛使用，对于侵犯知识产权犯罪这样的经济犯罪确实甚有效果。如前所述，罚金刑限制或剥夺行为人的再犯能力，在一定程度上也可弥补因犯罪行为造成的损失①。同时，通过对侵犯知识产权这种不正当的逐利行为的经济处罚，可以有效遏制更多类似行为的发生。

第四节　我国知识产权刑法保护刑罚制度的完善

一、我国知识产权刑法保护传统刑罚的完善

我国《刑法》在第三章第七节规定侵犯知识产权罪，设置的刑罚有轻重不等的有期徒刑、拘役、管制和罚金。因此，与 TRIPS 协定第六十一条刑罚措施的规定相比较，无论是刑种，还是刑度，我国的刑罚设置至少在形式上是符合要求的。但是，与 TRIPS 协定推进知识产权刑法保护的“有效、适当”的原则性要求相比，中国侵犯知识产权犯罪的刑罚设置仍存在一定的缺陷，需要进一步加以完善。

（一）适当调整自由刑幅度

如前所述，我国《刑法》中侵犯知识产权犯罪的法定刑一般设置为两个层次：对侵犯知识产权犯罪的一般情形（违法所得数额较大或有其他严重情节等），处 3 年以下有期徒刑或者拘役，并处或者单处罚金；对侵犯知识产权犯罪的严重情形（违法所得数额巨大或有其他特别严重情节等），则处 3 年以上 7 年以下有期徒刑，并处罚金。这相较于域外大多数国家对侵犯知识产权犯罪所规定的法定刑要严厉。笔者认为，在强调轻刑化的今天，可以适当降低自由刑的最高幅度，可以将侵犯知识产权犯罪的自由刑降至 5

① 主要是国家税收和行业发展的损失。知识产权权利人的损失一般是通过民事救济程序予以挽回。

年以下。

另以《刑法》第二百一十三条、第二百一十四条和第二百一十五条为例，其分别规定假冒注册商标罪，销售假冒注册商标的商品罪，非法制造、销售非法制造的注册商标标识罪，四种罪行的刑期均分为两个量刑档次：3年以下有期徒刑或者拘役（管制）；3年以上7年以下有期徒刑，并处或者单处罚金。经过仔细分析，我们可以发现上述几种侵犯商标权的犯罪行为，不论是从社会危害程度上还是内部相互关系上，都是不同等的。就对商标权的侵犯程度而言，假冒注册商标和非法制造他人注册商标标识的行为明显要严重一些，属于直接侵害行为；而销售他人假冒注册商标的商品和销售他人非法制造的商标标识的行为，相对而言则是间接的，其对商标权的侵害也要轻一些。就这几种犯罪的内部关系而言，假冒他人注册商标的行为和非法制造他人注册商标标识的行为，具有造意功能，在侵犯商标权的犯罪中是最基本的、原始的犯罪行为，如果没有这些行为，就不可能有后续的销售行为，因而无论从哪个角度而言，都应当对这两种行为规定较重的法定刑。而销售假冒注册商标的商品的行为和销售非法制造的商标标识的行为，在侵犯商标权的犯罪中则是辅助的、派生的行为，是直接假冒行为、非法制造行为的延续。那么，对上述几种犯罪行为规定几乎完全相同的法定刑，显然是不合适的。在TRIPS协定中，大多数成员国的知识产权刑法立法中，往往针对某种侵犯知识产权犯罪的具体行为方式、主观恶性、犯罪主体等的不同规定不同的罪名，并设置不同的法定刑，罪刑结构较为协调。相对而言，我国刑法中关于侵犯商标权犯罪的罪刑结构就不大协调了，这不仅违背罪刑相适应原则，也与TRIPS协定关于刑罚设置的“有效、适当”要求相违背。对此，笔者建议维持假冒注册商标罪与非法制造注册商标标示罪的法定最高刑，降低销售假冒注册商标的商品罪与销售非法制造的注册商标标识罪的法定最高刑。

但是，随着近些年侵犯知识产权的泛滥与危害加剧，部分侵犯知识产权犯罪的刑罚措施在某些国家和地区出现了日益严厉的趋势，尤其是在自由刑、罚金刑上限的突破上体现得更为明显。如美国《侵犯版权刑事处罚修正案》将侵犯著作权罪的最高刑期由原来的“不超过5年监禁”改为“不超过10年监禁”；在法国，如果侵犯著作权的行为是犯罪集团所为，最高刑提高到5年有期徒刑和50万欧元的罚金，如果是累犯或者是与受害人有合同关系的人所为，则最高刑为10年有期徒刑或150万欧元罚金；日本《不正当竞争防止法》将侵犯商业秘密罪的法定刑上限由5年提高到10年……这其中最为引人注目的是，美国规定的为国外窃取商业秘密罪的法定刑更是达到了创纪录的15年。那么，作为崛起中的大国，我们国家是否有必要追随这一趋势，提高侵犯知识产权犯罪的法定刑上限，以便更好地与国际接轨？对于这一问题，我们必须保持清醒的认识。依据中国特色社会主义法治道路的基本原则之一，我们必须从中国实际出发，同改革开放不断深化相结合，总结和运用党领导人民实行法治的成功经验，发展符合中国实际、具有中国特色、体现社会发展规律的社会主义法治理论，为依法治国提供理论指导和学理支撑。目前，上述国家提高某些侵犯知识产权犯罪法定刑的理由主要是侵犯知识产权犯罪行为多发且危害严重，现有刑罚措施不足以惩治。但是，反观我国现状，侵犯知识产权犯罪行为是否多发且危害严重暂且不论，一般性的侵犯知识产权犯罪形成原因也是多方面的，其中既有行政执法与刑事司法的衔接不畅，导致大量的犯罪案件没有被及时移送；也有我国知识产权犯罪构成不完善，司法实践不便操作的原因；还有我国知识产权保护手段比较落后、保护意识比较薄弱原因。因此，一味地将侵犯知识产权犯罪形成原因归咎于刑法规定的法定刑过低，这是非常不客观的。而且，就惩治与防范侵犯知识产权犯罪的对策和手段而言，既然侵权行为多发且危害严重的原因是多方面的，就应该采用多种对策和手段，寻求替代措施。此外，不顾侵犯知识产权犯罪与其他类似犯罪罪刑结构的平衡，一味提高法定刑，虽然可以满足TRIPS协定中刑罚措施“足够起威慑作用”的下限要求，但违背了“以符合适用于相应严重罪行的惩罚标准为限”的上限要求，与刑法谦抑的价值取向相差甚远。再者，结合眼下的国际经济贸易秩序，以美国单方面发动的贸易战为例，部分国家提高侵犯知识产权犯罪尤其是侵犯商业秘密罪法定刑上限的做法带有明显的保护主义倾向。

（二）删除《刑法》第二百一十五条的管制刑

刑种反映刑罚手段的严厉性，例如，无期徒刑、死刑主要适用于重罪，是比较典型的重刑；刑种也反映刑罚方法的对应性，例如，罚金刑主要适用于经济犯罪。因此，科学设置刑种是罪刑相适应原则的应有之义。TRIPS协定绝大多数成员方对于侵犯知识产权犯罪（尤其是其中的侵犯著作权犯罪和商标犯罪）一般都规定了短期自由刑和（或）罚金刑，有的成员方还设置了资格刑，刑种配置基本上是“有效、适当”的。中国侵犯知识产权犯罪的刑罚规定以自由刑和罚金刑为中心，应该说刑种配置也基本上是符合要求的。但是，《刑法》第二百一十五条非法制造、销售非法制造的注册商标标识罪中规定的管制刑则令人费解。从刑罚理论来看，管制刑被认为是最轻的主刑，应该适用于“犯罪较轻而又不必关押的犯罪分子”①，但是，侵犯知识产权犯罪作为一个整体都是轻罪，那么其他的侵犯知识产权犯罪为什么都没有设置管制刑？因此，此处设置的管制刑内容空洞，缺乏刑罚的制裁性，对于经济犯罪既没有罚金刑和资格刑所具有的针对性，又没有有期徒刑的严厉性和拘役的轻缓性，对犯罪人惩戒作用很小，可以说判处管制刑基本上等于没有判刑。正如有学者指出，管制刑的适用，与其说体现了刑罚轻缓化，不如说是惩罚虚无化。② 出于刑事立法协调性、统一性考虑，可以考虑去除《刑法》第二百一十五条规定的管制刑罚。通观所有关于侵犯知识产权犯罪的法条（第213—220条），只有该条设定了管制刑罚。就该条规定的“非法制造、销售非法制造的注册商标标识罪”，其行为属性及社会危害性较之其他的侵犯知识产权犯罪行为尤其是侵犯商标权犯罪行为并无大的差别，所以就其刑罚设置应予统一化处理。同时，管制刑是我国的独创，TRIPS 协定其他成员方并没有类似的刑罚，将此处的管制刑取消则与 TRIPS 协定的刑罚措施更加一致。因此，无论是从与国内外类似犯罪刑罚措施相协调的角度考虑，还是从该刑种功能的有限性角度考虑，非法制造、销售非法制造的注册商标标识罪中的管制刑都应取消。

（三）罚金刑的变革探讨

对于罚金刑在惩处侵犯知识产权犯罪这样的经济犯罪时所发挥的效应，已经得到了比较一致的肯定。但对于是否将罚金刑提升到主刑的地位，有着不同的看法。相对而言，肯定说似乎更占优势，如有学者认为，“相当多的国家将罚金刑规定为主刑，如意大利、日本、巴西、瑞士、罗马尼亚等国家……纯粹将罚金刑规定为附加刑的只是个别国家……自刑罚步入科学时代以后，罚金刑在刑罚体系中的地位逐渐上升，成为一种仅次于自由刑

① 马克昌主编：《刑罚通论》，武汉大学出版社 1999 年版，第 186 页。
② 王利荣：《行刑法律机能研究》，法律出版社 2001 年版，第 336 页。

的刑罚。自由刑对于打击犯罪非常重要，但这并不能贬低罚金刑对于预防侵犯知识产权犯罪的作用”。① 还有学者认为，“从经济上制裁贪利者有助于剥夺犯罪人的再犯能力，尤其是当自由刑与罚金刑或者其他刑种并用时，效果更为显著”。② 对于上述观点，笔者表示一定程度的认同，但这并不能成为罚金刑“升级”的充分论据。罚金刑在一个国家刑罚体系中的地位，并不直接决定其适用性，同时，众多国家将罚金刑设定为主刑，并不能成为我国刑法也必须如此的理由。当然，刑罚的设置也不是一成不变的，我国的刑法学理论一直认为主刑只能独立适用，不能附加适用，但是附加刑可以独立适用，也可以附加适用。如果以后随着经济犯罪形势的变化，需要提高罚金刑的地位，可以考虑赋予其双重属性，即罚金刑作为主刑时，只能独立适用；罚金刑同时也可作为附加刑与其他主刑并科。这样既不悖于传统刑法学理论及司法实践惯例，又彰显了罚金刑的地位，凸显我国刑罚制度的灵活性。

（四）明确规定罚金刑数额标准

我国刑法虽然对侵犯知识产权犯罪设置了广泛的罚金刑，但是，却并没有明确罚金刑的数额标准。这有违罪刑法定和罪责刑相适应原则，给司法实践带来诸多不便，赋予法官不当的自由裁量权，使得对侵犯知识产权犯罪的经济刑处罚缺乏统一标准。在笔者所能查阅到的关于罚金刑适用标准的相关法律规范中，只有最高院 2000 年发布的《最高人民法院关于适用财产刑若干问题的规定》（以下简称《财产性解释》）这一项司法解释。《财产性解释》第二条规定：“人民法院应当根据犯罪情节，如违法所得数额、造成损失的大小等，并综合考虑犯罪分子缴纳罚金的能力，依法判处罚金。刑法没有明确规定罚金数额标准的，罚金的最低数额不能少于一千元。对未成年人犯罪应当从轻或者减轻判处罚金，但罚金的最低数额不能少于五百元。”也就是说，现有的法律规范只给我们设定了一个“不能少于一千元”和“对未成年人……不能少于五百元”的普遍性起点标准，这一标准适用于所有犯罪的罚金刑。对此，笔者不禁作如下思量：对于罚金数

① 刘科：《中国知识产权刑法保护国际化研究》，中国人民公安大学出版社 2009 年版，第 213 页。

② 卢勤忠：《中国金融刑法国际化研究》，中国人民公安大学出版社 2004 年版，第 331 页。

额的设定，一般采取的是“倍进制”方法，这点并无障碍。难就难在这种进制的基础上，立法者估计是考虑到侵犯知识产权犯罪的特殊性，一直无法准确认定和计量关于犯罪的各类数额（非法经营数额、销售金额、违法所得数额和重大损失），所以在立法时暂且对罚金额度不予规定。如前所述，这种“空白”状态带来了极大的麻烦，也不利于整个刑罚体系的建设。在今后的刑法典修订过程中，应当参照对《刑法》第三章“破坏社会主义市场经济秩序罪”当中其他经济犯罪的做法，明确罚金刑数额标准（倍进制或者限额制），以保证刑法体系的统一性和刑罚体系的协调性。当然，这一切的前提还在于对司法实践当中各类疑难数额问题的理论研究取得普遍认同的结论。

二、设置侵犯知识产权犯罪的资格刑：禁止从业

（一）明确“禁止从业”的刑罚属性

基于利用资格刑防治犯罪的一般原理，结合侵犯知识产权犯罪当中凭借特有身份的特殊情形，设立资格刑实为明智之选。侵犯知识产权犯罪行为，因其独有属性，一般刑罚措施的防治效果往往有限。所以对其设置的资格刑，也应“对症下药”，禁止从业便是首选。禁止从业，又称市场禁入，本指禁止犯罪人今后一段时期再从事与之前犯罪行为相关的特定行业的行政处罚措施或者保安处分措施。但笔者认为，禁止从业可以成为一种新型的刑罚方法。我国刑法规定了管制、拘役、有期徒刑、无期徒刑和死刑 5 种主刑以及罚金、剥夺政治权利、没收财产和驱逐出境 4 种附加刑。5 种主刑以限制、剥夺自由乃至生命为内容，附加刑里含有“剥夺”资格或能力只有剥夺政治权利一项，但这项附加刑的剥夺对象是“政治权利”（参加国家管理和政治活动的权利）。政治权利不是从业权利，仅仅剥夺政治权利无法剥夺犯罪人从事特定职业的能力。我国现行刑法显然对剥夺犯罪人相关权利持谨慎态度。但是，在侵犯知识产权犯罪领域，犯罪行为人实施犯罪时很多时候利用的是自身的职业、职务。笔者认为，与另一种附加刑——罚金类似，对侵犯知识产权犯罪人适用禁止从业的资格刑，能大大消除其再犯能力。

与笔者行文相对应的是，2015 年 8 月 29 日全国人大常委会通过的《刑法修正案（九）》，对禁止从业终于有所提及。该修正案第 1 条规定：“在刑

法第三十七条后增加一条，作为第三十七条之一：‘因利用职业便利实施犯罪，或者实施违背职业要求的特定义务的犯罪被判处刑罚的，人民法院可以根据犯罪情况和预防再犯罪的需要，禁止其自刑罚执行完毕之日或者假释之日起从事相关职业，期限为三年至五年。’被禁止从事相关职业的人违反人民法院依照前款规定作出的决定的，由公安机关依法给予处罚；情节严重的，依照本法第三百一十三条的规定定罪处罚。其他法律、行政法规对其从事相关职业另有禁止或者限制性规定的，从其规定。”而我国《刑法》第37条规定：“对于犯罪情节轻微不需要判处刑罚的，可以免予刑事处罚，但是可以根据案件的不同情况，予以训诫或者责令具结悔过、赔礼道歉、赔偿损失，或者由主管部门予以行政处罚或者行政处分。”对此，笔者认为，虽然《刑法》第37条是放在《刑法》第三章“刑罚”中，但从其内容可以看出，该条规定的事项并无刑罚属性，却有行政处罚或行政处分的色彩。《刑法修正案（九）》将禁止从业规定在《刑法》第37条，并没有赋予其刑罚属性，充其量是一种类似保安处分的非刑罚措施。那么，对于一般性经济违法行为，我国一些行政法规规定有禁止从业的行政处罚内容，而对于侵犯知识产权的犯罪行为也只是采取同样的措施，这在逻辑上是说不通的。根据《刑法修正案（九）》第1条第3款的规定，被禁止从事相关职业的人违反人民法院依照第1款规定作出的决定的，由公安机关依法给予处罚；情节严重的，依照《刑法》第313条（拒不执行判决、裁定罪）的规定定罪处罚。如此，我们可以看出，如果将禁止从业赋予区别于行政处罚性质“禁止从业”的刑罚属性，在行政、司法环节免去诸多不必要的麻烦，也使得对违法行为的行政处罚、刑事处罚“泾渭分明”，协调部门法之间的关系，凸显法律的权威性。因此，将禁止从业上升到附加刑高度，是时代发展的需求，更是司法实践的需求，有着正当的法理依据。①

（二）从业禁止在侵犯商业秘密罪的特殊“身份”：职业刑

就侵犯知识产权犯罪而言，禁止从业意味着禁止犯罪行为人继续从事知识产权行业的一部或全部，还意味着禁止犯罪自然人担任任何与知识产权行业有关的重要职务。这是一种剥夺侵犯知识产权犯罪行为人一定时期

---

① 刘宪权、吴允锋：《侵犯知识产权犯罪理论与实务》，北京大学出版社2007年版，第197－209页。

或永久从事知识产权业资格的刑罚。但是结合侵犯知识产权犯罪的特殊性而言,《刑法修正案(九)》第1条的规定尚有完善之处。侵犯知识产权罪的犯罪类型里，侵犯商业秘密罪与其他犯罪有着特殊之处：其一，是前文提及的本罪的犯罪对象"商业秘密"，其本身属性特殊，涵盖的内容是处于非公开的保密状态。其二，侵犯商业秘密罪的具体犯罪行为中，对于《刑法》第219条第1款第（三）项规定的"泄露商业秘密行为"①，这类行为的主体，如前文所述，其中有一部分具备特殊性，他们往往由其业务、职业关系而合法接触并知悉商业秘密，如税务官员、银行工作人员、证券市场监管官员、律师和会计师等。对于这类主体所实施的"泄露商业秘密行为"，笔者建议应纳入刑法调整范围。那么，我们的刑罚制度也要做相应的调整。在侵犯知识产权犯罪中，一般的犯罪行为人均为普通主体，从业禁止的刑罚处罚可以有效对其进行规制。而对泄露商业秘密的这些具备特殊职业身份的主体，从业禁止却是无能为力。在实际发生的侵犯商业秘密犯罪中，泄露商业秘密的行为人利用其合法途径知悉商业秘密、实施犯罪行为的情况并不少见。如果将其入罪的话，仅凭传统的刑罚处罚，而不对其实施从事特定职业或者担任特定职务资格的禁止，很难消除其再犯的可能性，无法实现特殊预防的目的。因为，就这一行业的特殊主体而言，他们接触商业秘密的途径是合法的，接触的机会也非常多，甚至轻而易举地能获悉一般人平常不可能接触到的商业秘密。对于这类主体的犯罪行为，如果不采取特殊规制措施的话，一则其社会危害性太大，二来会给我们的防治工作带来极大的麻烦。因而，在源头上的防控措施可以起到至关重要的作用。笔者认为，对于这类犯罪人，应该"彻底"禁止其再次从事相关行业的资格，即此处的"从业禁止"是禁止犯罪行为人今后特定时期或永久从事特定职业工作。② 区别于对其他侵犯知识产权犯罪所适用的资格刑，这里的"从业禁止"带有职业刑的色彩。

综上，此处讨论的从业禁止具有双重含义：

---

① 《刑法》第219条第1款第（三）项规定："违反约定或者违反权利人有关保守商业秘密的要求，披露、使用或者允许他人使用其所掌握的商业秘密的。"

② 对于特定行业的从业人员，尤其是当前中国金融行业、证券行业、律师行业等行业的从业人员，属于中等或中上收入阶层。如果对其触犯侵犯商业秘密罪的"泄露商业秘密行为"定罪，并在传统刑罚措施之外再施以从业禁止的"职业刑"，势必可以起到良好的特殊预防与一般预防效果。

其一，从业禁止具备行政处罚与刑事处罚的双重属性。也就是说，在一国的法律制度里，行政法当中可以设置从业禁止的行政处罚；刑事法律中也可以设置从业禁止的刑事处罚。二者从字面看没有区别，但在法律属性上有根本区别，同时，作用于被处罚人后所产生的法律后果也不一样。这一点，其实也解答了一些人可能存在的疑惑：同为从业禁止，为何要在行政法中与刑事法中同时设置，只取其一（行政处罚），同样具备强制性，又维护了刑法的谦抑性。但是，赋予从业禁止刑罚属性的根本原因在于，罪责刑相适应原则是刑法的基本原则。对侵犯知识产权犯罪的不同具体犯罪处以从业禁止的刑事处罚是必要的，并不违背刑法谦抑性。相反，这种刑罚与犯罪行为的“罪责”是一一对应的，维护了罪责刑相适应原则的权威性。

其二，如前所述，在一般的侵犯知识产权犯罪中，犯罪主体几乎都是一般主体。此处的从业禁止是一种资格刑，即禁止犯罪行为人今后一定时期或永久再继续从事与其犯罪行为相关的特定行业。而《刑法》第 219 条第 1 款第（三）项规定的“泄露商业秘密行为”，这类犯罪主体身份极其特殊，从业禁止的资格刑对其没有约束力。只有赋予从业禁止“职业刑”的属性，才能对症下药，对于该类犯罪起到良好的防治作用。如此分门别类，更体现出宽严相济刑事政策的核心要素“区别对待”。

第六章 我国知识产权刑法保护司法疑难问题之解决

第一节 指导思想：赋予罪刑法定主义时代特征

一、罪刑法定主义的传统认识

“刑法的基本原则，是指刑法本身所具有的，贯穿于刑法始终，必须得到普遍遵循的具有全局性、根本性的准则。”① 无论是在刑法学的基础理论里②，还是在刑事法律的具体规定里③，罪刑法定主义都是以刑法基本原则的身份出现的。罪刑法定原则在我国《刑法》中甚至是排在平等适用刑法原则之前，要知道后者可是依据适用于一切法律的“法律面前人人平等”的基本法律原则衍生而来的。国外刑法理论对于罪刑法定原则的理解在于，这是由刑法的性质、基本特点等决定的。与罪刑法定原则相对应的是构成

① 张明楷：《刑法学》（第四版），法律出版社 2011 年版，第 48 页。

② 有学者认为，刑法基本原则可以概括为罪刑法定、罪责自负、罪刑相适应三个。参见杨春洗、杨敦先主编：《中国刑法论》，北京大学出版社 1994 年版，第 15 页。有学者认为，刑法基本原则可以概括为罪刑法定、罪责自负、罪刑相适应、惩罚与教育相结合四个。参见高铭暄主编：《中国刑法学》，中国人民大学出版社 1989 年版，第 32 页。有学者认为，除了刑法明文规定的三大原则（罪刑法定、平等适用刑法、罪责刑相适应）外，刑法还有法益保护原则与责任主义原则。参见张明楷：《刑法学》（第四版），法律出版社 2011 年版，第 49 页。上述理论包括国外刑法理论无一例外都将罪刑法定概括为刑法的基本原则，并且是首要原则。

③ 我国现行《刑法》第 3 条规定（罪刑法定原则）：“法律明文规定为犯罪行为的，依照法律定罪处罚；法律没有明文规定为犯罪行为的，不得定罪处罚。”第 4 条规定（平等适用刑法原则）：“对任何人犯罪，在法律适用上一律平等。不允许任何人有超越法律的特权。”第 5 条规定（罪责刑相适应原则）：“刑罚的轻重，应当与犯罪分子所犯罪刑和承担的刑事责任相适应。”

要件的符合性，这可以防止如下危险：一旦发生引起人心冲动的案件，感情上的处罚要求强烈，而不顾刑法有无明文规定便予以处罚。[①] 我国现行《刑法》第3条确定罪刑法定原则："法律明文规定为犯罪行为的，依照法律定罪处罚；法律没有明文规定为犯罪行为的，不得定罪处罚。"依此规定，罪刑法定包含两层意思：法无明文规定不为罪；法无明文规定不处罚。前半段凸显刑法的法益保护机能；后半段凸显刑法的人权保障机能。

一般认为，从法律规定角度看，罪刑法定主义思想（尚不能称为原则）最开始出现在1215年英王约翰签署的大宪章第39条的规定："对于任何人，如果不经国家法律和裁判，不得予以逮捕、监禁、剥夺领地、剥夺法的保护或放逐出境，不得采取任何方法使之破产，不得施加暴力，不得使之入狱。"这一规定奠定了"正当程序（适当的法律程序）[②]"的思想基础。1628年的《权利请愿书》和1688年的《人身保护法》分别在不同程度上对罪刑法定主义思想的初期基础进行了巩固。罪刑法定思想传播到美国以后更是发出耀眼的光芒：《美国宪法》对罪刑法定主义思想予以充分肯定，而且将其部分内容实质化，便于具体应用。随着时代的发展，以法国1789年《人权宣言》的出现为标志，首次以法律渊源的形式宣告现代意义上的罪刑法定原则，《人权宣言》第8条规定："在绝对必要的刑罚之外不能制定法律，不依据犯罪行为前制定且颁布并付诸实施的法律，不得处罚任何人。"这项内容奠定了罪刑法定主义的基本内涵与发展方向。1791年的《法国宪法》将这一精神融会贯通。1810年的《法国刑法典》第4条对其予以进一步明确："没有在犯罪行为时以明文规定刑罚的法律，对任何人不得处以违警罪、轻罪和重罪。"值得注意的是，这是最早规定罪刑法定原则的刑法条文，其意义在于使得罪刑法定原则从宪法的宣言式规定化身为刑法中的具体规定。后世大陆法系国家罪刑法定原则的确定，或多或少是受此影响的。

罪刑法定主义还被写入国际公约，成为国际公认的法律原则。《世界人权宣言》第11条第2款规定："任何人的任何行为或不行为，在其发生时依国家法或国际法均不构成刑事罪者，不得被判犯有刑事罪。刑罚不得重于犯罪适用的法律规定。"现在一般认为，罪刑法定的思想基础主要来源于

---

① ［日］平野龙一：《刑法总论Ⅰ》，有斐阁1972年版，第90页。
② 原文表述为"适当的法律程序"，笔者认为"正当程序"似乎更妥。

民主主义与人权主义，或者说是民主与人权。①

二、罪刑法定主义从形式到实质的转变

如上所述，罪刑法定主义是现代刑法的基本原则，无论时代如何动荡，自其产生开始就未曾遭遇挑战。直到20世纪中叶，这种挑战出现了：罪刑法定主义经历了从形式到实质的重大转变，罪刑法定的形式与实质开始“分庭抗礼”。罪刑法定实质主义的理解是：罪刑法定是基于法治和尊重人权的理念而诞生的，因此人权的保障必须在形式和实质两个层面得以实现。“这在美国体现为‘正当程序’条款，在日本表现为‘刑罚法规正当原则’的确立。”② 对此，我国著名刑法学家马克昌也指出，“罪刑法定主义除了传统的内容之外，还发展出新增的内容，包括明确性原则、实体的适当原则、判例不溯及的变更等”③，张明楷教授认为，罪刑法定的实质侧面除了“明确性”以外，还有“禁止处罚不当罚的行为、禁止不均衡的、残虐的刑罚”的内容。④ 这里的“实体的适当原则”又称为内容正当原则，它的核心含义是指，所有关于犯罪和刑罚的法律规范内容，必须存在其合理依据，而且罪责刑必须相衡。“‘实质法治’不仅强调所有人在法律之下，还主张以实在法之外的标准衡量和检测法律，寻求法律的实质合理性。”⑤ 以上就是罪刑法定的实质主义内容。

从古希腊以来，人类就不再怀疑立法权的合法性，这种合法性似乎披上了“天然”的外衣。立法不是万能的，“恶法”的出现在人类历史长河中曾多次发生，并且，“恶法”带来的后果更甚于司法权的滥用。正如有学者指出，形式的罪刑法定主义“所引发的对国家所制定的法律的迷信，有可能使法律成为维护专制主义的工具”⑥。

罪刑法定主义的首要之义是严格遵循刑法，这在我国《刑法》第3条有明确体现。在这种思想的指引下，人们不大可能去怀疑法律规范内容的

---

① 张明楷：《刑法学》（第四版），法律出版社2011年版，第50－51页。

② 赵秉志：《外国刑法原理（大陆法系）》，中国人民大学出版社2000年版，第25页。

③ 马克昌：《罪刑法定主义比较研究》，《中外法学》1997年第2期。

④ 张明楷：《刑法学》（第四版），法律出版社2011年版，第60－61页。

⑤ 高鸿钧：《现代西方法治的冲突与整合》，载于高鸿钧主编：《清华法治论衡》（第1辑），清华大学出版社2000年版，第29页。

⑥ 陈忠林：《从外在形式到内在价值的追求》，《现代法学》1997年第1期。

合理性，只会注重对既有规范的遵守和适用。在刑法学的微观研究领域存在不少的问题，如罪状设计、法定刑配置等，这便是“法律形式迷信”的镜像。笔者认为，正是罪刑法定主义的形式合理层面催生了我们的“规则之治”传统。在特定的时期，这种“规则之治”也曾发挥重要作用。但如同托克维尔在《旧制度与大革命》一书当中所描绘的那样①，当前我国社会正处在深度转型时期，大量的社会失范行为很可能导致刑事立法权的持续膨胀，在其他途径无法解决多种多样的社会问题的时候，人们对立法权的迷信会越来越严重。对此，我们需要保持高度的警惕，因为社会关系一旦出现重大变化，“过剩犯罪化”② 便会露出狰狞面目。

侵犯知识产权犯罪在我国属于经济犯罪的一种，经济犯罪究其本质是市场主体的非常态化行为，刑法防治经济犯罪的途径是通过刑罚权对市场活动进行干预。对于经济犯罪而言，强调罪刑法定主义的实质化具有特殊意义。刑法在保护市场经济秩序的同时“天然”地限制着市场主体的自由行为，作为强调市场自我调节的市场经济，它与计划经济的最大区别就在于市场主体行为的自决性及自由性。市场经济本身就要求市场主体主观能动性的充分发挥，在这样的环境下才有大胆的市场创新举动，才有市场经济的蓬勃发展。如果只是一味地维护市场经济秩序而过度限制市场主体的自由活动，无异于“因噎废食”。法律的根本目的应是保障个人自由的最大化发展，“而不是束缚人们的想象力和创造性”。③ 在防治经济犯罪的命题里，刑法会一直面对一个难题，那就是它是否会妨碍自由经济的发展，设置不必要的障碍。但无论如何，如前所述，“将泄露商业秘密这样的普通民事行为犯罪化，是明显背离了市场经济的基本价值取向的”④。

如国外学者所指出的那样，立法者不能随心所欲将刑事制裁用以限制或剥夺公民的人身自由，只有在最合适的前提下，立法者才能如此；在采

① 法国著名历史学家、政治思想家阿力克西·德·托克维尔的《旧制度与大革命》，首次出版在1856年，着重探讨了法国大革命这一历史事件，作者尤其关注为什么在当时的欧洲范围内，原有的封建制度没落以后，各国政治局面大体相同，但唯独在法国才爆发了这样大规模的社会动荡。2012年11月30日，王岐山同志在与专家学者的座谈会上，向与会学者强力推荐了该书。

② ［日］大谷实：《刑事政策学》，黎宏译，法律出版社2000年版，第86页。

③ 冯亚东：《刑法的哲学与伦理学》，天地出版社1996年版，第42页。

④ 唐稷尧：《罪刑法定视野下的侵犯商业秘密犯罪》，《四川师范大学学报》（社会科学版）2003年第3期。

取其他措施足以防治某种不当行为的时候，刑事措施就不应该进入，“这体现了刑法的辅助性和补充性”①。以侵犯商业秘密罪当中的“泄露商业秘密行为”来说，这种行为与一般情况下的违约行为（民事行为）在性质上并无区别，但我国刑法却加以入罪处罚，② 这在国内外的刑事法律规范中都是罕见的。在带有一定强制色彩的行政法律都未介入以前，刑事法律就将这样带有明显民事色彩的行为犯罪化，违背了当代刑法的谦抑性。

根据上述，笔者的理解是，前述罪行法定主义的演变与其说是挑战，还不说是发展。因为，关于罪刑法定的形式与实质的争论都是在“罪刑法定”的范畴之内进行，都是在充分肯定“罪刑法定”本身的基础上进行，这种争论的本质是对罪刑法定内涵的进一步挖掘。罪刑法定作为刑法的基本原则，其地位不容动摇，对其内涵的拓展在不同的时期却可以有所侧重。对于任何价值的追求，所依靠的基础都应是正当的。储槐植教授曾提道：“中国现行刑法宏观实质结构是‘厉而不严’，不能有效发挥刑法保护社会与保障人权的功能。”③ 笔者认为，从罪刑法定的实质化层面来看，“厉而不严”是对现有刑事法律规范诸多不合理之处的最好评价。所谓“厉”不仅包括刑罚严苛，还包括处罚不该罚的行为；所谓“不严”，是指法网不严密，致使犯罪人逃离处罚。“厉”与“不严”违背了罪刑法定主义的实质化，都是非正义的一种。在我国现行刑法对侵犯知识产权犯罪的规制领域，“厉而不严”在宏观层面（刑法实质结构）和微观层面（个罪的罪状及刑罚设置）均有体现。但是，目前学界对这些问题的研究以注释性评论法律规范为主，对涉及侵犯知识产权犯罪的刑法规范内容的合理性则论述甚少。依据罪刑法定的实质化要求，相关法律规范的罪状设计、刑罚配置等，其合理性和正当性都存在反思的必要。下文将对这些问题一一进行评析。④

---

① ［意］杜里奥·帕多瓦尼：《意大利刑法学原理》，陈忠林译，法律出版社 1998 年版，第 3 - 5 页。

② 我国现行刑法对违约行为定罪处罚的也只有这一项。

③ 储槐植：《刑事一体化论要》，北京大学出版社 2007 年版，第 153 页。

④ 本文着重对微观层面（个罪的罪状及刑罚设置）进行评析。

第二节　知识产权救济的程序选择问题

作为一种典型的行政犯罪，侵犯知识产权的犯罪因具备双重违法性而应负行政与刑事的双重法律责任。由于行政责任与刑事责任均属公法上的责任，均应在行政法与刑法上得到实现，并且须以正当的行政程序和刑事司法程序两种不同的路径分别予以实现。因此，如何选择知识产权救济的程序问题，就成为我国刑法学界与司法实务部门在惩处侵犯知识产权行为时亟须解决的首要问题。长期以来，受“刑事先理”传统法律观念的影响，“刑事先于行政”的程序路径选择既是我国学术界的共识，也是我国司法实务部门的通行做法。但是，随着“刑事先于行政”的程序路径选择在司法实务中所暴露出的缺陷日益清晰，理论及实践困惑不断滋生，以“行政优先”为原则以“刑事先理”为例外应当成为我国知识产权救济的程序适用原则。①

一、刑事司法程序是为了恢复和保障行政程序

法律是最低限度的道德，而刑法则是其他部门法的坚强后盾和最终保障。刑法在法律体系中的存在以及行政犯罪的立法规定，在于告知公众如果实施严重破坏正常行政秩序的行政违法行为，那么就有启动刑事司法程序以追究其刑事责任之可能。这不仅最大限度地发挥了刑法的威慑功能，进而收到预防行政犯罪发生的一般预防功效，而且有力地保障了行政法的顺利实施和行政管理活动的正常进行。对达到刑事追诉标准的严重行政违法行为启动刑事司法程序，并不是为了实现单纯的刑事因果报应目的，而是在于对单靠一己之力已难以有效规制行政违法行为的行政法施以援手，协同配合行政法将被行政犯罪破坏的行政管理秩序予以有效恢复，使行政管理活动恢复到行政犯罪发生前的行政法制轨道内正常运行。

对已达到行政犯罪追诉标准的行政违法行为而言，如果行政责任的追究足以将被行政违法行为破坏的行政管理秩序恢复到行政犯罪发生前的正

---

① 田宏杰：《侵犯知识产权犯罪的几个疑难问题研究》，《法商研究》2010 年第 2 期。

常状态，那么刑事司法程序的启动和刑事责任的追究就缺乏必要性，此时只需启动行政程序追究行政责任即可；相反，如果行政责任的追究并不能有效恢复被行政违法行为所破坏的行政管理秩序，或者不足以预防行政违法行为的再次发生，那么就必须及时启动刑事司法程序，通过追究行为人的刑事责任与行政责任，以有效预防行政违法行为的再次发生，共同维护和保障行政管理活动的正常进行。《中华人民共和国刑法修正案（七）》对于偷税罪的修正充分表明了上述旨趣。《中华人民共和国刑法修正案（七）》第3条，即1997年《刑法》第201条第4款明确规定："有第1款行为，经税务机关依法下达追缴通知后，补缴应纳税款，缴纳滞纳金，已受行政处罚的，不予追究刑事责任；但是，5年内因逃避缴纳税款受过刑事处罚或者被税务机关给予二次以上行政处罚的除外。"① 显然，在上述第一种情形下，只需启动行政程序追究行政责任；而在第二种情形下，行政程序和刑事程序均需启动，那么何者优先？笔者认为，由刑法保障法的地位和刑事司法程序启动的价值追求所决定，只有坚持补充行政法对于行政管理秩序恢复之不足的立场和原则，刑事司法程序的启动和刑事责任的追究才具有法秩序上的必要性。因此，对于侵犯知识产权行为的惩处，在程序的选择上应当坚持"行政优先"原则，而非"刑事先理"原则；否则，不仅有可能导致刑事司法资源的浪费，而且有可能阻碍刑法保障法使命的实现和行政法任务的完成，进而阻滞国家经济发展战略和社会公共政策的能动、高效运行，以致引发国家经济、行政管理秩序的混乱。

行政管理活动实施的意义旨在增进社会公共福利，而以法益保护和自由保障为使命的刑法必须在保卫社会的同时保障人权，由此导致行政权的行使与司法权的运行方式不同，并且其价值追求也各不相同。行政管理的首要目标是追求效率，而司法运行的首要目标是公正；行政权的有效运行，要求行政人员必须根据社会经济生活的变迁充分发挥其主观能动性，以增进社会公共福利，而司法运行则要求司法人员必须客观地尊重事实适用法

① 2018年国庆假期，消失了三个多月的一线女明星范冰冰再度占据了公众视野，8.84亿的《税务处理决定书》和《税务行政处罚决定书》将公众视野聚焦在了《刑法》第201条。很多人表示不理解，范冰冰偷逃税款上亿元却可以免遭牢狱之灾，有人盗窃一元钱却要受到刑事制裁，此时，法律的公正性受到了挑战。究其原因，在于一般人对"偷税罪""逃税罪"的历史沿革、构成要件及初罪免责条款的不甚理解。

律；行政责任的追究立足于行政违法事实的客观认定，刑事责任的追究则坚持无罪过即无犯罪，坚持主客观相一致；行政处罚对事，刑事制裁对人；行政责任的实现和行政程序的终结，不以行政违法人的到案为必要，而刑事程序的终结和刑事裁判的作出，却以被告人在案为条件。正是从上述意义上讲，行政权的行使是主动、积极的，而刑事司法权的行使则是消极、被动的。因此，在行政违法行为客观事实清楚但行为人的主观罪过难以查明的情况下，遵循“刑事先理”的程序适用原则并不能立即恢复正常的行政管理秩序；特别是在行政犯罪嫌疑人或者被告人逃避侦查、起诉、审判或者因其他原因而未到案的情况下，正常行政管理秩序恢复更是变得遥遥无期……而遵循“行政优先”的程序适用原则，则快捷、高效地保证了行政责任的及时实现和行政管理秩序的一定恢复，并且因行政专业问题在行政程序中的先行解决，为刑事司法程序的顺利启动和正常运行可提供充分的事实依据和有力的专业知识支持。由此可见，只有在充分发挥行政权高效、能动优势的基础上，辅之以刑事司法权的必要谦抑行使，才能科学配置行政法资源与刑法资源，从而以最小的成本、最高的效率，实现行政法治秩序的良性运行目标。

二、行政违法的本质是刑事司法程序适用的前提

严重侵犯知识产权的行为属于典型的法定犯罪，其刑事违法性的具备必须以行政违法性的存在为前提，不具有行政违法性的行为，无论对社会造成的危害多么严重，也不能以犯罪论处；否则，就是对罪刑法定原则的违反。因此，法定犯具有行政违法与刑事违法的双重违法属性，并且行政违法性的具备是刑事违法性得以产生的前提，刑事违法性的具备是行政违法性达到严重程度的结果。也正因为如此，无论是对行政违法行为危害实质的把握还是对其刑事违法性的判定，都必须根据相应的经济、行政法律、法规的规定并结合刑法的规定进行认定把握，即应坚持“前提法定性 + 刑事法定量”的刑事犯罪定罪机制。

为了阐明这一观点，在此以侵犯著作权罪的刑法适用和司法认定为例进行说明。根据 1997 年《刑法》第 217 条的规定，侵犯著作权罪的行为形式共有 4 种，在此需探讨的问题之一是对 1997 年《刑法》第 217 第 1 项所规定的“未经著作权人许可，复制发行其文字作品、音乐、电影、电视、

录像作品、计算机软件及其他作品”中的“发行”应当如何理解。换言之，这里的“发行”是否包括销售侵权复制品的行为？由于销售侵权复制品罪的起刑点较高，而要认定行为人的行为达到销售侵权复制品罪的定罪标准的证明难度又较大，因此，司法实践中对此类行为或者以非法经营罪定罪量刑，或者以侵犯著作权罪追究刑事责任。但是，这样的做法是否可取？侵犯著作权罪与销售侵权复制品罪、非法经营罪之间的关系究竟应当如何把握？对于上述问题，学术界歧见纷呈，司法实务部门的做法也迥然不同。

其实，立足于“前提法定性 + 刑事法定量”的刑事犯罪定罪机制，对行政犯罪构成要件中法律概念的内涵及外延的解读不能仅仅拘泥于刑法的字面规定，而是必须与该行政犯罪所违反的前提法即经济法、行政法等的规定保持协调。就侵犯著作权罪而言，在我国现行的有关著作权管理的经济法、行政法中，对于“发行”并未限定于一级市场中的总发行行为，而是从广义上予以规定。据此，发行行为与销售行为虽然被分别规定在 1997 年《刑法》第 217 条（侵犯著作权罪）和第 218 条（销售侵权复制品罪）之中，但销售侵权复制品行为在实质上仍然是侵犯著作权行为的一种形式，因此，销售侵权复制品罪与侵犯著作权罪之间存在着包容与被包容的法条竞合关系。由此可见，不能仅仅依据销售侵权复制品行为与侵犯著作权行为在刑法上被分别规定在两个条文之中就将销售侵权复制品的行为排除在侵犯著作权的行为之外；否则，我们就无法把握上述两种违法行为之间关系的本质。

至于非法经营罪，根据 1997 年《刑法》第 225 条的规定可知，其前提法是有关行政许可经营的经济、行政法律、法规，而不是著作权法等知识产权行政法律、法规。因此，违反国家特许经营管理规定，侵犯国家对于特许经营的正常监管秩序，才是非法经营罪的危害实质所在，这也是区分非法经营罪与非罪的主要标准之一。也正因为如此，非法经营罪中的非法经营行为并非单纯违反工商行政管理法规的行为，而是因违反国家关于特许经营管理的有关经济、行政法律、法规的规定，未经特许经营业务行政管理部门的批准，擅自经营特许经营业务的经营行为。如果行为人从事的经营活动是法律禁止的经营活动，那么非法经营罪就不可能成立。因此，当行为人复制发行的非法出版物系侵权复制品，如盗版光盘等，无论行为人是否有出版物的经营许可资质，都只可能构成侵犯著作权罪或者销售侵权复制品罪，而非法经营罪不可能成立；而只有当行为人复制发行的非法出版物系侵权出版物、淫秽出版物等禁止经营出版物以外的其他非法出版物时，非法经营罪才有可能成立。

由此可见，对犯罪本质的认定，不能仅从刑法文本的规定着手，而应前伸于该刑事法律规范所旨在保障的相应民商事法、经济法、行政法等之中，而行政法规范性文件的数量繁多、内容庞杂、专业技术性强的特点又决定对行政犯罪行为之行政违法性的认定需要由专业人士来进行。因此，在行政违法性尚未确定之时，启动刑事司法程序的必要性就存在疑问。总之，将本质上符合公共行政的价值观念、实质上契合经济、行政的法治精神，但在行政法的形式文本规定上付之阙如的合法经济、行政行为论之以刑法上的犯罪，进而追究行为人刑事责任的做法，既有悖于法秩序的统一，也与法治的精神不相契合。①

三、证据认定必须以行政专业知识为基础

在司法实践中，证据的认定和法律的解释至为重要。证据是整个刑事诉讼活动的基础和核心，也是刑事诉讼实务中最实际的问题，是正确进行刑事诉讼活动的事实根据②，决定了案件事实的认定。法律解释决定案件的法律适用，是对整个案件定性的考量。由于"智能型"表征，证据认定的重要性和复杂性在侵犯知识产权犯罪案件中的表现尤为突出。③ 刑事制裁是最严厉的制裁，因此，犯罪事实的认定要求达到排除一切合理怀疑的程度，而行政责任的追究却并不苛求行政违法证据应形成完整的证据链条。正因为行政处罚证据规则与刑事司法证据规则在证据的形式、证明标准等方面存在诸多差异，所以学术界和司法实务部门普遍认为，"刑事先理"的程序适用原则可以保证刑事证据的及时收集与审查，并且经刑事司法程序采信的刑事证据可直接作为行政处罚的证据，在随后启动的行政处罚程序中直

---

① 田宏杰：《侵犯知识产权犯罪的几个疑难问题研究》，《法商研究》2010 年第 2 期。

② 陈光中主编：《刑事诉讼法》，北京大学出版社 2002 年版，第 132 页。

③ 在"吴某、卜某、孙某等侵犯商业秘密"案中，广东安证计算机司法鉴定所出具的粤安计司鉴〔2006〕第 60 号《鉴定检验报告书》证明被告人吴某的笔记本电脑硬盘中涉案的 17 个源程序有 5977 条语句与涉案公司的源程序语句完全相同，占对应的涉案公司 19 个程序所有语句的 42.4%，其中有 7 个程序的完全相同的语句在 80% 以上。参见广东省深圳市南山区人民法院刑事判决书〔2007〕深南法知刑初字第 4 号，第 6 - 10 页。

接适用，从而可以节省行政处罚成本、确保行政程序的便捷、高效。但是，笔者认为上述理由不能成立。因为每个人一生所经历的事情无不在行政权的作用范围之内，以行政功能的积极化、扩大化和复杂化为特征的行政国家时代，不仅实现了行政法从形式法治向实质法治的转化，而且进一步加剧了经济、行政管理领域分工的细化和深化。也正因为如此，行政法规范性文件的数量高居法律体系部门法榜首，并且种类繁多，差异极大。以假冒伪劣产品的行政管理为例，它既涉及各类产品生产经营的行政监管法律、法规的规定和实施，又涉及产品质量管理法律、法规和知识产权法律、法规之间的分工与运行：生产领域的打假属于技术质量监督部门的职责，而销售及市场领域的打假则由工商行政部门负责。但是，由于假冒伪劣产品的生产是为了销售，而销售又离不开生产，因此，对生产、销售伪劣商品案件的查处往往涉及多个行政执法环节和行政执法部门。对行政犯罪中的行政违法和刑事违法事实的认定需要大量的证据，而这些证据大量存在于经济、行政管理活动之中，对这些证据的收集审查既需要具备很强的专业知识，又需要丰富的行政执法实务经验。因此，行政犯罪中涉及行政专业性知识的证据即便是由具有专业性知识的行政执法人员来收集与审查也需要投入大量的时间和精力，更遑论总数远不及行政执法人员的公、检、法人员。

综上所述，在专业分工日趋精细化的现代社会，行业之间的差异以及较高的行业准入门槛使得专业问题必须依赖专业人士的专业知识、实务经验才能得到高效、合理的解决。从这个意义上讲，坚持“行政优先”的程序适用原则，既是对行政犯罪本质的科学回归，也是讲求行政效率和司法公正的必然要求。

在此必须指出的是，囿于行政犯罪纷繁复杂和特定情境下的社会公共政策的要求，“行政优先”的程序适用原则只是惩处严重侵犯知识产权等行政犯罪时适用法律程序所应秉持的一般原则，对此不能绝对化。①

① 在因行政处罚已过追诉时效而导致行政处罚权归于消灭等特殊情况下，“刑事先理”原则无疑是对“行政优先”原则的有益救济和补充。

第三节　侵犯知识产权犯罪中的具体司法疑难问题

一、“复制发行”的疑惑

上文提到的“发行”，落脚点在于对“发行”本身含义的理解问题，探讨“发行”行为是否包含“销售侵权复制品行为”。此处讨论“复制发行”，目的在于界定“复制发行”的语境及“复制”、“发行”的关系。对于如何认定“复制发行”，理论界和实务界长期存在争论。现在，随着官方解释的出台，这些争论已呈烟消云散之势，但回顾论争始末，还是会给我们很多启发。关于“复制发行”的争议主要集中在两个问题。

其一，“复制”和“发行”到底是什么关系？

有观点认为，复制发行是“复制”与“发行”兼备，因为，“复制”和“发行”仅仅是一个罪行的两个方面，非对等、并列的关系。只有其中之一“不符合本罪的犯罪构成要件。”① 与此相关联的观点认为，仅有“复制”“发行”其中之一行为的“只构成侵犯著作权罪之未遂”。② 但是，这种理解与有关司法解释和法律并不一致，如最高院1998年发布的《关于审理非法出版物刑事案件具体应用法律问题的解释》第3条规定：“刑法第二百一十七条第（一）项中规定的‘复制发行’，是指行为人以营利为目的，未经著作权人许可而实施的复制、发行或者既复制又发行其文字作品、音乐、电影、电视、录像作品、计算机软件及其他作品的行为。”又如2007年“两高”发布的《关于办理侵犯知识产权刑事案件具体应用法律若干问题的解释（二）》第2条第1款规定：“刑法第二百一十七条侵犯著作权罪中的‘复制发行’，包括复制、发行或者既复制又发行的行为。”可见，相关司法解释对“复制”“发行”的界定是并列对等关系，“复制”“发行”既可单独存在，又包括既“复制”又“发行”的情形。还有一种限制性解释的观点，认为“复制发行”仅包含“复制”的内容，就是说具备复制行

---

① 姜伟主编：《知识产权刑事保护研究》，法律出版社2004年版，第239－242页。

② 聂洪勇：《知识产权的刑法保护》，中国方正出版社2000年版，第122页。

为的才构成侵犯著作权罪，具有“发行行为的构成销售侵权复制品罪”①。这种解释的限制幅度过大，恐怕不符合立法原意。而且，对于侵犯著作权而言，发行行为危害性大过复制行为。如果按照这种解释操作的话，会导致对发行行为的处罚较轻而对复制行为处罚较重，“不符合罪刑相适应原则”。② 产生上述分歧的原因在于人们对立法的理解存在差异，《刑法》第217条第1款第（一）项当中，“复制发行”之间没有顿号，第（三）项也是一样，但在后来的第（四）项“制作、出售”之间却有顿号。因此，上述学者的理解是有一定道理的，只不过相比较而言司法解释与立法原意更接近。实际上，“复制”和“发行”的性质在社会危害性这一层面是一致的。如果硬要将两个在社会危害性上相当的行为同时设定为构成侵犯著作权罪的行为，明显有违情理。2010年修订的《著作权法》第48条规定：“有下列侵权行为……构成犯罪的，依法追究刑事责任：（一）未经著作权人许可，复制、发行、表演、放映、广播、汇编、通过信息网络向公众传播其作品的，本法另有规定的除外……”这里规定的“复制”与“发行”间使用了顿号，说明二者是独立对等关系。目前，学界对于复制发行的含义基本上取得一致的认识，相关立法对此也予以认可。

其二，复制、发行包含哪些表现形式？

1997年《刑法》规定的关于侵犯著作权罪当中的复制、发行，其表现形式应当理解为传统的手段：利用机器等设备复制著作权人的作品，且此处的“作品”仅指“实物作品”；面对公众出售或者发放著作权人的作品，发行的物件也仅指实物作品。对于“复制”的理解，目前在学界和司法实务中没有太大的争议，但对于“发行”，需结合《著作权法》和《刑法》第218条进行解释。《著作权法》第10条第（六）项规定：“发行权，即以出售或者赠与方式向公众提供作品的原件或者复制件的权利”，显然不能将此处“发行”的表述直接照搬到刑法中。对于“发行”的理解，在日常用语中，“发行”意味着“第一次”印制和批量销售某种成品。也就是说，《刑法》第217条的“发行”就是达到一定规模的销售，可以是批量销售或者大规模销售，但对于第218条的“销售”，按字面理解为“出卖”即可，

---

① 赵永红：《知识产权犯罪研究》，法制出版社2004年版，第297－298页。
② 张明楷：《刑法学》（第四版），法律出版社2011年版，第735页。

可以是零售或者规模性销售。这样的解释有利于《著作权法》与《刑法》的平衡，也有利于《刑法》内部关联条文的协调。另外，随着计算机和网络技术的发展，复制、发行的手段就不再局限于传统模式，作品的形态也不再只以实物形态呈现。例如，《著作权法》第10条第（十二）项规定“信息网络传播权”为“以有线或者无线方式向公众提供作品，使公众可以在其个人选定的时间和地点获得作品的权利”，与第（六）项的“发行权”呈并列之势。如果这样理解，那么对于未经著作权人许可，通过信息网络渠道向公众传播他人文字作品、音乐、电影、电视、录像作品、计算机软件及其他作品的行为，就不能以侵犯著作权论处，这显然是有悖于常理的。

对此，“两高”2004年发布的《关于办理侵犯知识产权刑事案件具体应用法律若干问题的解释（一）》第11条第3款规定：“通过信息网络向公众传播他人文字作品、音乐、电影、电视、录像作品、计算机软件及其他作品的行为，应当视为刑法第二百一十七条规定的‘复制发行’。”又如，在重视商业宣传广告的时代，很多商品的推介都以明含实质内容的方式进行，对此，“两高”2007年发布的《关于办理侵犯知识产权刑事案件具体应用法律若干问题的解释（二）》第2条第2款规定：“侵权产品的持有人通过广告、征订等方式推销侵权产品的，属于刑法第二百一十七条规定的‘发行’。”

二、对于“假冒专利”的不同见解

《刑法》第216条规定：“假冒他人专利，情节严重的，处3年以下有期徒刑或者拘役，并处或者单处罚金。”关于假冒专利罪的客体，存在较大的争议，主要有以下几种观点：第一，认为假冒专利罪的客体是国家的专利制度；第二，假冒专利罪的客体是专利权利人的专利权；第三，认为本罪的客体是复合型客体，既包括国家专利制度又包括权利人的专利权；第四，认为本罪的客体为复合型客体，但同时提出除了国家专利制度之外，还包括消费者的合法权益。相对而言，第三种观点较为合理，但确切地说，假冒专利罪的客体应当是国家专利制度中的专利权保护制度和专利权人的标记权。关于假冒专利罪的客观行为，2004年两高发布的《关于办理侵犯知识产权刑事案件具体应用法律若干问题的解释（一）》第10条对“假冒他人专利”行为作了具体规定：“（1）未经许可，在其制造或者销售的产品、产品的包装上标注他人专利号的；（2）未经许可，在广告或者其他宣传材料中使用他人的专利号，使人将所涉及的技术误认为是他人专利技术的；（3）未经许可，在合同中使用他人的专利号，使人将合同涉及的技术误认为他人专利技术的；（4）伪造或者变造他人的专利证书、专利文件或者专利申请文件的。”这样的规定属于穷尽性规定，假冒专利的行为只能是四选一或者其组合。对于假冒专利的动机，本文认为可以“以生产经营为目的”概括，参照刑法及相关司法解释的规定，只有在产品、包装、合同以及广告等商业性文件中使用专利权人专利号，伪造、变造他人的专利证书、专利文件或者专利申请文件的才以犯罪论处。但是要注意，“以生产经营为目的”不同于“以营利为目的”，所谓生产，指的是广义的工农业生产，有的经营并不以营利为目的。有一种观点认为，非法实施他人专利的行为可视为假冒他人专利的行为。该观点认为“假冒他人专利，是指非法实施他人专利的行为，即未经专利权人许可，为生产、经营目的制造、使用、销售、进口其专利产品，或者使用其专利方法以及使用、销售、进口依照该专利方法直接获得的产品，或者制造、销售、进口其外观设计专利产品”。[①] 第二种观点则认为，假冒专利行为就是假冒他人专利的行为，指的是“在自己的产品上标明他人的专利标记和专利号，或者使该产品与专利产品相似，足以让公众‘误认为该产品是他人的专利产品’”。[②] 还有一种观点认为，“假冒他人专利的行为，是指未经权利人许可，第三人在其产品或者包装上，标注专利权人的专利标记，或者在自己的产品的广告和说明书中，谎称是某专利号的专利产品，及其未经专利权人许可，谎称其使用的方法是专利方法”[③]。

对于上述观点的理解，笔者认为，第一种观点就是指非法实施他人专利的行为，但对此类行为定罪处罚于法无据，有违罪刑法定原则。如前所述，根据“两高”2004年发布的《关于办理侵犯知识产权刑事案件具体应用法律若干问题的解释（一）》第10条和2010年修订的《专利法实施细则》第84条的规定，已经明确界定“假冒他人专利”行为的具体表现形

---

① 高铭暄主编：《新编中国刑法学》，中国人民大学出版社1998年版，第658页。

② 胡康生等主编：《〈中华人民共和国刑法〉释义》，中国方正出版社1998年版，第304－305页。

③ 赵秉志主编：《侵犯知识产权犯罪研究》，中国方正出版社1998年版，第158页。

式。第二类观点中的两种观点，其本质是一致的，即认为假冒行为侵犯的是权利人的专利标记权，笔者也赞同这种观点。二者的区别仅在于后一种观点考虑得更全面。

三、假冒注册商标罪中“相同的商标”的认定

案例：法国轩尼诗公司酿造经销的轩尼诗干邑白兰地酒创始于1765年，至今有两百余年的历史。在中国，法国轩尼诗公司于1996年10月申请注册了“Hennessy”商标，商标注册号分别为890628和883169，核定使用商品载第33类上的含酒精饮料（啤酒除外）和第32类上的啤酒、矿泉水、汽水和其他不含酒精的饮料、水果饮料和果汁、糖浆及其他制饮料制剂。2000年5月，法国轩尼诗公司在第33类上申请注册了第137068号“图形+Hennessy”商标，核定使用商品为酒。2005年1月，法国轩尼诗公司在第33类上申请注册了第725686号“轩尼诗”商标，核定使用商品为含酒精饮料（啤酒除外）、法国白兰地酒、葡萄酒、酒精饮料及利口酒。在香港地区，法国轩尼诗公司自1903年起在第33类上分别申请注册了“图形+Hennessy”、“轩尼诗”、“李察·轩尼诗肖像”等8个商标，商标注册号为第661081号，指定国家包括中国，类别包括第3、33、34类。自进入中国后，法国轩尼诗公司投入了大量的广告宣传费用来为“轩尼诗Hennessy”商标及产品进行宣传，使其成为国内最知名的洋酒品牌之一。2005年6月，法国《拓展》杂志（*L' Expansion*）公布了23个价值超过10亿欧元的法国顶级品牌评选结果，“Hennessy”品牌以26.7亿欧元入选，名列第12位。2006年10月9日，香港特别行政区高等法院作出民事诉讼2005第2453号判决，认定法国轩尼诗公司的商标“Hennessy”、“轩尼诗”和“李察·轩尼诗肖像”在香港是驰名商标。2007年5月29日，广东省汕头市中级人民法院作出民事诉讼（2006）汕中法知初字第3号判决，认定法国轩尼诗公司的商标“Hennessy”为驰名商标。至此，轩尼诗的驰名商标地位已经得到我国商标行政主管机关和司法机关的广泛认可，受到法律保护。

犯罪嫌疑人李某，2009年5月27日因涉嫌销售假冒注册商标的商品罪被上海市公安局长宁分局刑事拘留，同年7月3日被依法逮捕。经侦查表明：2008年4月8日，李某用其妻为法人代表，在香港注册了“法国轩尼诗集团（香港）有限公司”（以下简称香港轩尼诗），并以该公司名义在国

内委托河北省黎县金海葡萄酒酒业有限公司生产轩尼诗“Hennessypt”品牌的葡萄酒，并以每瓶6元到13元的价格购进。2008年10月，法国轩尼诗公司在香港高等法院起诉，法院判决撤销了“法国轩尼诗集团（香港）有限公司”的名称。2008年12月12日，李某仍使用香港轩尼诗公司的名义与上海光力贸易有限公司（简称光力公司）签订销售协议，收取光力公司预付款30万元，并向其出售了假冒轩尼诗商标的葡萄酒。2009年5月11日，长宁区工商分局在光力公司扣押了李某销售的925箱假冒轩尼诗葡萄酒，共计销售金额161546元。李某对上述事实供认不讳。

本案在侦查、起诉过程中的意见不一，“轩尼诗（Hennessy）”商标权利人与侦查起诉部门的意见也有分歧，争议的焦点就在于：李某制造、销售的葡萄酒使用的“轩尼诗（Hennessypt）”品牌的行为，是否属于“在同一种商品上使用与其注册商标相同的商标”?

1997年《刑法》颁行后，关于“相同的商标”中“相同”的含义，理论上历来存在两种不同的见解。当时的理论界和实务界中，对于相同商标的认定存在两种理解：第一种观点认为，“相同”的商标就是指内容和形式完全相同（一模一样）的商标。第二种观点则认为，“相同”的商标除“完全相同”之外，还包括“基本相同”的商标，“基本相同”介于“完全相同”和“近似”之间。界定“基本相同”的标准是“足以造成误认”①，这种“误认”，所适用的对象就是指“一般消费者”。商标的构成要素是以文字、图形或者文字与图形的结合，故应从商标的读音、外观和意义上识别商标。与注册商标读音、外观和意义相同的商标，便是相同商标无疑。但是，即便在上述方面并非完全相同的商标，也有可能构成“相同商标”。现实生活中，假冒商标与注册商标往往会存在某些细微的区别，认定“相同”与否应着重考虑普通消费者的常识性识别能力，因为商标具有区别不同生产者或经营者生产或经营某种商品的功能，具有宣传商品的作用，而日常生活中，对于普通消费者而言，他们往往是凭借平日对商标的大概记忆去选购商品。不可能要求他们先把相关商品的注册商标全部收齐进行研究，

---

① 卢建平：《假冒注册商标中罪中“相同商标”的认定标准探讨——基于个案分析》，载于赵秉志主编：《国际化背景下知识产权的刑事法保护》，中国人民公安大学出版社2011年版，第370页。

然后在购买商品时再对打算购买的商品的商标进行比较。如果要求“相同”为“一模一样”，显然不利于保护消费者的合法权益，过度缩小假冒注册商标犯罪的范围。“两高”2004 年发布的《关于办理侵犯知识产权刑事案件具体应用法律若干问题的解释（一）》出台前，学界对于“相同的商标”的界定已经基本达成共识，即“相同的商标”是指“完全相同和基本相同的商标”。只是在司法解释的最终表述中，“基本相同”改为“在视觉上基本无差别，足以对公众或广大消费者产生误导”。① 笔者认为，“视觉上基本无差别”，可以理解为对比两种商标时，只有极为细微的观察才能发现所存在的差别，“有的甚至连内行人都无法区分”。② 就社会危害性而言，“在视觉上基本无差别”的商标所造成的损害与“完全相同的商标”是一致的。因此，将“相同的商标”界定为“完全相同的商标”与“在视觉上基本无差别的商标”两项，是明智之举。

因此，从学理上总结，“相同”的商标，包含以下情形：第一，与注册商标读音、外观和意义完全相同的商标；第二，改变注册商标的字体、字母大小写或者文字横竖排列，与注册商标之间仅存在极为细微的差别；第三，改变注册商标的而文字、字母、数字之间的等距，不影响体现注册商标整体特征的；第四，仅改变注册商标颜色的；第五，其他与注册商标在视觉上基本无差别，足以对公众产生误导的商标。当然，“视觉上基本无差别”的商标与“相似”的商标不能相提并论，二者不能混同。“相似”的商标与注册商标之间是存在较明显差别的，并且要分辨这种差别难度不是太大，“这种差别并不是在细节上”。③

四、关于销售假冒注册商标的商品罪中“明知”的认定

《刑法》第 214 条对于销售假冒注册商标的商品罪的罪状描述是，“销

---

① 《最高人民法院、最高人民检察院关于办理侵犯知识产权犯罪案件具体应用法律若干问题的解释（一）》第 8 条第 1 款规定：“刑法第二百一十三条规定的‘相同的商标’，是指与被假冒的注册商标完全相同，或者与被假冒的注册商标在视觉上基本无差别、足以对公众产生误导的商标。”

② 例如，著名商标凤凰牌自行车的注册商标中，凤凰尾巴的羽毛是 12 根，而假冒商标中有的是 11 根，有的是 13 根。对此，普通消费者是不可能完全知情的，在一般人眼中的凤凰尾巴上的羽毛根数极细微的差别就属于在视觉上基本无差别，足以对公众产生误导。

③ “两高”2004 年的《关于办理侵犯知识产权刑事案件具体应用法律若干问题的解释（一）》和“两高”、公安部、司法部 2011 年的《关于办理侵犯知识产权刑事案件适用法律若干问题的意见》分别在第 8 条和第 6 条对“相同的商标”进行了界定，笔者对此表示赞同。

售明知是假冒注册商标的商品，销售金额数额较大的……”那么，“明知”的确切含义究竟是什么？即对于这里的故意是否仅限定于直接故意存在争议：第一种观点认为，只有直接故意才构成本罪，“销售假冒注册商标的商品罪在主观上表现为故意，且为直接故意，即行为人明知是假冒注册商标的商品而予以销售，并且具有追求非法利润的目的”①。第二种观点认为，间接故意也可以构成本罪。② 司法实践对此的态度是，“明知”是“知道”或者“应当知道”。“两高”1992 年发布的《关于办理盗窃案件具体应用法律的若干问题的解释》、“两高”、公安部、国家工商行政管理局1998 年联合发布的《关于依法查处盗窃、抢劫机动车辆案件的规定》、最高院 2000 年发布的《关于审理破坏森林资源刑事案件具体应用法律若干问题的规定》等司法解释，都明确“明知”的含义指的是“知道”和“应当知道”。据此，有学者认为本罪的“明知”也是同样的含义。“两高”2004 年发布的《关于办理侵犯知识产权刑事案件具体应用法律若干问题的解释（一)》进一步明确了“明知”的含义。③

笔者认为，第一种观点对“明知”的界定过于狭窄，这样的界定标准在司法实践中很难把握。在通常情况下，本罪应由直接故意构成，因为销售行为是一种积极行为，个别情况下，间接故意也可能构成本罪。④ 虽然司法解释的出台在一定程度上缓和了对于“明知”含义的争论，但鉴于实际生活当中的复杂情况，在认定“明知”的时候还需综合考虑客观事实，概括而言需分析判断以下几点：

其一，行为人的背景。这包括行为人从事本行业的规模大小、从事时间和行为人的知识水平等。长期从事特定商品销售的行为人，对于一般的假冒注册商标的商品可以认定为“明知”。

---

① 党建军主编：《侵犯知识产权罪》，中国人民公安大学出版社 2003 年版，第 32 页。

② 聂洪勇：《知识产权的刑法保护》，中国方正出版社 2000 年版，第 176 页。

③《最高人民法院、最高人民检察院关于办理侵犯知识产权刑事案件具体应用法律若干问题的解释（一)》第 9 条第 2 款规定：“具有下列情形之一的，应当认定为属于刑法第二百一十四条的‘明知’：（一）知道自己销售的商品上的注册商标被涂改、调换或者覆盖的；（二）因销售假冒注册商标的商品受到过行政处罚或者承担过民事责任、又销售同一种假冒注册商标的商品的；（三）伪造、涂改商标注册人授权文件或者直到该文件被伪造、涂改的；（四）其他知道或者应当知道是假冒注册商标的商品的情形。”

④ 如直接故意和间接故意形成的共同犯罪，持间接故意主观因素的行为人也可以构成销售假冒注册商标的商品罪。

其二，对商品的认知。如果某种商品在一定时期的假冒情况十分猖獗，或者进行过较大规模的宣传推广活动等，可以认定为“明知”。

其三，成交价格。参照民事法律当中的“不当得利”判断标准①，如果在没有极为特殊的背景下②商品成交价格明显低于市价，行为人“明知”的可能性较大。

其四，进货渠道是否正当，手续是否齐全。如果进货渠道不正当，进货手续又不齐全，可以认定行为人“明知”。

其五，根据实际情况确定的其他相关因素。

五、非法制造注册商标标识罪中“件”的认定

案例：2011 年 3 月开始，被告上海镭友实业有限公司（以下简称镭友公司）通过其法定代表人被告人肖若宽在上海市宝山区共康路 852 弄 89 号公司厂房内，以公司名义接受他人委托后，单独或组织员工被告人张勇生产假冒“茅台”“芙蓉王”“中华”等烟酒类商标的注册商标防伪标和包装材料，被告人张勇明知是伪造标识仍然积极参与。2011 年 9 月 27 日，上海市公安局在上述地点查获假冒“茅台”“芙蓉王”“中华”等注册商标的标识共计 167450 件，其中印有茅台图文商标（商标注册证第 3159143 号）的标识 90800 件、印有芙蓉王文字商标（商标注册证第 1454927 号）标识 76650 件。经公安机关抓获后，被告人对其犯罪事实供认不讳。被告单位镭友公司的辩护人对于公诉方起诉书指控的罪名没有异议，但是指出：在非法制造商标标识的过程中，部分为半成品，属于犯罪未遂；被告人肖若宽的辩护人认为：商标和商标标识是两个概念，不能把一件商标标识里面的组成部分累计重复计算为一件标识，对公诉机关把印有“中华”字样的香烟内衬纸上一个商标作为一件标识持有异议，应以一包“中华”牌香烟内衬纸所需的尺寸为商标标识的计量单位。公诉人提供的证据中部分压扁的瓶盖是废品，不能使用，还有大量半成品，属于犯罪未遂；被告人张勇的辩护人对本案定性及罪名指控没有异议，但对部分犯罪事实有异议：被告人张勇的工作是压膜，涉案的茅台酒商标标识在压膜时仅有拼音，不能认

① 如第三人以明显低于市价的价格购买某项赃物或者遗失物。

② 如季节性商品的处理，属于此处的“极为特殊的背景”。

定属于完整商标标识。

法庭审理认为，关于起诉书指控伪造“芙蓉王”商标标识部分，根据《关于办理侵犯知识产权刑事案件具体应用法律若干问题的解释（一）》第12条的规定，伪造他人注册商标标识是以“标有完整商标图样”的一份标识为1件来认定数量的。本案中查获的76650个“芙蓉王”商标标识均符合已制作完成标有完整“芙蓉王”商标图样的标识，应予认定。

被告人肖若宽的辩护人提出扣押的是成卷的激光膜，无法直接使用，应认定为犯罪未遂的意见，不予采纳；起诉书中指控伪造“茅台”商标标识部分，“茅台”图文商标（商标注册证第3159143号，指定颜色）是经中华人民共和国国家工商行政管理局商标局核准的注册商标。公安机关出具的《扣押物品、文件清单》及《工作情况》、《情况说明》等材料显示扣押的假冒“茅台”商标标识数量是220800个，上述数量商标标识均已“茅台”图文商标作为一个计量单位。其中：酒瓶盖套数量为76800件、未成型的酒瓶盖套数量为14000件、成卷激光膜上共有130000个“茅台”图文商标（未着色）。经审核，已成型的酒品盖套76800件及未成型的酒瓶盖套14000件商标均符合完整的“茅台”图文商标标识，应予认定。辩护人关于部分压扁的瓶盖是废品不能使用，还有部分是半成品，属于犯罪未遂的辩护意见，不予采纳。至于成卷激光膜上的130000个“茅台”商标标识，经审查认为，虽然与商标注册证上的“茅台”商标一致，但不符合商标注册证上的“指定颜色”要求，不属于完整商标标识，故不能作为犯罪数量认定。

被告人张勇的辩护人提出被告张勇的工作是负责压膜，涉案的“茅台”商标标识在压膜时仅有拼音，不能认定为完整商标。经审查认为，张勇虽然只负责压膜，但根据其本人及被告人肖若宽的供述等证实他是明知生产的是伪造商标标识而参与，压膜是非法制造注册商标标识不可或缺的环节，故其辩护人的意见，不予采纳。

关于起诉书中指控伪造“中华”商标标识的部分，因公诉机关仅提供了第100328号“中华”牌香烟盒展开图案的商标注册证，未能提供具体的“中华”字样作为文字注册商标的相关证据，故本案涉及伪造“中华”字样商标标识的数量，难以认定。

由此可见，关于非法制造注册商标标识罪，影响入罪量刑的核心是伪造的注册商标标识数量的认定，而这个数量是围绕“件”进行的。关于商标标识，一般的理解就是承载商标的物质载体，这种物质载体会伴随商标一起进入流通领域。笔者认为，商标是一个具备法律属性的抽象概念，它由文字、图形等组成，因在官方机构的登记而具备公信力和排他权；商标标识本身是一个物质载体，现实生活中，它有可能是载有商标的纸张，有可能是载有商标的金属片等。总之，商标标识更多的是具备物理学上的属性。仔细对上述案例进行梳理，我们可以发现，非法制造注册商标标识罪中“件”的数量的认定，不仅仅像“两高”2004 年发布的《关于办理侵犯知识产权刑事案件具体应用法律若干问题的解释（一）》第 12 条规定的那样简单。在司法实践中，本条规定给予法官较大的自由裁量权。笔者认为，对于“件”的理解，还需结合以下因素进行：

（1）对于单纯的文字商标，“完整商标图样”的含义较为直观，只需比较伪造商标标识上的文字与注册商标标识上的文字是否一致，这包括字体、字体大小、字体粗细等。

（2）对于单纯的图案商标，“完整商标图样”的标准会稍显复杂。对此，可结合假冒商标罪当中“相同的商标”的认定标准来执行，此处不一一赘述。

（3）对于文字图形组合型商标，具有一些别于上述其他两种商标的特点，如本案的“茅台”图文商标，其由“MOUTAI”文字和 5 颗星星、3 个图形、8 条波纹组成。这其中，“MOUTAI”文字是蓝底白色；5 颗星星是红底白色；3 个图形分别呈红、白、蓝色；8 条波纹图案各有 4 条分列在中间白色图案的两旁。对于这样的商标标识“件”数的认定，必须面面俱到，本案的情况便是如此：即使伪造的商标标识文字和图形与商标注册证上一致，但因着色并非商标注册证上的指定颜色，所以也不能认定为犯罪数量。

（4）在实施伪造注册商标标识行为过程中，如果只承担其中一个或部分环节，是否成立本罪？对于这个问题，需要结合具体情况分别处理。本案中的被告人张勇，虽然只承担压膜的环节，但有确切证据证明他明知所参与的是非法制造假冒注册商标标识的前提下，同样构成本罪。也就是说，我们应当准确把握其立法原意。在行为人完整实施伪造注册商标标识的情况下，“件”的认定与计量以该条规定的“完整商标图样”标准来执行；而对于未完全参与全程的行为人而言，“件”的认定就得依其主管知情与否来判断。

六、定罪标准——“情节”“数额”“金额”的梳理

对于侵犯知识产权犯罪的定罪标准，《刑法》相关条文的规定比较混乱，缺乏统一性。《刑法》第 213 条（假冒注册商标罪）、第 215 条（非法制造、销售非法制造的注册商标标识罪）及第 216 条（假冒专利罪）要求“情节严重”，第 214 条（销售假冒注册商标的商品罪）要求“销售金额数额较大”，第 217 条（侵犯著作权罪）要求“违法所得数额较大或者有其他严重情节”，第 218 条（销售侵权复制品罪）要求“违法所得数额巨大”，第 219 条（侵犯商业秘密罪）要求“造成重大损失”。与之相应的司法解释将“其他严重情节”主要解释为“非法经营数额”“违法所得数额”“销售金额”“货值金额”（尚未销售的）等。归结起来，主要有四种定罪标准，即“犯罪所得数额”“非法经营数额”“销售金额”“损失数额”。

从法理上看，关于经济犯罪的定罪标准有三个问题需要注意。

其一，犯罪数额不等同于犯罪数量，不可只重前者，以偏概全。

犯罪金额大不一定犯罪数量大，反之亦然。有的情况下，考察犯罪数量比考察犯罪数额更为实际。例如，以极其低廉的价格贩卖盗版光碟的行为，不仅严重侵犯了权利人的合法权益，而且对市场秩序造成了极大的破坏，如只看其违法所得数额，则会因达不到定罪标准而无法对其进行刑法规制。2007 年 4 月 5 日，最高人民法院、最高人民检察院《关于办理侵犯知识产权刑事案件具体应用法律若干问题的解释（二）》对犯罪数量给予重视。根据该司法解释，在侵犯著作权罪中，侵权复制品数量合计在 500 张（份）以上的，属于《刑法》第 217 条规定的“有其他严重情节”。

其二，就犯罪数额而言，刑法中存在着多个差异颇大的衡量标准，有待合理化与统一化。

例如，销售假冒注册商标的商品罪与销售侵权复制品罪同属销售型犯罪，但二者定罪标准迥异：前者是以“销售金额数额较大”为要件，后者以“违法所得数额巨大”为要件。很显然，销售金额数额大的，违法所得数额不一定大，反之亦然。“违法所得数额”是从犯罪人的角度考虑的，“非法经营数额”和“销售金额”是从市场秩序的角度考虑的，而“损失数

额”则是从权利人或受害人的角度考虑的。笔者认为，应当以市场秩序为主，兼顾权利人利益损失，制定入罪标准，即以“非法经营数额”或“销售金额”为主，以“损失数额”为辅，综合认定犯罪数额，因为刑法应当主要关注犯罪行为对社会造成危害的程度，而不是犯罪人获利的大小。尽管违法所得有时在一定程度上也能反映行为的危害程度，但是它毕竟具有或然性和间接性。

其三，应当重视“情节”在认定知识产权犯罪中的作用，避免“唯数额论”。

犯罪的本质是行为的社会危害性，在多数情况下犯罪数额能够反映出侵权行为的社会危害程度，但在某些情况下，比如犯罪数额无法衡量或者达不到法定标准时，则应兼顾其他犯罪情节，如作案次数、危害后果、社会影响等，否则便有放纵犯罪之弊。① 笔者认为，对于《刑法》第 214 条（销售假冒注册商标的商品罪）、第 217 条（侵犯著作权罪）中关于“数额较大”和第 218 条（销售侵权复制品罪）中规定的“数额巨大”，不妨改为“情节严重”，并用司法解释的形式将所有“情节严重”的规定都解释为“以侵犯知识产权的活动为主要生产、经营方式，或者两次以上因侵犯知识产权受到行政处罚”。这样操作的理由是，那些不是以侵犯知识产权为主要生产、经营（包括销售、复制发行等）方式的单位和个人，通常具有民事赔偿能力，对这类偶尔实施的侵犯知识产权的行为，民事赔偿加上相关的行政处罚，足以起到应有的补偿、惩罚作用。何况刑法只应适用于用其他法律手段无法有效调整的行为，对那些还没有受过行政制裁的单位和个人，直接纳入刑法调整范围似有不妥。

---

① 余高能：《对我国侵犯知识产权犯罪刑事立法系统性的考量》，《知识产权》2013 年第 12 期。

参考文献

一、中文著作

（一）编著作品

［1］曹新明、梅术文：《知识产权保护战略研究》，知识产权出版社 2010 年版。
［2］曹新明：《中国知识产权法典化研究》，中国政法大学出版社 2005 年版。
［3］陈昌柏：《知识产权经济学》，北京大学出版社 2006 年版。
［4］陈辐宽主编：《知识产权犯罪疑难问题解析》，中国检察出版社 2010 年版。
［5］陈家林：《外国刑法：基础理论与研究动向》，华中科技大学出版社 2013 年版。
［6］陈兴良、周光权：《刑法学的现代展开》，中国人民大学出版社 2006 年版。
［7］储槐植：《理性与秩序》，法律出版社 2002 年版。
［8］储槐植：《刑事一体化》，法律出版社 2004 年版。
［9］邓建志：《WTO 框架下中国知识产权行政保护》，知识产权出版社 2008 年版。
［10］丁丽瑛：《传统知识保护的权利设计与制度构建》，法律出版社 2009 年版。
［11］方江宁：《知识产权法基础理论》，知识产权出版社 2014 年版。
［12］冯晓青主编：《全球化与知识产权保护》，中国政法大学出版社 2007 年版。

[13] 高铭暄、赵秉志主编：《中日经济犯罪比较研究》，法律出版社 2005 年版。
[14] 高铭暄：《中华人民共和国刑法的孕育诞生和发展完善》，北京大学出版社 2012 年版。
[15] 韩普坤：《中德企业知识产权保护手册》，中国政法大学出版社 2012 年版。
[16] 何敏：《知识产权基本理论》，法律出版社 2010 年版。
[17] 胡开忠编：《知识产权法比较研究》，中国人民公安大学出版社 2004 年版。
[18] 黄洪波：《中国知识产权刑法保护理论研究》，中国社会科学出版社 2012 年版。
[19] 黄明儒：《行政犯比较研究——以行政犯的立法与性质为视点》，法律出版社 2004 年版。
[20] 姜丹明主编：《知识产权法精要与依据指引》，人民出版社 2005 年版。
[21] 姜涛：《宽严相济刑事政策实施的基本原理》，法律出版社 2013 年版。
[22] 姜伟：《知识产权刑事保护研究》，法律出版社 2004 年版。
[23] 蒋万来：《知识产权与民法关系之研究》，中国社会科学出版社 2010 年版。
[24] 蒋永良主编：《检察视野下的知识产权保护理论与实践》，中国政法大学出版社 2014 年版。
[25] 孔祥俊：《知识产权法律适用的基本问题——司法哲学、司法政策与裁判方法》，中国法制出版社 2013 年版。
[26] 孔祥俊：《中国知识产权保护的创新和升级》，法律出版社 2014 年版。
[27] 孔祥俊主编：《最高人民法院知识产权司法解释理解与使用》，中国法制出版社 2012 年版。
[28] 雷山漫：《中国知识产权刑法保护》，法律出版社 2014 年版。
[29] 黎宏：《日本刑法精义》（第二版），法律出版社 2008 年版。
[30] 李明德：《美国知识产权法》（第二版），法律出版社 2014 年版。
[31] 李明德等：《欧盟知识产权法》，法律出版社 2010 年版。
[32] 梁根林：《刑事法网：扩张与限缩》，法律出版社 2005 年版。
[33] 林东茂：《危险犯与经济刑法》，台湾五南图书出版公司 1996 年版。

［34］林东茂：《一个知识论上的刑法学思考》，中国人民大学出版社 2009 年版。
［35］林山田：《经济犯罪与经济刑法》，台湾三民书局 1981 年版。
［36］刘斌斌：《知识产权——法理论与战略》，北京大学出版社 2012 年版。
［37］刘筠筠、熊英：《知识产权国际保护基本制度研究》，知识产权出版社 2011 年版。
［38］刘科：《中国知识产权刑法保护国际化研究》，中国人民公安大学出版社 2009 年版。
［39］刘沛谞：《宽严相济刑事政策系统论》，中国人民公安大学出版社 2010 年版。
［40］刘平：《知识产权协调保护研究》，知识产权出版社 2011 年版。
［41］刘宪权、吴允锋：《侵犯知识产权犯罪理论与实务》，北京大学大学出版社 2007 年版。
［42］刘晓海主编：《德国知识产权理论与经典判例研究》，知识产权出版社 2012 年版。
［43］刘玉安：《制度与问题——知识产权的政府管理》，上海三联书店 2009 年版。
［44］龙文懋：《知识产权法哲学初论》，人民出版社 2003 年版。
［45］马克昌：《宽严相济刑事政策研究》，清华大学出版社 2012 年版。
［46］马先征等编：《知识产权战略研究》，知识产权出版社 2008 年版。
［47］莫洪宪、贺志军：《多维视角下我国知识产权的刑事保护研究》，中国人民公安大学出版社 2009 年版。
［48］聂洪勇：《知识产权的刑法保护》，中国方正出版社 2000 年版。
［49］欧洲专利局：《未来知识产权制度的远景》，知识产权出版社 2008 年版。
［50］彭立静：《伦理视野中的知识产权》，知识产权出版社 2010 年版。
［51］齐文远、周详：《刑法司法解释立法化问题研究》，中国人民公安大学出版社 2010 年版。
［52］钱锋主编：《用创新的方法保护创新》，法律出版社 2012 年版。
［53］邱兴隆：《关于惩罚的哲学：刑罚根据论》，法律出版社 2000 年版。
［54］曲新久：《刑事政策的权力分析》，中国政法大学出版社 2002 年版。

[55] 饶明辉：《当代西方知识产权理论的哲学反思》，科学出版社 2008 年版。
[56] 宋志国等：《中国—东盟知识产权保护与合作的法律协调研究》，知识产权出版社 2013 年版。
[57] 孙万怀：《在制度和秩序的边际：刑事政策的一般理论》，北京大学出版社 2008 年版。
[58] 唐广良：《知识产权反观、妄议与臆测》，知识产权出版社 2013 年版。
[59] 田兴洪：《宽严相济语境下的轻罪刑事政策研究》，法律出版社 2010 年版。
[60] 童德华：《规范刑法原理》，中国人民公安大学出版社 2005 年版。
[61] 王太平：《知识产权客体的理论范畴》，知识产权出版社 2008 年版。
[62] 王振清主编：《知识产权法理与判决研究》，人民法院出版社 2005 年版。
[63] 王振宇：《中国知识产权法律发展研究——基于维护国家经济安全的视角》，社会科学文献出版社 2014 年版。
[64] 王志广：《中国知识产权刑事保护研究（理论卷）（实务卷）》，中国人民公安大学出版社 2007 年版。
[65] 吴汉东、胡开忠等：《走向知识经济时代的知识产权法》，法律出版社 2002 年版。
[66] 吴汉东：《知识产权多维度解读》，北京大学出版社 2008 年版。
[67] 肖志远：《知识产权权利属性研究——一个政策维度的分析》，北京大学出版社 2009 年版。
[68] 徐家力：《知识产权保护研究——从传统到现代》，上海交通大学出版社 2013 年版。
[69] 徐瑄：《知识产权的对价理论》，法律出版社 2013 年版。
[70] 许春明、王勉青主编：《知识产权矛与盾——中国知识产权司法保护大案解析》，上海大学出版社 2012 年版。
[71] 许福生：《刑事政策学》，中国民主法制出版社 2006 年版。
[72] 许玉秀：《当代刑法思潮》，中国民主法制出版社 2005 年版。
[73] 杨荣珍、蔡春林主编：《国际知识产权保护与贸易》，北京师范大学出版社 2008 年版。

［74］杨士虎等主编：《中国加拿大知识产权法比较研究》，中国社会科学出版社 2010 年版。
［75］杨忠孝主编：《知识产权热点问题研究理论、规则与实践》，北京大学出版社 2014 年版。
［76］于金葵：《知识产权制度的本质》，知识产权出版社 2011 年版。
［77］张斌主编：《知识产权审判实务研究》，知识产权出版社 2014 年版。
［78］张广良：《知识产权运用与保护研究》，知识产权出版社 2009 年版。
［79］张建文：《俄罗斯知识产权立法法典化研究》，知识产权出版社 2011 年版。
［80］张明楷：《刑法学》（第四版），法律出版社 2011 年版。
［81］张明楷：《罪刑法定与刑法解释》，北京大学出版社 2009 年版。
［82］张勤：《知识产权基本原理》，知识产权出版社 2012 年版。
［83］张玉卿、葛毅主编：《中国知识产权法比较法案例分析（第二册）》，中国商务出版社 2012 年版。
［84］张玉台主编：《中国知识产权战略转型与对策》，中国发展出版社 2008 年版。
［85］张远煌主编：《宽严相济刑事政策与刑法改革研究》，中国人民公安大学出版社 2010 年版。
［86］赵秉志、田宏杰：《侵犯知识产权犯罪比较研究》，法律出版社 2004 年版。
［87］赵秉志：《外国刑法原理（大陆法系）》，中国人民大学出版社 2000 年版。
［88］赵秉志：《刑法基础理论探索》，法律出版社 2003 年版。
［89］赵秉志；《外向型刑法问题研究》（上卷），中国法制出版社 1997 年版。
［90］赵秉志等：《刑法学》，北京师范大学出版社 2010 年版。
［91］赵秉志主编：《当代刑法学》，中国政法大学出版社 2009 年版
［92］赵秉志主编：《国际化背景下知识产权的刑事法保护》，中国人民公安大学出版社 2011 年版。
［93］赵秉志主编：《侵犯知识产权犯罪研究》，方正出版社 1999 年版。
［94］赵赤：《知识产权刑事法保护专论》，中国检察出版社 2011 年版。

[95] 赵国玲、王海涛主编：《知识产权犯罪中的被害人——控制被害的实证分析》，北京大学出版社 2008 年版。

[96] 赵亮：《当代中国社会转型时期的刑事政策调整》，法律出版社 2013 年版。

[97] 赵星：《知识产权侵权犯罪被害人保护和救济研究》，中国人民公安大学出版社 2008 年版。

[98] 赵永红：《知识产权犯罪研究》，中国法制出版社 2004 年版。

[99] 郑成思：《知识产权法：新世纪初的若干研究重点》，法律出版社 2003 年版。

[100] 中关村知识产权法律保护研究院编：《知识产权法律总汇》，中国民主法制出版社 2014 年版。

[101] 中国社会科学院知识产权研究中心编：《中国知识产权保护体系改革研究》，知识产权出版社 2008 年版。

[102] 最高人民法院研究室编、沈德咏主编：《知识产权司法解释理解与适用》，法律出版社 2009 年版。

（二）译著作品

[1] [澳] 彼得·德霍斯：《知识财产权法哲学》，周林译，商务印书馆 2008 年版。

[2] [德] H. 科殷：《法哲学》，林荣远译，华夏出版社 2002 年版。

[3] [德] 伯恩·魏德士：《法理学》，丁小春等译，法律出版社 2003 年版。

[4] [德] 弗兰茨·冯·李斯特：《德国刑法教科书》，徐久生译，法律出版社 2006 年版。

[5] [德] 汉斯·海因里希·耶赛克、托马斯·魏根特：《德国刑法教科书》，徐久生译，中国法制出版社 2001 年版。

[6] [德] 考夫曼：《法律哲学》，刘幸义等译，法律出版社 2003 年版。

[7] [德] 拉德布鲁赫：《法学导论》，邓正来译，中国大百科全书出版社 1997 年版。

[8] [德] 拉伦茨：《法学方法论》，陈爱娥译，商务印书馆 2003 年版。

[9] [德] 罗克辛：《刑事政策与刑法体系》（第二版），蔡桂生译，中国人民大学出版社 2011 年版。

[10] [德] 马克斯·舍勒：《知识社会学问题》，艾彦译，华夏出版社 2000

年版。
[11] [德] 马克斯·韦伯:《论经济与社会中的法律》,张乃根译,中国大百科全书出版社 1998 年版。
[12] [德] 魏德士:《法理学》,丁晓春、吴越译,法律出版社 2005 年版。
[13] [德] 乌尔里希·贝克:《风险社会》,何博文译,译林出版社 2003 年版。
[14] [德] 约翰内斯·韦塞尔斯:《德国刑法总论》,李昌珂译,法律出版社 2008 年版。
[15] [法] 米歇尔·福柯:《规训与惩罚》,刘北成、杨远婴译,三联书店 2003 年版。
[16] [美] E. 博登海默:《法理学:法律哲学与法律方法》,邓正来译,中国政法大学出版社 2004 年版。
[17] [美] 安德鲁·冯·赫希:《已然之罪还是未然之罪》,邱兴隆、胡云腾译,中国检察出版社 2000 年版。
[18] [美] 保罗·H. 罗宾逊:《刑法的结构与功能》,何秉松、王桂萍译,中国民主法制出版社 2005 年版。
[19] [美] 波斯纳:《法理学问题》,苏力译,中国政法大学出版社 2002 年版。
[20] [美] 道格拉斯·N. 胡萨克:《刑法哲学》,谢望原等译,中国人民公安大学出版社 2004 年版。
[21] [美] 哈伯特 L. 帕克:《刑事制裁的界限》,梁根林等译,法律出版社 2008 年版。
[22] [美] 凯斯·R. 孙斯坦:《风险与理性:安全、法律及环境》,师帅译,中国政法大学出版社 2005 年版。
[23] [美] 罗斯科·庞德:《通过法律的社会控制》,沈宗灵译,商务印书馆 2008 年版。
[24] [美] 美国法学会编:《美国模范刑法典及其评注》,刘仁文等译,法律出版社 2005 年版。
[25] [美] 庞德:《法理学(第三卷)》,廖德宇译,法律出版社 2007 年版。
[26] [美] 乔治·弗莱彻:《反思刑法》,邓子滨译,华夏出版社 2008

年版。
[27] [美] 威廉·M. 兰德斯:《知识产权法的经济结构》,金海军译,北京大学出版社 2005 年版。
[28] [美] 谢尔登·W. 哈尔彭、克雷格·艾伦·纳德、肯尼思·L. 波特:《美国知识产权法原理》,宋慧献译,商务印书馆 2013 年版。
[29] [日] 大谷实:《刑法总论》,黎宏译,法律出版社 2003 年版。
[30] [日] 大谷实:《刑法讲义各论》,黎宏译,中国人民大学出版社 2008 年版。
[31] [日] 大谷实:《刑事政策学》,黎宏译,法律出版社 2000 年版。
[32] [日] 大塚仁 :《刑法概说(总论)》(第三版),冯军译,中国人民大学出版社 2003 年版。
[33] [日] 大塚仁:《犯罪论的基本问题》,冯军译,中国政法大学出版社 1993 年版。
[34] [日] 牧野英一:《日本刑法通义》,陈承泽译,中国政法大学出版社 2003 年版。
[35] [日] 田村善之编:《日本现代知识产权法理论》,李扬等译,商务印书馆 2010 年版。
[36] [日] 丸岛仪一:《将知识产权作为武器》,文雪译,知识产权出版社 2013 年版。
[37] [日] 西原春夫:《刑法的根基与哲学》,顾肖荣译,法律出版社 2004 年版。
[38] [日] 小野清一郎:《犯罪构成要件理论》,王泰译,中国人民公安大学出版社 2004 年版。
[39] [意] 贝卡利亚:《论犯罪与刑罚》,黄风译,中国大百科全书出版社 1996 年版。
[40] [意] 杜里奥·帕多瓦尼:《意大利刑法学原理》(注释版),陈忠林译,中国人民大学出版社 2004 年版。
[41] [英] F. A. 哈耶克:《个人主义与经济秩序》,邓正来译,生活·读书·新知三联书店 2003 年版。
[42] [英] J. C. 史密斯、B. 霍根著:《英国刑法》,李贵方等译,法律出版社 2000 年版。

[43] [英] 边沁：《道德与立法原理导论》，时殷弘译，商务印书馆 2000 年版。
[44] [英] 边沁：《立法理论——刑法典原理》，李贵方译，中国人民公安大学出版社 1993 年版。
[45] [英] 鲁伯特·克罗斯、菲利普·A. 琼斯著、理查德·卡德修订：《英国刑法导论》，赵秉志等译，中国人民大学出版社 1991 年版。
[46] [英] 洛克：《政府论（下篇）》，叶启芳、瞿菊农译，商务印书馆 1964 年版。
[47] [英] 齐林：《犯罪学和刑罚学》，查良鉴译，中国政法大学出版社 2003 年版。
[48] [英] 斯蒂芬·R. 芒泽：《财产的法律和政治理论新作集》（影印版），中国政法大学出版社 2003 年版。
[49] 冯军译：《德国刑法典》，中国政法大学出版社 2000 年版。
[50] 黄风译：《最新意大利刑法典》，法律出版社 2007 年版。
[51] 黄晖译：《法国知识产权法典》，商务印书馆 1999 年版。
[52] 刘涛、柯良栋译：《新加坡刑法》，北京大学出版社 2006 年版。
[53] 罗结珍译：《法国新刑法典》，中国法出版社 2003 年版。
[54] 罗文波、冯凡英译：《加拿大刑事法典》，北京大学出版社 2008 年版。
[55] 张明楷译：《日本刑法典》（第二版），法律出版社 2006 年版。

二、中文论文

（一）期刊论文

[1] 曹新明、梅术文：《民族民间传统文化保护的法哲学考察——以知识产权基本理论为研究范式》，《法制与社会发展》2005 年第 2 期。
[2] 曹新明：《知识产权法哲学理论反思——以重构知识产权制度为视角》，《法制与社会发展》2004 年第 6 期。
[3] 曾春波：《加强知识产权刑事司法保护的对策建议——以广东、广州检察机关办理案例为例》，《法治论坛》2011 年第 2 期。
[4] 陈晨、刘砺宾：《论推定及其理性控制——以〈关于办理侵犯知识产权刑事案件适用法律若干问题的意见〉为切入》，《法学杂志》2014 年第 2 期。

[5] 陈晨、刘砺兵：《关于知识产权刑法保护的现状分析、形势预测及对策——以北京市朝阳区法院近年审结案件为样本》，《科技与法律》2012年第1期。
[6] 陈东升：《TRIPS与我国知识产权保护刑事立法完善》，《政法论丛》2003年第1期。
[7] 陈晖：《论对知识产权刑法保护的宽严相济》，《广东行政学院学报》，2011年8月第4期。
[8] 陈俊仁：《超越效率之迷失：智慧财产权法制经济学理之分析与检视》，《中正财经法学》2012年第5期。
[9] 陈晓明：《风险社会之刑法应对》，《法学研究》2009年第6期。
[10] 陈兴良：《刑法教义学与刑事政策的关系：从李斯特鸿沟到罗克辛贯通中国语境下的展开》，《中外法学》2013年第5期。
[11] 陈兴良：《知识产权刑事司法解释之法理分析》，《人民司法》2005年第1期。
[12] 陈忠林、陈可倩：《关于知识产权刑法保护的几个问题》，《中国刑事法杂志》2007年第3期。
[13] 迟丹：《容许的危险理论及在业务过失犯罪中的应用》，《长春大学学报》2003年第4期。
[14] 储槐植：《市场经济与刑法》，《中外法学》1993年第3期。
[15] 丛雪莲：《知识产权与人权之法哲学思考》，《哲学动态》2008年第12期。
[16] 崔立红：《著作权犯罪与谦抑原则的适用——以〈关于办理侵犯知识产权刑事案件具体应用法律若干问题的解释（二）〉为视角》，《知识产权》2007年第5期。
[17] 邓正来：《中国法律哲学当下基本使命的前提性分析——作为历史性条件的“世界结构”》，《法学研究》2006年第5期。
[18] 邓正来：《中国法学的重建——批判与建构》，《吉林大学社会科学学报》2003年第5期。
[19] 董邦林：《关于在我国刑法中增设侵犯知识产权罪专章的构想》，《法律适用》1996年第1期。
[20] 杜永浩：《知识产权犯罪人实证研究》，《江苏警官学院学报》2003年

第 4 期。
[21] 范运和：《知识产权产生属性论》，《科技进步与对策》2003 年第 4 期。
[22] 冯晓青：《从黑格尔法哲学看知识产权的精神——研读〈知识产权哲学〉之体会》，《知识产权原理》2002 年第 3 期。
[23] 冯晓青：《利益衡量轮：知识产权法的理论基础》，《知识产权》2003 年第 6 期。
[24] 冯晓青：《知识产权的劳动理论研究》，《湘潭大学社会科学学报》2003 年第 9 期。
[25] 高铭暄：《简析假冒注册商标犯罪》，《中央政法干部管理学院学报》1993 年第 6 期。
[26] 高巍：《抽象危险犯的概念及正当性基础》，《法律科学》2007 年第 1 期。
[27] 高艳东：《论 TRIPS 视野下刑法保护知识产权的必要性与限度》，《贵州警官学院学报》2003 年第 5 期。
[28] 顾婵媛：《知识产权刑法保护的实证分析》，《贵州警官职业学院学报》2007 年第 04 期。
[29] 郭道晖：《对人权的法哲学沉思》，《中国社会科学》1994 年第 4 期。
[30] 郭理蓉：《多重博弈下的知识产权犯罪刑事政策》，《山东警察学院学报》2010 年第 1 期。
[31] 韩轶、王鑫：《我国知识产权刑法保护的分析与立法完善》，《政法论丛》2007 年第 5 期。
[32] 贺志军：《宽严相济刑事政策下我国知识产权犯罪之刑事控制》，《中国犯罪学研究会第十六届研讨会论文集》（上册）2007 年 8 月。
[33] 贺志军：《通过数据看知识产权刑事保护》，《中国社会科学报》2014 年 3 月 5 日。
[34] 贺志军：《我国知识产权刑事政策初探》，《国家检察官学院学报》2009 年第 2 期。
[35] 贺志军：《知识产权犯罪控制中贯彻宽严相济刑事政策研究》，《湖南商学院学报》2007 年第 5 期。
[36] 洪江：《〈关于办理侵犯知识产权刑事案件具体应用法律若干问题的解

释（二）〉的理解与适用》，《人民司法》2007 年第 5 期。
[37] 胡捷：《我国知识产权刑事立法中存在的问题及对策——以深圳市南山区人民检察院的司法实践为视角》，《知识产权》2013 年第 10 期。
[38] 胡心兰：《是垄断智慧？还是创造财产？——从劳动财产权理论论智慧财产权扩张之趋势》，《财产法暨经济法》2011 年第 26 期。
[39] 胡云腾、刘科：《知识产权刑事司法解释若干问题研究》，《中国法学》2004 年第 6 期。
[40] 胡云腾：《正确理解知识产权刑法解释，充分发挥刑法的保护功能》，《人民司法》2005 年第 1 期。
[41] 黄华生：《两极化刑事政策之批判》，《法律科学》2008 年第 6 期。
[42] 黄汇：《知识产权非理性扩张的法哲学解读——基于知识产权与所有权理论理念差异的视角》，《西南民族大学学报》（人文社科版）2006 年第 6 期。
[43] 黄明儒：《论行政犯与刑事犯的区分对刑事立法的影响》，《刑法论丛》2008 年第 1 期。
[44] 黄祥青：《犯罪与刑罚之相当性的法哲学思考》，《政法论坛》1995 年第 3 期。
[45] 黄晓稣、陈静怡：《英国知识产权审判体系》，《科技与法律》2015 年第 1 期。
[46] 雷山漫、林亚刚：《论知识产权刑法保护的基本原则》，《法学》2013 年第 10 期。
[47] 李本、高晓天：《〈著作权法〉的若干立法缺陷》，《法学》1991 年第 10 期。
[48] 李本：《我国知识产权刑法保护的若干问题》，《法学研究》1993 年第 1 期。
[49] 李步云：《法哲学为法学研究提供智慧》，《人民日报》2014 年 6 月 20 日第 007 版。
[50] 李步云：《关于法哲学的几个问题》，《法律与社会》2006 年第 2 期。
[51] 李恩慈：《论新刑法对知识产权的保护》，《中央政法管理干部学院学报》1997 年第 4 期。
[52] 李海昕：《知识产权法益论——包容与超越》，《电子知识产权》2009

年第2期。

[53] 李汉军、张文：《论知识产权的刑法保护》，《中国法学》1995年第3期。

[54] 李希慧、黄洪波：《中国大陆知识产权刑法保护立法模式选择》，《国家检察官学院学报》2010年第6期。

[55] 李晓：《〈关于办理侵犯知识产权刑事案件具体应用法律若干问题的解释〉的理解与适用》，《人民司法》2005年第1期。

[56] 李晓明：《从中美IP/WTO第一诉谈我国的轻罪体系建构——重在我国IP保护力度的分析》，《中国法学》2007年第6期。

[57] 李晓明：《欧美"轻轻重重"刑事政策及其借鉴》，《法学评论》2009年第5期。

[58] 李扬：《再评洛克财产权劳动理论——兼与易继明博士商榷》，《现代法学》2004年第1期。

[59] 李宇明：《论知识产权刑事保护的价值取向》，《社科纵横》2007年第8期。

[60] 廖梅：《中西作权刑法保护的比较研究——兼谈我国侵犯作权犯罪的立法完善》，《华侨大学学报》（哲学社会科学版）2005年第1期。

[61] 刘江彬、吴雅珍：《智慧财产权争议调解：两岸智慧财产争议调解实务》，《月旦法学杂志》2008年第8期。

[62] 刘科：《改革开放三十年中国知识产权刑法保护的学术研究》，《知识产权》2008年第6期。

[63] 刘明江：《论知识产权保护水平——以国家知识产权战略为视角》，《昆明理工大学学报》（社会科学版）2007年第3期。

[64] 刘守芬、牛广济：《我国知识产权刑事法保护的新思考——兼析"两高"关于侵犯知识产权刑事案件的司法解释》，《知识产权》2005年第2期。

[65] 刘文献：《知识产权本质主义的哲学问题与出路——机遇维特根斯坦后期哲学理论视角》，《河北法学》2015年第7期。

[66] 刘宪权、张晗：《论知识产权刑法保护的久要性和适度性》，《犯罪研究》2006年第4期。

[67] 刘宪权：《论知识产权的刑法保护》，《知识产权法研究》2004年第

1 期。

[68] 刘湘廉:《新中国六十年知识产权刑法立法发展与评价》,《广西民族大学学报》(哲学社会科学版) 2010 年 5 月第 3 期。

[69] 龙文懋:《西方财产权哲学的演进》,《哲学动态》2004 年第 7 期。

[70] 龙文懋:《知识产权权利客体析疑》,《政法论坛》2005 年第 5 期。

[71] 龙文懋:《制度及其相容性——知识产权法律制度的哲学文化考察》,《法学研究》2005 年第 2 期。

[72] 卢海君:《中国应采取知识产权"强保护战略"——以经济分析为视角》,《中华商标》2006 年第 9 期。

[73] 卢建平:《风险社会的刑事政策与刑法》,《法学论坛》2011 年第 4 期。

[74] 卢建平:《在宽严和轻重之间寻求平衡——我国侵犯作权刑事立法完善的方向》,《深圳大学学报》(人文社会科学版) 2006 年第 5 期。

[75] 卢建平:《知识产权犯罪门槛的下降及其意义》,《政治与法律》2008 年第 7 期。

[76] 罗一龙:《知识产权的刑法保护研究——以侵犯名酒商标权犯罪案件审理为视角》,《法学论坛》2014 年第 02 期。

[77] 马克昌:《危险社会与刑法谦抑原则》,《人民检察》2010 年第 3 期。

[78] 孟兆平:《知识产权法哲学视野下的利益平衡》,《科技与法律》2008 年第 3 期。

[79] 莫洪宪、贺志军:《国家经济安全视角下我国知识产权之刑事保护——对"专利侵权罪"增设论之否定》,《法学论坛》2008 年第 1 期。

[80] 莫洪宪、贺志军:《欧盟〈知识产权刑事措施指令(草案)〉研究》,《政治与法律》2008 年第 7 期。

[81] 莫勒斯:《德国知识产权刑事案件办理程序》,《人民检察》2009 年第 12 期。

[82] 潘志敏、钟海鹰:《论完善我国知识产权刑法保护的对策》,《产业与科技论坛》2008 年第 7 卷第 5 期。

[83] 齐爱民、潘勤毅:《知识产权刑法保护客体的价值序位》,《知识产权》2005 年第 3 期。

[84] 齐文远、唐子艳:《反向假冒商标行为之刑法思考》,《现代法学》

2011 年第 2 期。
[85] 齐文远：《刑法应对社会风险之有所为与有所不为》，《法商研究》2011 年第 4 期。
[86] 齐文远：《应对中国社会风险的刑事政策选择——走出刑法应对风险的误区》，《法学论坛》2011 年第 4 期。
[87] 钱翠华：《中国知识产权刑法保护的改革与创新》，《专利法研究》2009 年。
[88] 秦天宁：《检察机关在维权护优中的作用——以优质品牌的知识产权刑事保护为视角》，《法治论丛》2008 年第 5 期。
[89] 卿越：《对知识产权法的哲学反思——以人权为视角》，《云南大学学报法学版》2012 年第 2 期。
[90] 曲三强：《被动立法的百年轮回——谈中国知识产权保护的发展历程》，《中外法学》1999 年第 2 期。
[91] 任军民：《法国信息网络刑事保护对我国有关立法的启示》，《知识产权》2006 年第 5 期。
[92] 荣晓红：《完善我国知识产权刑法保护构想》，《时代法学》2004 年第 4 期。
[93] 桑本谦：《强奸何以为罪》，《法律科学》（西北政法学院学报）2003 年第 3 期。
[94] 尚爱国：《知识产权刑法保护的现状及问题研究》，《华东刑事司法评论》第 4 卷。
[95] 邵建东：《中国完善知识产权刑事保护的几点思考》，《中德法学论坛》2007 年第 5 辑。
[96] 舒洪水：《危险犯中危险状态的判断》，《法律科学》2012 年第 5 期。
[97] 宋健：《知识产权刑事案件办理程序的思考与实践》，《人民司法》2012 年第 21 期。
[98] 苏彩霞、齐文远：《我国危险犯理论通说质疑》，《环球法律评论》2006 年第 3 期。
[99] 苏彩霞：《“风险社会”下抽象危险犯的扩张与限缩》，《法商研究》2011 年第 4 期。
[100] 苏敏华：《中美知识产权刑事保护比较分析》，《法治论丛》2004 年

第 5 期。
[101] 孙万怀：《侵犯知识产权犯罪刑事责任基础构造比较》，《华东政法学院学报》1999 年第 2 期。
[102] 唐稷尧：《知识产权犯罪：利益背景与刑事控制》，《中国刑事法杂志》2002 年第 3 期。
[103] 田宏杰、王然：《中外知识产权刑法保护趋向比较研究》，《国家行政学院学报》2012 年第 6 期。
[104] 田宏杰：《论我国知识产权的刑事法律保护》，《中国法学》2003 年第 3 期。
[105] 王军明：《知识产权刑事司法保护的现实困境及其出路》，《湖南师范大学社会科学学报》2014 年第 5 期。
[106] 王良华：《中国区际商标侵权犯罪比较研究》，《云南法学》1996 年第 4 期。
[107] 王良顺：《论量刑根据——兼及刑法第 61 条的立法完善》，《法学家》2009 年第 5 期。
[108] 王敏：《我国知识产权刑法保护的构想》，《法制天地》2006 年第 7 期。
[109] 王世洲：《塑造世界水平和世界标准的中国版权刑法》，《中外法学》2008 年第 5 期。
[110] 王文华：《行政犯罪与行政违法的界定及立法方式》，《东方法学》2008 年第 4 期。
[111] 王小龙、吴桐：《两岸知识产权刑事保护立法比较研究》，《福建省社会主义学院学报》2012 年第 4 期。
[112] 王莹：《论行政不法与刑事不法的分野及对我国行政处罚法与刑事立法界限混淆的反思》，《河北法学》2008 年第 10 期。
[113] 王莹：《知识产权法哲学解读的比较分析》，《长春师范学院学报（人文社会科学版）》2012 年第 5 期。
[114] 王志祥、何恒攀：《论知识产权刑法保护的适度性》，《山东警察学院学报》2010 年第 1 期。
[115] 王作富、孙力：《科技进步之刑法保护》，《法学家》1993 年第 1 期。
[116] 巫玉方：《美国版权侵权刑事责任的评析》，《现代法学》2006 年第

3 期。
[117] 吴汉东:《知识产权保护论》,《法学研究》2000 年第 1 期。
[118] 吴汉东:《知识产权法的制度创新本质与知识创新目标》,《法学研究》2014 年第 3 期。
[119] 吴玉和:《中国知识产权司法保护制度简介》,《中国专利与商标》2005 年第 1 期。
[120] 吴宗宪:《知识产权刑法保护的基本理念》,《山东警察学院学报》2010 年第 1 期。
[121] 肖宏:《国际经贸关系视角下的知识产权刑事司法保护——兼论知识产权刑事案件的集中审理》,《法学论坛》2011 年第 11 期。
[122] 谢铭洋:《智慧财产权法——我国智慧财产权法近年来之发展与司法实践》,《台湾大学法学论坛》2010 年 39 卷第 2 期。
[123] 谢望原、张雅:《略论中国内地的知识产权刑法保护》,《现代法学》2003 年第 5 期。
[124] 邢曼媛:《论知识产权的刑法保护》,《山西高等学校社会科学学报》2007 年第 6 期。
[125] 徐火辉:《假冒专利罪的认定与处罚》,《法律适用》1996 年第 3 期。
[126] 徐俊:《论我国知识产权法院的规划设计》,《科技与法律》2015 年第 1 期。
[127] 徐瑄:《关于知识产权的几个深层理论问题》,《北京大学学报》(哲学社会科学版)2003 年第 3 期。
[128] 徐瑄:《专利权垄断的法哲学分析》,《中国法学》2002 年第 4 期。
[129] 严存生:《法理学、法哲学关系辨析》,《法律科学》2000 年第 5 期。
[130] 杨帆、张海宏:《销售侵权复制品罪虚置之争的再思考——基于功利主义知识产权刑事政策立场的评析》,《政治与法律》2014 年第 3 期。
[131] 杨辉忠:《我国知识产权刑事立法之检讨》,《政治与法律》2008 年第 7 期。
[132] 杨辉忠:《刑事法官解释刑法的几个问题》,《南京大学法律评论》2009 年第 2 期。
[133] 杨玲梅:《我国知识产权刑法保护的价值取向评析》,《理论月刊》

2009 年第 1 期。
[134] 杨兴培:《“风险社会”中社会风险的刑事政策应对》,《法学论坛》2011 年第 2 期。
[135] 姚岷:《黑格尔法哲学中的知识产权思想》,《电子知识产权》2003 年第 6 期。
[136] 易继明、李辉凤:《财产权及其哲学基础》,《政法论丛》2000 年第 3 期。
[137] 易继明:《评财产权劳动学说》,《法学研究》2000 年第 3 期。
[138] 易涛:《日本知识产权高等法院》,《科技与法律》2015 年 1 期。
[139] 于志刚:《简论台湾地区的附属刑法》,《云南大学学报》(法学版)2001 年第 2 期。
[140] 余高能:《对我国侵犯知识产权犯罪刑事立法系统性的考量》,《知识产权》2013 年第 12 期。
[141] 袁秀挺《中国知识产权法院的愿景及其实现路径》,《科技与法律》2015 年第 1 期。
[142] 张改珍、陶春:《法哲学视角下正当性的历史考察》,《哲学研究》2013 年第 2 期。
[143] 张明:《侵犯知识产权犯罪的相关刑事政策》,《法学论坛》2006 年第 1 期。
[144] 张明楷:《行政违反加重犯初探》,《中国法学》2007 年第 6 期。
[145] 张明楷:《刑事立法的发展方向》,《中国法学》2006 年第 4 期。
[146] 张凝、刘新魁:《法国〈知识产权法典〉对著作权的刑法保护》,《知识产权》2008 年 3 月第 02 期。
[147] 张平、黄承云:《我国知识产权的刑法保护及其立法完善》,《科技创新导报》2008 年第 34 期。
[148] 张伟军:《知识产权刑事保护门槛:从 TRIPS 到 ACTA》,《电子知识产权》2011 年第 8 期。
[149] 张文显:《全球化时代的中国法治》,《吉林大学社会科学学报》2005 年第 2 期。
[150] 张祥志:《美国知识产权:路径与原理——读〈美国知识产权法原理〉》,《出版发行研究》2014 年第 1 期。

[151] 张心向：《我国知识产权刑事保护现象反思——基于实体法规范的视野》，《南开学报》（哲学社会科学版）2010 年第 4 期。
[152] 张迎春：《假冒商标罪主体应扩大为一般主体》，《法学评论》1988 年第 3 期。
[153] 张玉敏、凌潇：《论知识产权的刑法保护》，《西南民族大学学报》（人文社科版）2005 年第 8 期。
[154] 张哲伦：《智慧财产权概论——以权利之性质为中心》，《月旦法学教室》第 78 期。
[155] 张振亮、刘权：《论侵犯作权犯罪及其刑事立法完善》，《社科纵横》1996 年第 1 期。
[156] 张智辉：《论知识产权刑法保护之立法完善》，《法学》1995 年第 4 期。
[157] 张智辉：《试论侵犯作权的犯罪》，《法学家》1995 年第 2 期。
[158] 赵秉志、刘科：《国际知识产权刑法保护的发展趋势》，《政治与法律》2008 年第 7 期。
[159] 赵秉志、刘志伟、刘科：《中国侵犯商业秘密罪立法完善研究》，《人民检察》2010 年第 4 期。
[160] 赵秉志、刘志伟：《海峡两岸侵害商标犯罪立法之比较》，《法学评论》1994 年第 5 期。
[161] 赵赤：《从“民法中心”到“刑法中心”的转变与实现——评析美国知识产权刑事立法的演进与最新发展》，《天津行政学院学报》2012 年第 5 期。
[162] 赵赤：《美欧国家知识产权刑事立法的最新发展及对我国立法的借鉴意见——以刑罚结构为中心》，《武汉科技大学学报》（社会科学版）2009 年第 6 期。
[163] 赵晓云：《我国知识产权的刑法保护》，《中山大学研究生学刊》（社会科学版）1998 年第 4 期。
[164] 郑成思：《知识产权：强保护还是弱保护?》，《人民论坛》2006 年第 11 期。
[165] 郑成思：《知识产权与国际关系》，《知识产权》1995 年第 1 期。
[166] 郑显华：《TRIPS 协议视角下的中国知识产权刑法保护》，《人民论

坛》2013 年第 09 期。

[167] 郑友德、曾旻辉:《我国知识产权刑法保护现存问题及完善建议》,《知识产权》2012 年第 1 期。

[168] 周友苏、夏黎阳:《关于修改假冒商标罪的建议》,《法学》1985 年第 8 期。

[169] 朱孝清:《略论假冒注册商标犯罪的几个问题》,《法学》1994 年第 2 期。

(二) 学位论文

[1] 吴民许:《无体财产保护的制度变迁和理论演进——以知识产权为主要视角》,中国政法大学 2007 年博士学位论文。

[2] 夏先良:《知识论——知识产权、知识贸易和经济发展》,中国社会科学院研究生院 2000 年博士学位论文。

[3] 张馨元:《知识产权的刑法保护若干问题研究》,吉林大学 2006 年博士学位论文。

[4] 邹波:《知识产权的宪法保护研究》,武汉大学 2011 年博士学位论文。

三、外文资料

[1] Adam D. Moore , Intellectual Property & Information Control , Transaction Publisher. New Brunswick (U. S. A) and London (U. K), 2001.

[2] Beata K. Smarzynska, Composition of Foreign Direct Investment and Protection of Intellectual Property Rights: Evidence from Transition Economies , The Word Bank, 2002.

[3] Edwin Mansfield, Intellectual property protection , direct Investment and technology transfer: Germany, Japan, and the United States, International Journal of Technology Management, 2000.

[4] Fritz Machlup, Edith Penrose, The patent controversy in the nineteenth century, The Journal of Economic History, Vol. 10, No. 1, 1950.

[5] Gunther Teubner, Global Law Without a State, Dartmouth Publishing Company Ltd, 1997.

[6] Hart, Linda Fazzani: Intellectual Property Law, Second Edition, Palgrave, Houndmills and Basingstoke, 2000.

[7] Henry C. Mitchell, The Intellectual Commons: Toward an Ecology of Intellectual Property, Maryland Lexington Books, 2005.

[8] Herbert L. Packer, The Limits of Criminal Sanction, Standford University Press, 1968.

[9] John H. Jackson, Global economics and international economic law, Journal of International Economic Law, Vol. 1, 1998.

[10] L. Ray Patterson, Stanley W Lindberg, The Nature of Copyright: A Law of User Right, the University of Georgia Press, 1991.

[11] Lawrence Lessig, Free Culture: How Big Media Uses Technology and the Law to Lock Down Culture and Control Creativity. Penguin Group, 2004.

[12] Maureen Ryan, Cyberspace as public space: a public trust paradigm for copyright in a digital world, Oregon Law Review, 2000 (6).

[13] Neil Weinstock Netanel, Copyright and a democratic civil society, Yale Law Journal, 1996 (106).

[14] Peter Darhos, A Philosophy of International Property, Dartmouth Publishing Company Limited, 1996.

[15] Rapp R T, Rozek R P., Benefits and costs of intellectual property protection in developing countries. Journal of World Trade, 1990.

[16] Ryan M P, Knowledge diplomacy: global competition and the politics of intellectual property, Brooking Institution Press, 1998.

后 记

随着年龄的增长，行走在社会的脚步愈发沉重，不知不觉间背负了很多新的重担，与之伴随的是知识分子的家国情怀和人文情怀也日渐浓厚，这可能就是所谓“知识分子臭毛病”的体现吧！在日常写作之余，我习惯了一个人默默地思考人生，努力探寻自己的个人价值与社会价值究竟何在。很多时候都是越想越迷茫，可能现在的我还不适合“仰望星空”，那么我就从做好文章这样的事情开始“脚踏实地”。

人们时常会设想如果时光倒流，我还会坚定地选择现在走的这条路吗？我自己也时常与朋友交流自己的心得体会，渐渐地，我明白了，如果抓住眼下的一切，那么若干年之后我便不会再问自己同样的问题了！

我衷心地感谢自己当初做出去武汉学习的决定，在那里我认识了诸多诲人不倦的老师和优秀向上的同学。

2017 年回到母校湖南师范大学工作，在领导、同仁的帮助下，经过几年的探索，逐渐明晰了自己的前进方向：教学改革创新方面以大学生法治教育为基础；科学研究方面以科技法学、三农法律问题两翼齐飞。法治教育是思想政治教育的重要内容，非法学学科的大学生如果在大学阶段不能接受到较好的法治教育，对他们法治素养培育的影响是重大的。大学生是未来社会精英群体的骨干力量，如果他们缺乏起码的法治素养，对党和国家的事业是极为不利的。科技法学研究的起源于博士阶段的摸索，本书的写作正好也符合这一主题。知识产权将在国计民生中发挥越来越重要的作用。党的十九届五中全会提出，坚持把解决好“三农”问题作为全党工作重中之重，走中国特色社会主义乡村振兴道路，全面实施乡村振兴战略，这意味着三农法律问题的研究大有可为。

最后，我要感谢我的家人，他们是我的精神支柱，我会通过自己的努力让我的家庭越来越好，让我的家人越来越好！只要每一个人都有如此信念，我们的国家必定会越来越好！

“雄关漫道真如铁，而今迈步从头越”，革命的乐观主义精神将始终推动我坚持前行的方向！

李　旭

2020 年岁末于湖南师范大学景德楼